Andreas Werner

Ardennen

Mit Hohem Venn

Wandern für die Seele

20 Wohlfühlwege

Alle Touren auf einen Blick

AUSZEITEN

WEITBLICKE

GENUSS

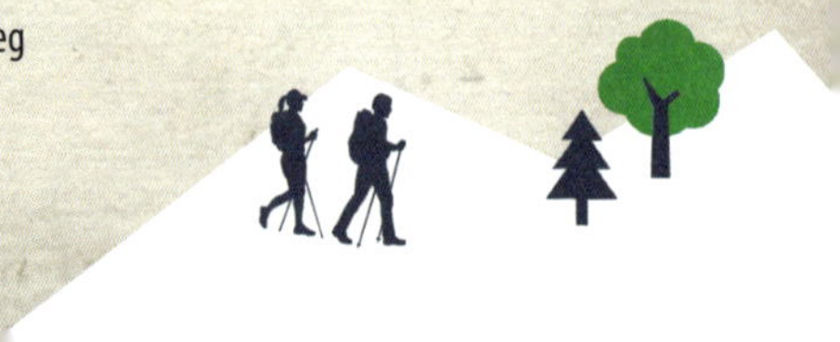

ENTSCHLEUNIGUNG

ERFRISCHUNG

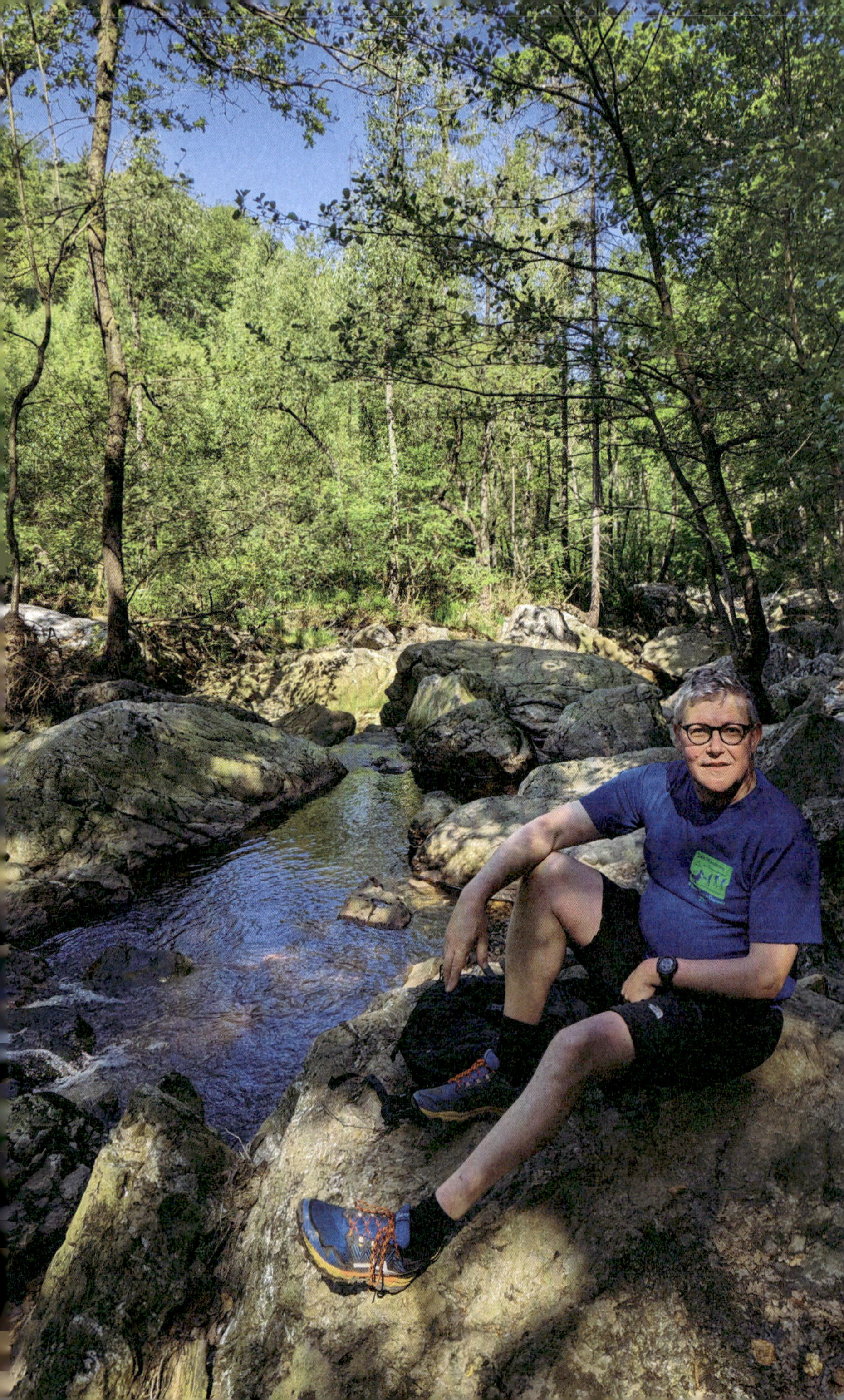

Liebe Wanderfreunde und -freundinnen,

seit mehr als einem Jahrzehnt bin ich nun in den weitläufigen Ardennen unterwegs. Mein Weg begann im Hohen Venn und der deutschsprachigen Ecke Ostbelgiens und weitete sich bald auf das gesamte wallonische Mittelgebirge aus. Die **Flüsse** Semois, Lesse und Ourthe mit ihren **atemberaubenden Felsformationen** und spektakulären Aussichtspunkten haben es mir besonders angetan. Beeindruckend sind auch viele kulturelle Highlights, wie zum Beispiel in Bouillon, sowie berühmte Wege, wie die Routen am Ninglinspo oder nahe der Baraque Michel. Diese Schönheiten möchte ich Ihnen in 20 Wanderungen näherbringen.

NATUR
KULTUR
GENUSS
TOUR
GPS-Tracks zum Download

Die Ardennen haben auch kulinarisch viel zu bieten. Obwohl die Region für ihr Wildfleisch und ihre Forellen bekannt ist, werden Vegetarier hier ebenso fündig und die Desserts sind ein Traum. Auf die Liebhaber der **belgischen Küche** warten zwischendurch die berühmten Pommes frites und ein köstliches Bier.

Besonders interessant ist das Erleben der Sprachgrenzen: Deutsch im Venn und im Westen neben Französisch manchmal Niederländisch, wobei die flämischen Wanderer auch auf Französisch grüßen – es herrscht ein ausgesprochen **freundliches Miteinander** in allen Sprachen.

Ich lade Sie ein, mich zu **unvergesslichen Erlebnissen** in die Ardennen zu begleiten!

Ihr Andreas Werner

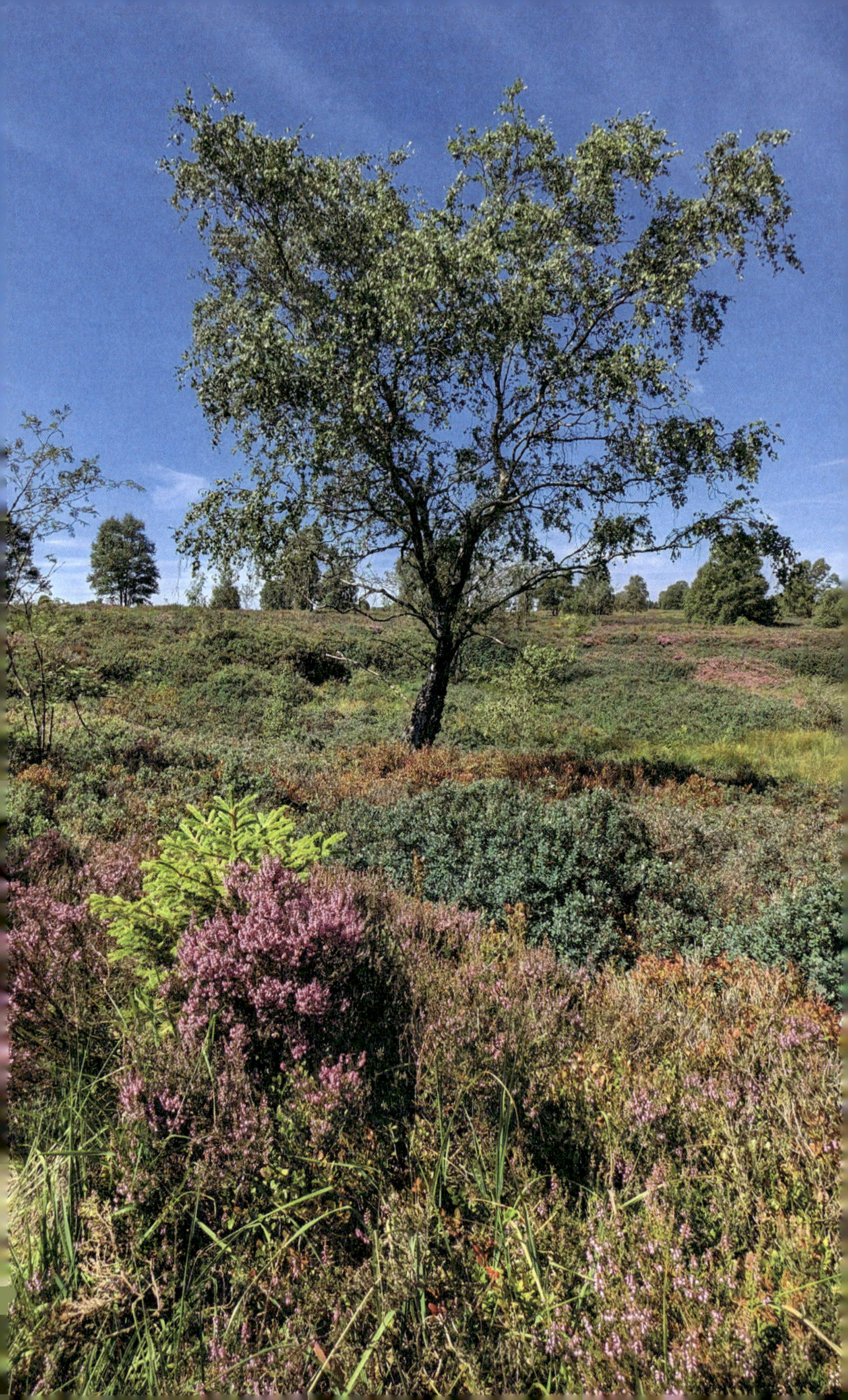

Abenteuer Venn

Stege und Wege im Grenzwald

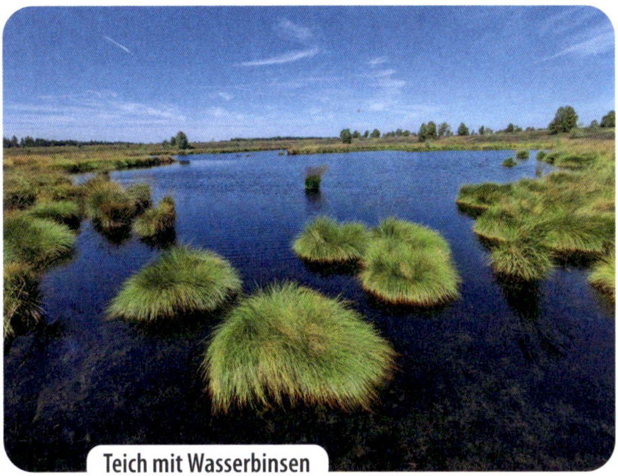

Teich mit Wasserbinsen

Wir starten am **Wanderparkplatz Nahtsief,** überqueren die N 67 auf die südliche Seite und betreten sofort einen Weg mit Stegen. Wir halten uns leicht rechts und erreichen nach wenigen Metern eine kleine Aussichtsplattform, die uns einen malerischen Blick auf mehrere idyllische Tümpel im **Brackvenn** gewährt – genau das, was wir vom Venn erwartet haben. Es sind in der vergangenen Eiszeit entstandene ❶ **Palsen.**

Der breite Steg bietet genug Raum für zwei Personen nebeneinander, sodass wir unsere Freude über den herrlichen Anfang der Tour bequem miteinander teilen können. Nach etwa 100 Metern entscheiden wir uns gegen eine Abzweigung nach rechts und bleiben stattdessen auf dem Hauptpfad. Entlang der Route finden wir **zahlreiche Informationstafeln,** die uns mit spannenden Details über das Venn

__Palsen__ sind ovale Bodenerhebungen in Permafrostgebieten. Ihr Kern aus Torf und Eislinsen ermöglicht ihre Entwicklung unter den harten Bedingungen. Sie bieten wichtige Einblicke in die Wechselwirkung von Klima, Boden und Ökosystem in kalten Regionen.

Kilometer: 12 (6,5)

Höhenmeter: 120 (20)

Stunden: 4,5 (2,5)

RUNDWEG

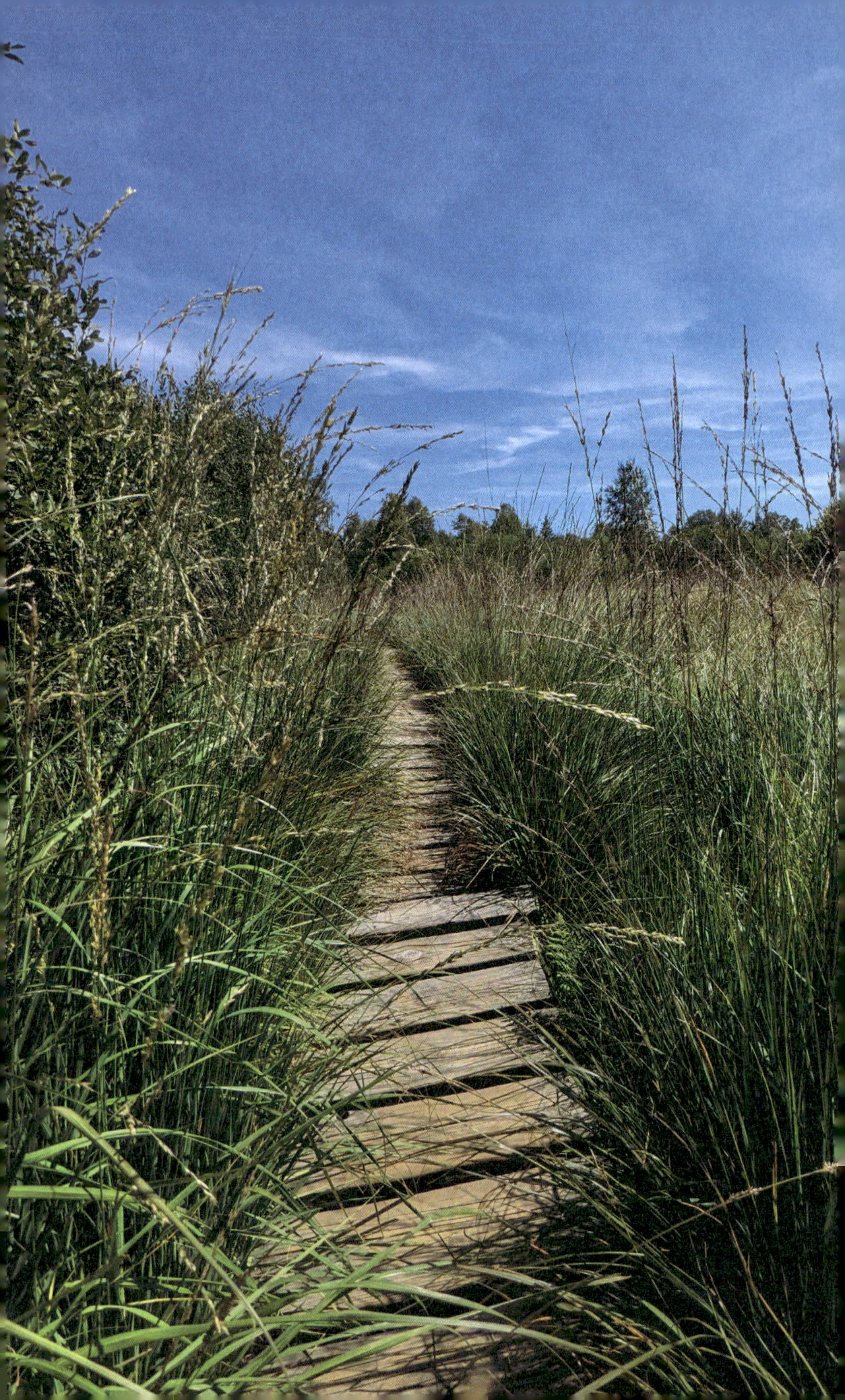

versorgen. So lernen wir, dass das Brackvenn renaturiert wurde, wodurch wir die ursprüngliche Moorvegetation bewundern können. Rund 600 Meter weiter passieren wir einen großen Teich, der typisch für das Venn ist – eine von vielen malerischen Wasseransammlungen in den Senken der Landschaft. Ein besonders reizvolles Beispiel eines **Vennteichs,** der schon fast an einen kleinen See erinnert, entdecken wir, wenn wir nach etwa 400 Metern an einer Gabelung links abbiegen und 200 Meter weitergehen. Dieser kleine Abstecher ist besonders im Sommer lohnenswert, wenn das Venn in üppigem Grün erstrahlt. Wir erblicken einen ❷ **Teich mit Wasserbinsen,** charakteristischen Pflanzen, die mit ihren Puscheln ein faszinierendes, fast märchenhaftes Bild abgeben. Zurück vom Abstecher setzen wir unseren Weg an der uns schon bekannten Gabelung nun geradeaus fort.

Für die Seele

Wir wandern über Stege im Venn, umgeben von Wasser, Bibern und Wald an der deutsch-belgischen Grenze.

Im südlichen Teil des Brackvenns begegnen wir einer Landschaft, die durch **vereinzelte Büsche und Bäume** geprägt ist, eine Szenerie, die eine beruhigende Wirkung auf uns hat. Der nächste Teich, auf den wir treffen, ist weder rund noch oval, sondern unregelmäßig geformt und etwas größer. Hier beschreibt der Weg eine Rechtskurve, doch verirren können wir uns kaum. Der kleine Rundweg durch das Brackvenn ist ideal für einen entspannten Spaziergang. Wir folgen dem Weg 500 Meter schnurgerade weiter, bis wir auf einen Abzweig mit einem **Schild „Rundweg"** stoßen, ergänzt von verschiedenen Pfeilen. In Ostbelgien gibt es ein umfangreiches Netz an Wanderwegen mit nummerierten Routen und Knotenpunkten. Wir folgen dem Weg Nr. 45, der nach rechts führt, auf einem nun merklich schmaleren ❸ **Bohlenweg.** Bei Begegnungen wird es hier zwar eng, sie verlaufen aber meist heiter und freundlich – und bringen oftmals eine kleine Überraschung.

Nach 300 Metern folgen wir am nächsten Abzweig der Nr. 58 nach links, in Richtung der N 67, die wir bald überqueren. Auf der anderen Straßenseite erreichen wir den Knotenpunkt 58 und folgen dem Grasweg mit der Markierung 32 für etwa 1 Kilometer. Zur Linken begleitet uns ein Nadelwald, der im Sommer nach den bisherigen etwa 2,5 Kilometern höchst willkommenen Schatten spendet. Rechts von uns breitet sich eine **Graslandschaft** mit Büschen und vereinzelten Nadelbäumen aus. Vor uns liegt ein Wald mit einer Lichtung. An einer T-Kreuzung am Waldrand biegen wir nach rechts auf einen Wirtschaftsweg ab, auf dem links eine Bank zum Verweilen einlädt. Knapp 4 Kilometer Wanderung liegen hinter uns und wir entscheiden, je nach Stimmung, hier oder in weiteren 200 Metern eine Pause einzulegen – denn viele Pausenbänke gibt es auf dieser Strecke nicht.

Eine ***Abkürzung*** *führt vom Entenpfuhl in etwa 1,5 Kilometern durch das Venn zum Parkplatz Nahtsief zurück. Dazu nimmt man an der Gabelung am Entenpfuhl den Pfad ganz rechts, erreicht nach 500 Metern die originale Route und wendet sich dort wieder nach rechts.*

Wir erreichen den ❹ **Entenpfuhl,** wo sich der Weg dreifach gabelt. Hier bietet sich die Möglichkeit zu ei-

Entenpfuhl

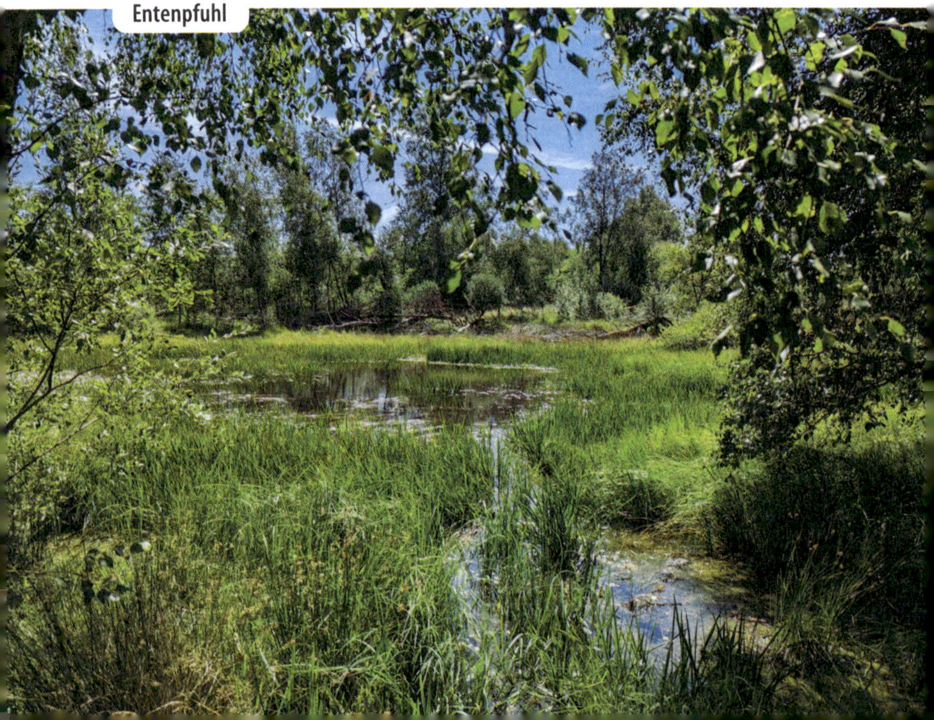

ner Abkürzung. Wer die ganze Tour gehen möchte, wählt links die befestigte Forststraße. Ungefähr 300 Meter weiter gelangen wir am 5 **Getzbach** zum tiefsten Punkt unserer Wanderung. Die dunkle Farbe des Wassers erinnert an belgisches Brune-Bier – ein Anblick, der besonders für Erstbesucher überraschend sein mag. Die Ursachen hierfür sind der Torf des Venn und der hohe Eisengehalt – typisches Moorwasser. Nach weiteren 150 Metern zweigt rechts ein Forstweg ab. Wir folgen diesem Weg in den Wald, auch wenn die Wegmarkierung uns eigentlich geradeaus weist. Selbst im Sommer bringt der Wind im Venn eine angenehme Kühle, doch der Schatten des Nadelwalds ist ebenso willkommen. Entlang des Weges ist das sanfte Plätschern und Gurgeln des Wassers kleiner Bäche zu hören. Auf dem nächsten Kilometer gibt es Weiteres zu entdecken: im Herbst eine Vielzahl von Pilzen, die durch das moosbedeckte Unterholz sprießen, und sogar ein auf Stelzen stehendes 6 **Forsthaus.** Der Weg steigt leicht an, vollzieht dann eine scharfe 90-Grad-Wendung nach links und danach eine lang gestreckte Biegung nach rechts. Nach etwa einem halben Kilometer erreichen wir eine Kreuzung, an der wir links abbiegen und unseren Weg bergan fortsetzen. Die beiden anderen Abzweige sind normalerweise für Wanderer gesperrt und wir respektieren natürlich die Hinweise zu den Wildruhezonen.

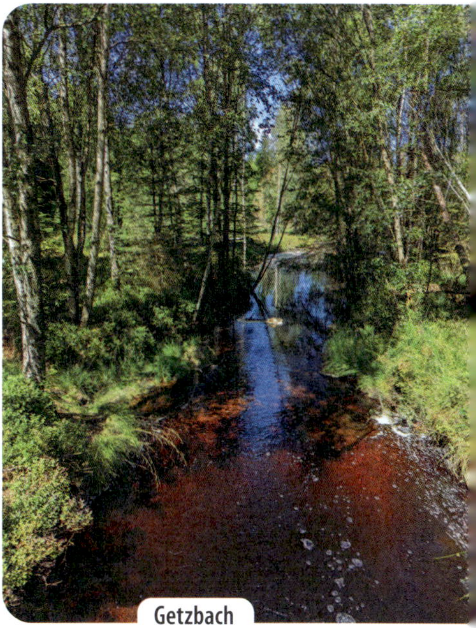

Getzbach

Wir setzen unseren leichten Aufstieg fort, bevor der Weg sich wieder leicht abwärts neigt. Nach 800 Metern erreichen wir eine T-Kreuzung und stoßen auf den **Eifelsteig,** der sich hier durch belgisches Gebiet schlängelt. Wir lassen den Wald hinter uns, biegen nach rechts ab und steigen sanft bergauf in Richtung Deutschland. Nach guten 400 Metern treffen wir auf die Grenze und finden einige Wegweiser vor. Auf deutschem Boden folgen wir dem Eifelsteig nach rechts und halten uns in Richtung Eifelblick. Bergab schlendernd blicken wir nach links und können einen schönen Blick über die sanft gewellte Eifellandschaft genießen.

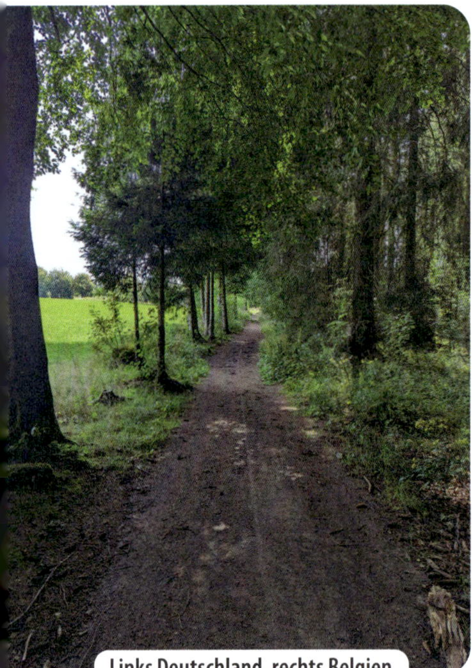

Links Deutschland, rechts Belgien

Bald nähern wir uns einer Wiese, an deren rechter Seite sich eine Bank des Eifelvereins Mützenich befindet. Hier folgen wir weiter der Beschilderung des Eifelsteigs. Kurz darauf begegnen uns wieder französischsprachige Schilder und der Weg 76 des ostbelgischen Netzwerks. Wir wandern nun auf dem Grenzpfad, mal befinden wir uns auf deutschem, mal auf belgischem Territorium. Es ist bemerkenswert, wie nahtlos dies hier möglich ist! Beschwingt betrachten wir den einen oder anderen Grenzstein – hier ein „D“, dort ein „B“ – bis wir eine Schutzhütte erreichen. Bei dieser biegen wir rechts ab in Richtung 7 **Kaiser Karls Bettstatt,** einer Gruppe von Felsen, die eher unscheinbar am Boden liegen.

__Kaiser Karls Bettstatt__ ist eine legendäre Felsformation. Es heißt, Karl der Große hielt hier gezwungenermaßen Nachtruhe, da er sich bei einem Jagdausflug von Aachen ins Hohe Venn verirrt haben soll. Heute zieht der Ort Wanderer und Geschichtsfans an.

Unsere Wanderung setzt sich bergab entlang der Beschilderung 76 fort, bis wir erneut das umzäunte Brackvenn erreichen. Wir halten uns geradeaus und nehmen, wenn möglich, den ersten linken Abzweig mit der Beschilderung 71. Dieser Abschnitt war im Sommer 2023 gesperrt, da die Stege nicht mehr sicher waren. Sollte er mittlerweile wieder geöffnet sein, treten wir auf einen weiteren Bohlenweg. Ist der Weg noch immer gesperrt, wählen wir stattdessen 200 Meter weiter den rot-weiß markierten Umleitungspfad

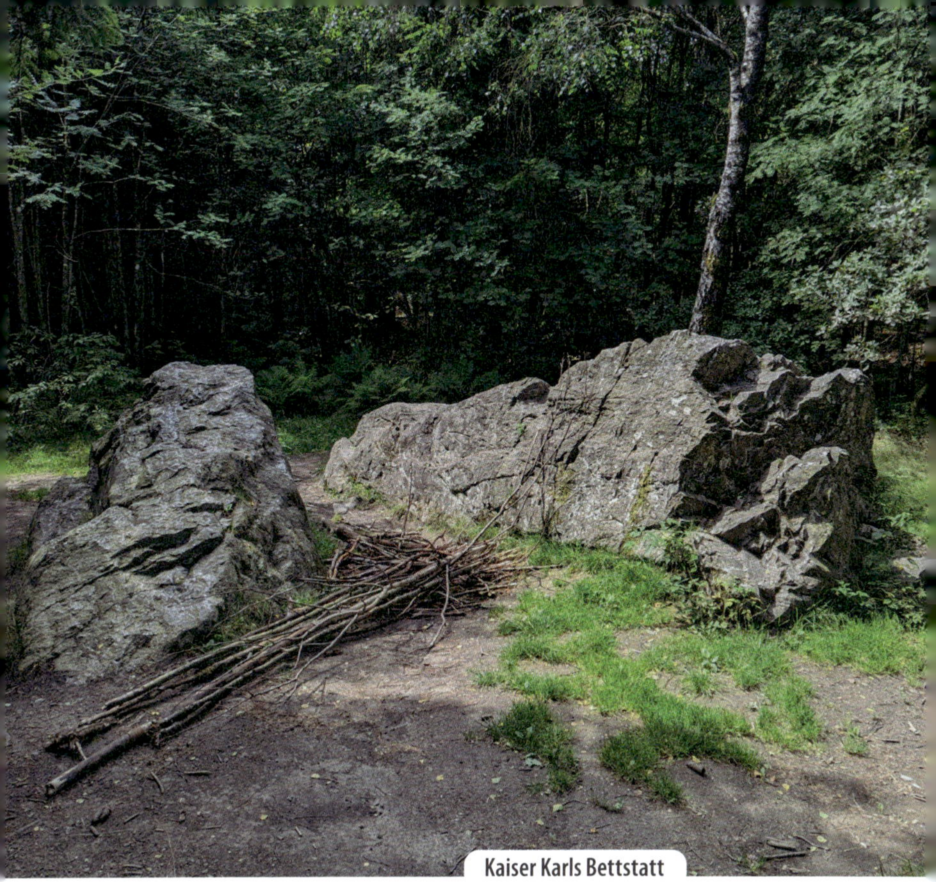

Kaiser Karls Bettstatt

(itinéraire modifié). Nach etwa 100 Metern werden wir wieder auf die 71 geführt.

Das Venn präsentiert sich hier ganz anders als zu Beginn unserer Wanderung. Zahlreiche Büsche und Bäume säumen den Weg, die Stege sind schmal und manchmal müssen wir uns, besonders während der starken Vegetationsperiode, an Ästen vorbeizwängen. Die hiesigen Birken weisen nicht nur weiße Rinde auf, einige sind rau und brüchig wie bei alten Apfelbäumen. Auf unserem Weg zur nächsten Abzweigung durchqueren wir ein sumpfiges Gebiet. Es wirkt, als wäre es künstlich überschwemmt – und das ist auch der Fall. Biber tragen hier, zusammen mit der Forstverwaltung, zur Wiedervernässung größerer Landstriche bei. Nach einer Wegbiegung erblicken wir einen **8 Biberdamm.** Hier plätschert das Wasser in alle

*Die **Wiedervernässung** des Hohen Venns zielt auf die Renaturierung des Feuchtgebiets ab. Biodiversität und Kohlenstoffspeicherung werden durch das Blockieren von Gräben, die Wiederherstellung einheimischer Flora und die Kontrolle invasiver Arten gefördert.*

Richtungen – eine wilde Szenerie, durch die wir komfortabel auf Bohlenwegen spazieren.

An der nächsten Kreuzung biegen wir links ab, um zum Parkplatz Nahtsief zu gelangen. Wer die Abkürzung genommen hat, kommt an dieser Abzweigung von rechts wieder auf die Route. Auf dem letzten Kilometer passieren wir noch eine ⑨ **Aussichtsplattform** mit dem Namen **„Blick ins Venn“.** Hier wird uns die Vegetation des Venns nähergebracht. Sollten wir am Ende unserer Wanderung Hunger oder Durst verspüren, bietet sich das **Restaurant Ternell's –** nur 4 Kilometer in Richtung Eupen – als ideale Einkehrmöglichkeit an. Ob hausgemachtes Bier, Tapas, Pommes und mehr oder Süßes – dieses Lokal ist absolut empfehlenswert.

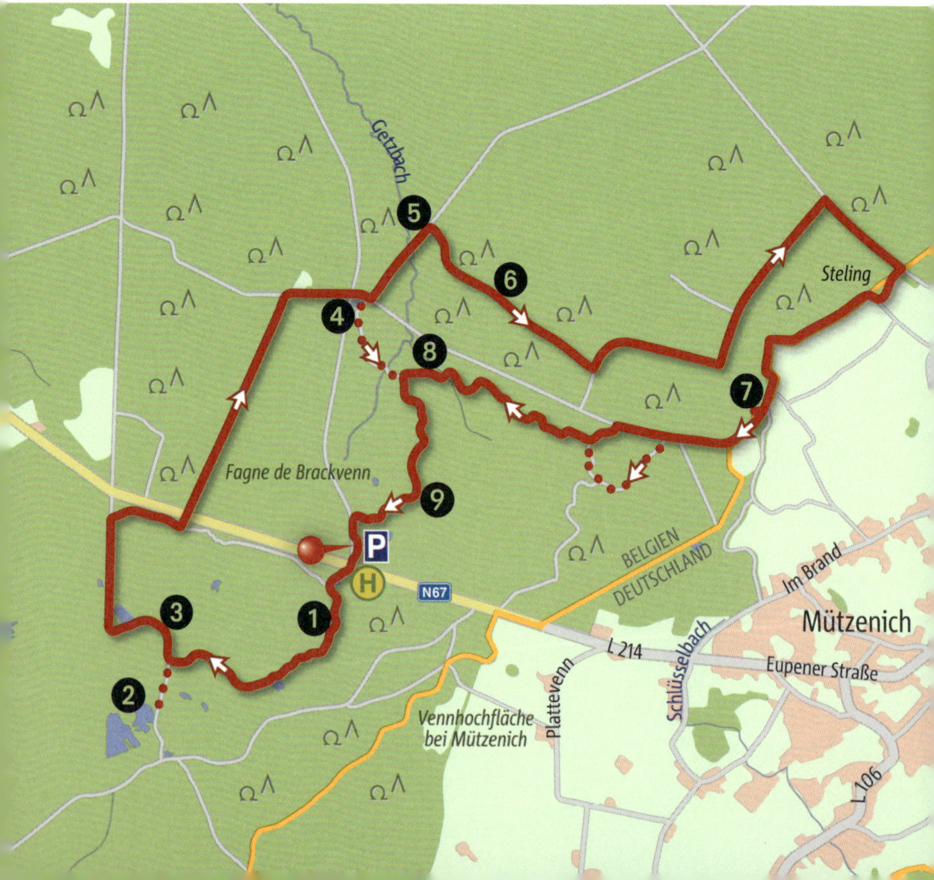

ALLES AUF EINEN BLICK

Entspannung 4/5
Abenteuer 4/5
Vielfalt 5/5

WIE & WANN

Im Bereich des Venn Holzstege, sonst meist Graswege, kurze Abschnitte auf Schotter. Ganzjährig möglich, ideal von April bis Ende Oktober, Sperrung bei Brandgefahr. Hunde sind nicht erlaubt.

HIN & WEG

Auto: Wanderparkplatz Nahtsief an der N 67 (Monschauer Straße) zwischen Eupen und Mützenich
ÖPNV: Bushaltestelle Ternell Nahtsief

ESSEN & ENTSPANNEN

Keine Einkehr an der Strecke, bitte an Rucksackverpflegung denken.

Abseits der Route empfehlenswert:
Restaurant Ternell's, Ternell 2–3, 4700 Eupen, Tel. +32 (87) 34 17 25, www.ternells.be

ENTDECKEN & ERLEBEN

1. **Palsen**
2. **Teich mit Wasserbinsen**
3. **Bohlenwege**
4. **Entenpfuhl**
5. **Getzbach**
6. **Forsthaus auf Stelzen**
7. **Kaiser Karls Bettstatt**
8. **Biberdamm**
9. **Aussichtsplattform „Blick ins Venn"**

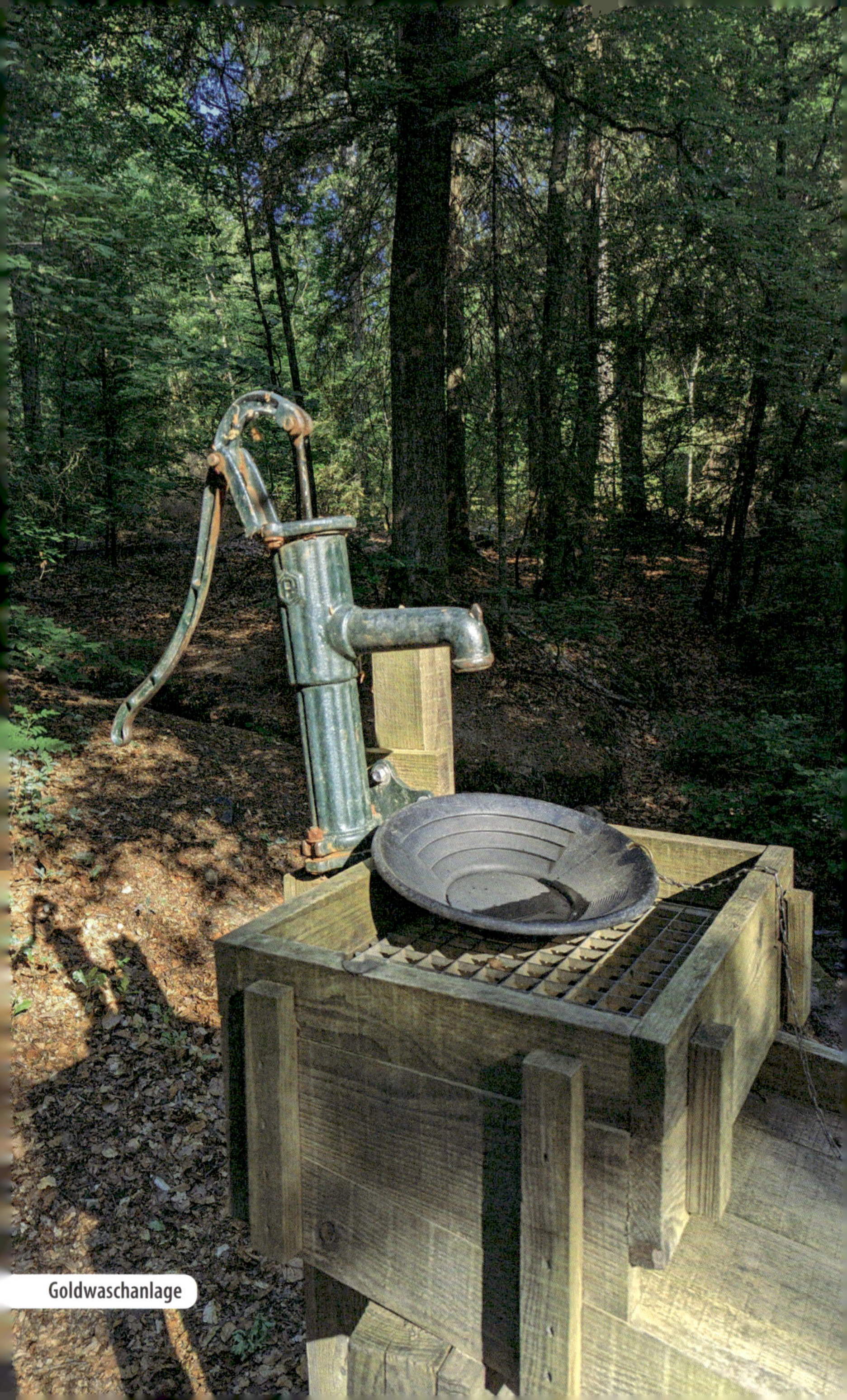

Goldwaschanlage

Flussgold

Goldgräberroute in Montenau

Vom Parkplatz gegenüber dem ❶ **Kloster Montenau** folgen wir der Klosterstraße südwärts in Richtung Montenau bis zum Knotenpunkt 21 des Wanderknotennetzes Ostbelgien, an dem wir rechts in einen Waldweg einbiegen und der Markierung 83 folgen.

Schon bald stoßen wir auf die Nachbildung einer ❷ **historischen Goldwaschanlage.** Beim Anblick der Rekonstruktion, eingebettet in das Grün des Waldes, können wir uns ein Lächeln nicht verkneifen. Die Schautafel erzählt von einer Zeit, als das Goldwaschen noch Alltag war, und weckt in uns eine Sehnsucht nach dieser vergangenen Epoche. Weiter bergauf gehend, entdecken wir bald alte ❸ **Mühlsteine im Wolfsbusch,** Zeugen vergangener Jahrhunderte. Diese kleinen Entdeckungen bereichern unseren Weg. Nicht weit davon laden eine Bank und der schattige Schutz einiger Bäume zum Verweilen ein. Der Blick von hier oben über das Amel-Tal ist trotz der kurzen Distanz von weniger als 1 Kilometer atemberaubend. Wir gönnen uns eine kurze Pause, um die malerische Landschaft zu genießen und spüren, wie diese kleine Auszeit unsere Herzen erfreut.

Auf dem Weg geht es beschwingt weiter. Besonders im morgendlichen Sonnenschein funkelt das Licht durch den Nadelwald, während Farn zu beiden Seiten des Weges sprießt und Vögel zwitschern. Am Knotenpunkt 83 folgen wir der Markierung 84 nach rechts. Nach insgesamt etwa 2,5 Kilometern öffnet sich rechts von uns das Gelände, und wir genießen den **Blick über das Tal.** An der folgenden

*Das **Wanderknotennetz Ostbelgien** besteht aus nummerierten Knotenpunkten, die es Wanderern ermöglichen, mit einem Online-Werkzeug unterschiedlich lange und schwierige Routen zu gestalten. Es bietet gut sichtbare Wegweiser und ist ideal für Naturfreunde.*

Kilometer: 9,6

Höhenmeter: 180

Stunden: 3,5

RUNDWEG

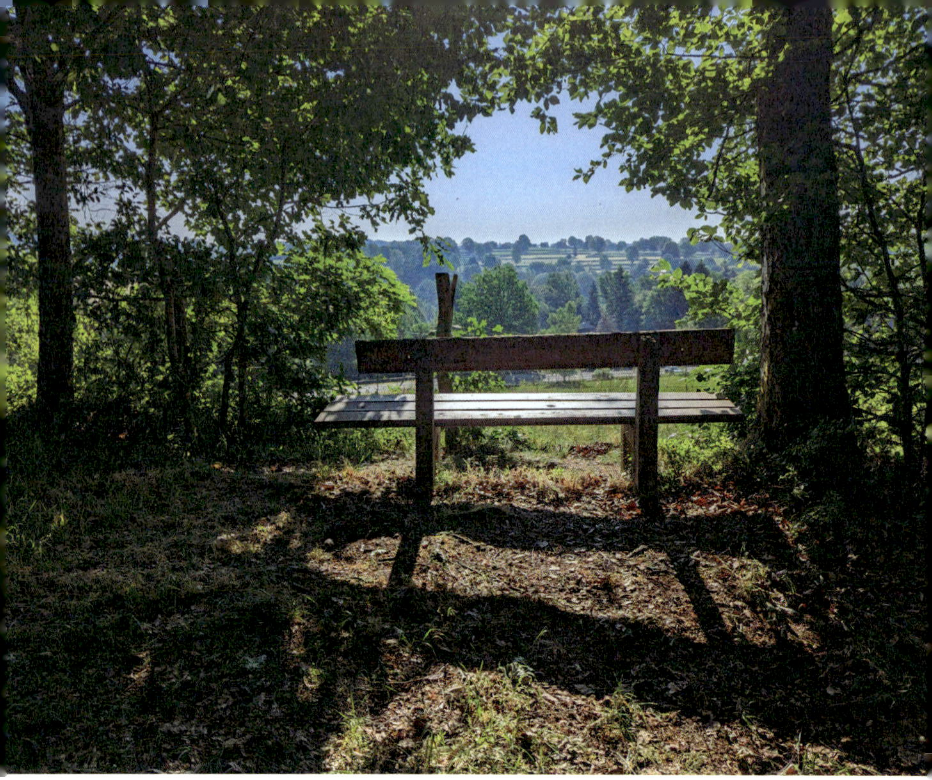

Gabelung biegen wir leicht nach rechts in den Wald ab, wo der weiche Waldboden das Gehen angenehm macht. Nach einem knappen Kilometer erreichen wir eine Kreuzung. Hier wählen wir den rechten Abzweig, der steil bergab führt. Bald überqueren wir die **Montenauer Straße** und folgen leicht nach links versetzt weiter der Markierung 84, die uns auf einem Pfad erneut abwärts leitet. Allmählich dringt das Rauschen des Wassers der Amel zu uns hoch, dem wir erwartungsvoll entgegengehen. Schließlich treffen wir auf einen weiteren Weg, dem wir nach rechts folgen, und stoßen bald auf die Amel.

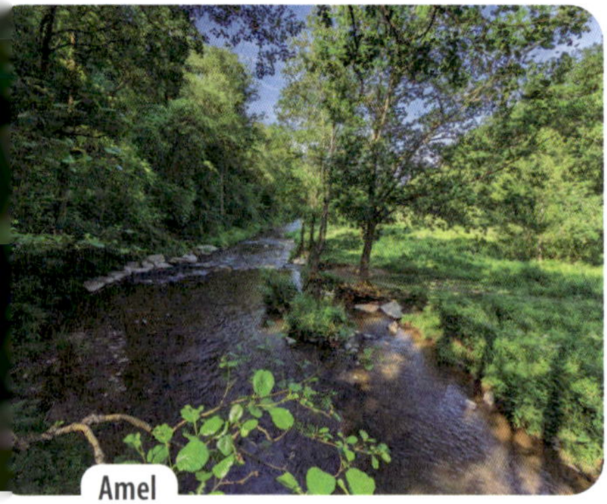

Amel

Während wir dem Lauf der ❹ **Amel** aufwärts folgen, erreichen wir nach einem halben Kilometer einen Knotenpunkt und biegen Nummer 84 folgend links ab. Was zunächst wie eine einfache **Brücke** über den Fluss wirkt, entpuppt sich beim Überqueren als beeindruckende Anlage, bestehend aus einer Brücke und einem anschließenden Steg. Diese Konstruktion, die selbst bei Hochwasser einen sicheren Übergang gewährleistet, beeindruckt uns sehr, und wir schätzen die ausgezeichnete Pflege der Wege.

Für die Seele
Wo früher geschäftiger Goldrausch herrschte, streifen wir heute durch Wald und Wiesen entlang der Amel.

Der Wald lichtet sich allmählich und der Pfad führt uns durch eine idyllische Wiesenlandschaft. Wo im Frühsommer im Wald der Fingerhut blüht, lösen diesen später im Jahr Hagebutten ab, die an den Heckenrosen in der Wiesenlandschaft reifen. Kühe grasen friedlich auf den Wiesen und verleihen der Szenerie eine beruhigende Note. Etwa 500 Meter nach der Überquerung der Amel erblicken wir auf der linken Seite ein charmantes Haus, umgeben von einer Veranda, mit einem Hirschgeweih unter dem Giebel. Es ist die **5 Ferme du Père Louis,** eine einladende Lodge mit neun Zimmern

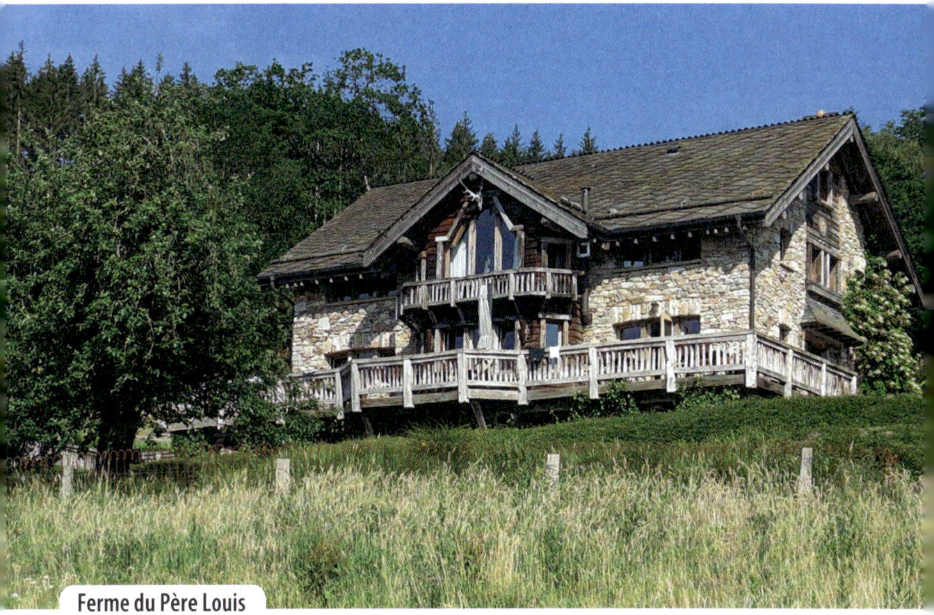

Ferme du Père Louis

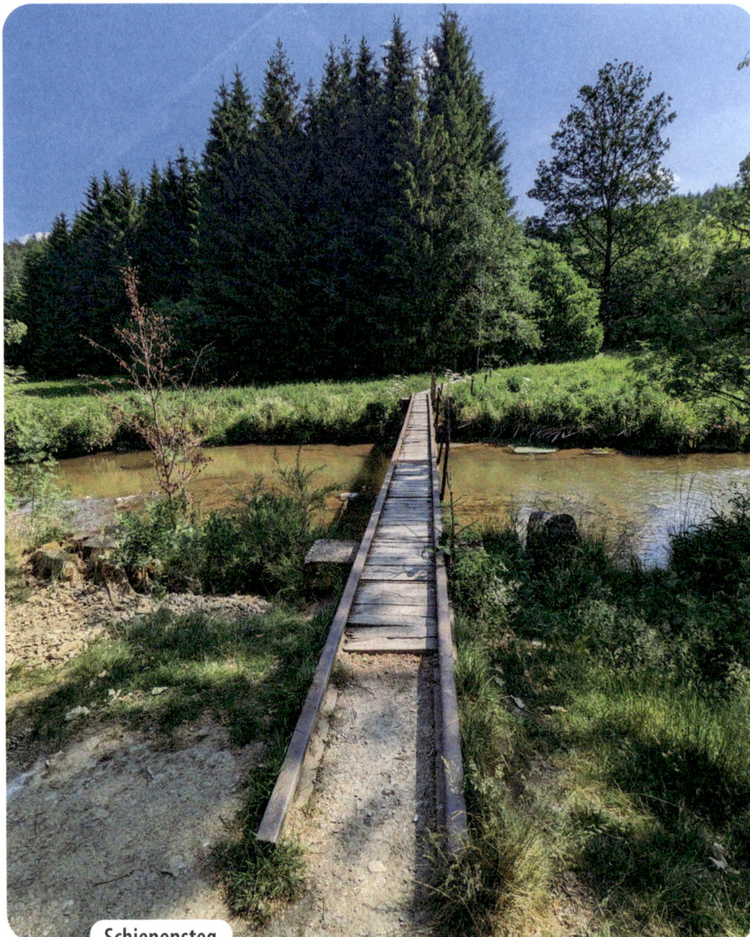

Schienensteg

und einem Swimmingpool. Dieses frei stehende Gebäude, umgeben von herrlicher Landschaft und mit einem fantastischen Blick über das Tal, erscheint ideal für einen Ausflug mit allen Generationen der Familie.

Unser Pfad wird nun zu einem asphaltierten Weg, der bergauf in **Richtung Thirimont** führt, einem Ortsteil von Dreidesberg. Nach 700 Metern erreichen wir ein mit Wegweisern gesäumtes Gebäude. Wir halten uns rechts Richtung Montenau und folgen nun der Markierung 45 erst ein kurzes Stück bergab, dann wieder bergauf, ehe wir durch den Wald fast 50 Höhenmeter absteigen. Vorbei an einigen Häusern – wir befinden uns auf dem **Chemin du Vieux Moulin** – biegen wir links in die Straße gleichen Namens ein. Am Knotenpunkt 45 folgen wir der Markierung 46 nach rechts auf einen Weg, der schnell in einen Pfad übergeht. Wir passieren ein paar Fischteiche, und der Boden kann hier und da matschig sein. Obwohl links ein Zaun verläuft, wirkt die Umgebung wild und unberührt, und es überrascht, dass wir nach 400 Metern auf Häuser stoßen.

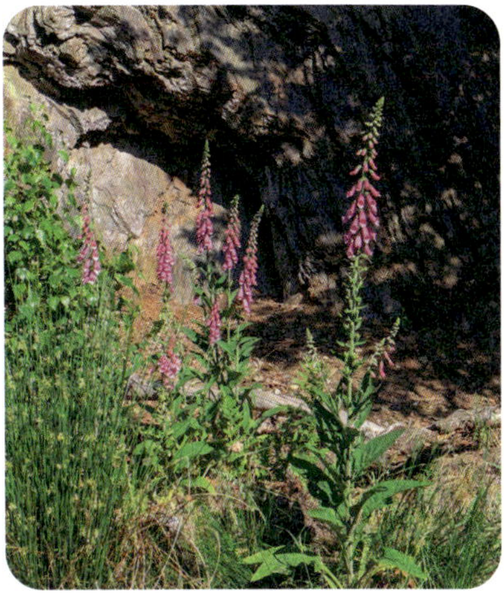

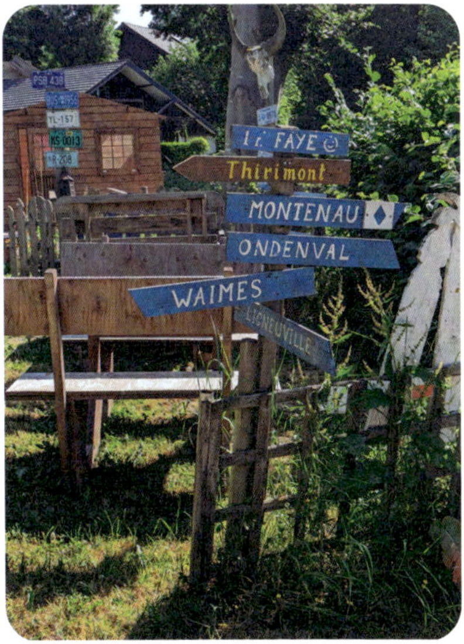

Am Knotenpunkt 46 geht es rechts über eine Brücke über die Amel und direkt dahinter links auf den malerischen Pfad der **Route „Fagnes et Lacs".** Dieser Pfad, zunächst unscheinbar, wird bald von Wurzeln durchzogen, die unsere volle Aufmerksamkeit beim Gehen erfordern. Das Tal mit der sanft fließenden Amel entfaltet eine besonders malerische Kulisse. Nach 1 Kilometer biegt unser Weg nach rechts ab, und linker Hand entdecken wir einen eigenartigen Steg über den Fluss. Zwischen zwei Schienen der ehemaligen Vennbahn wurden Bretter montiert, die etwas wackeln und schwingen, wenn man die Brücke überquert. Wagemutige können hier die Aussicht genießen. Der **6 Vennbahn-Radweg** verläuft seit mittlerweile mehr als zehn Jahren über die alte Bahntrasse, und so wurden die Schienenstränge einer anderen Nutzung zugeführt.

Nachdem wir den letzten Kilometer durch den Wald zurückgelegt haben, erreichen wir wieder das

In Montenau wird Schinken traditionell über Buchenholz geräuchert, was ihm einen einzigartigen Geschmack verleiht. Die ***Schinkenräucherei,*** *die nach Ardenner Methode salzt und würzt, ist ein kulturelles Highlight.*

Klostergebäude. Jetzt ist es an der Zeit, Montenau näher zu erkunden. Wer mit dem Bus gekommen ist, muss ohnehin wieder in den Ort; den Autofahrern sei empfohlen, noch mal Halt zu machen. Ein Besuch beim lokalen Goldschmied bietet sich an, eine charmante Hommage an die Goldschürfertradition der Region. Fleischgenießer sollten die **7 Montenauer Schinkenräucherei** nicht verpassen, bekannt für ihre exquisiten Räucherwaren. Falls Hunger oder Durst sich bemerkbar machen, empfiehlt sich das **8 Brasserie-Restaurant Terminus.** Es bietet eine willkommene Einkehrmöglichkeit in der Nähe des Vennbahn-Radwegs, einem der vielen belgischen „RAVeLs", die entlang ehemaliger Bahntrassen verlaufen.

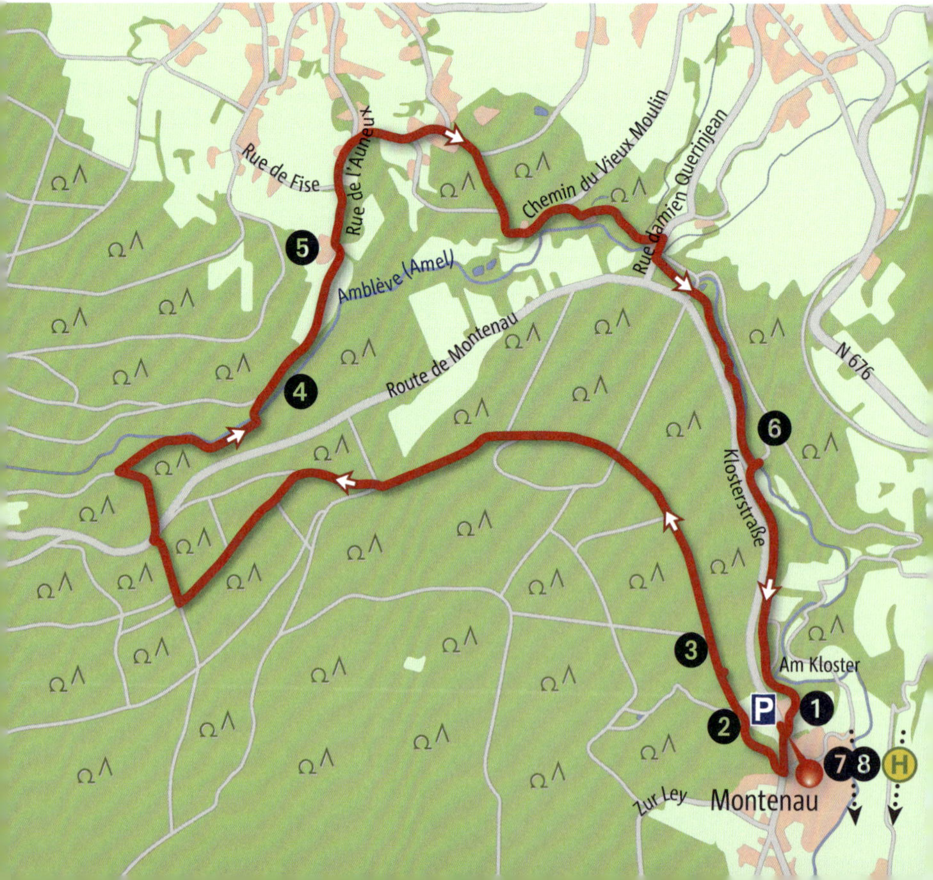

ALLES AUF EINEN BLICK

Entspannung ●●●●○
Abenteuer ●●●○○
Vielfalt ●●●●○

WIE & WANN

Meist Waldboden und weiche Pfade, wenig Asphalt. Grundsätzlich ist es eine Ganzjahreswanderung. Schön ist diese, sobald die Vegetation wieder grün ist, bis in den späten Herbst hinein, wenn der Nebel über der Amel liegt.

HIN & WEG

Auto: Parkplatz am Kloster St. Raphael Steyler Missionare, Klosterstraße 66, 4770 Amel
ÖPNV: Bushaltestelle Montenau, Kapelle, von dort über die Klosterstraße bis Knotenpunkt 21, ca. 750 Meter

ESSEN & ENTSPANNEN

Keine Einkehr direkt an der Strecke, bitte an Rucksackverpflegung für unterwegs denken.

7 **Montenauer Schinkenräucherei,** Am Bahnhof 19, 4770 Amel, Tel. +32 (80) 34 95 86, www.montenauer.com
8 **Brasserie – Restaurant Terminus,** Am Bahnhof 28, 4770 Amel, Tel. +32 (80) 34 13 44, www.terminusmontenau.be

ENTDECKEN & ERLEBEN

1 **Kloster Montenau**
2 **Historische Goldwaschanlage**
3 **Mühlsteine**
4 **Lauf der Amel**
5 **Ferme du Père Louis**
6 **Vennbahn-Radweg**

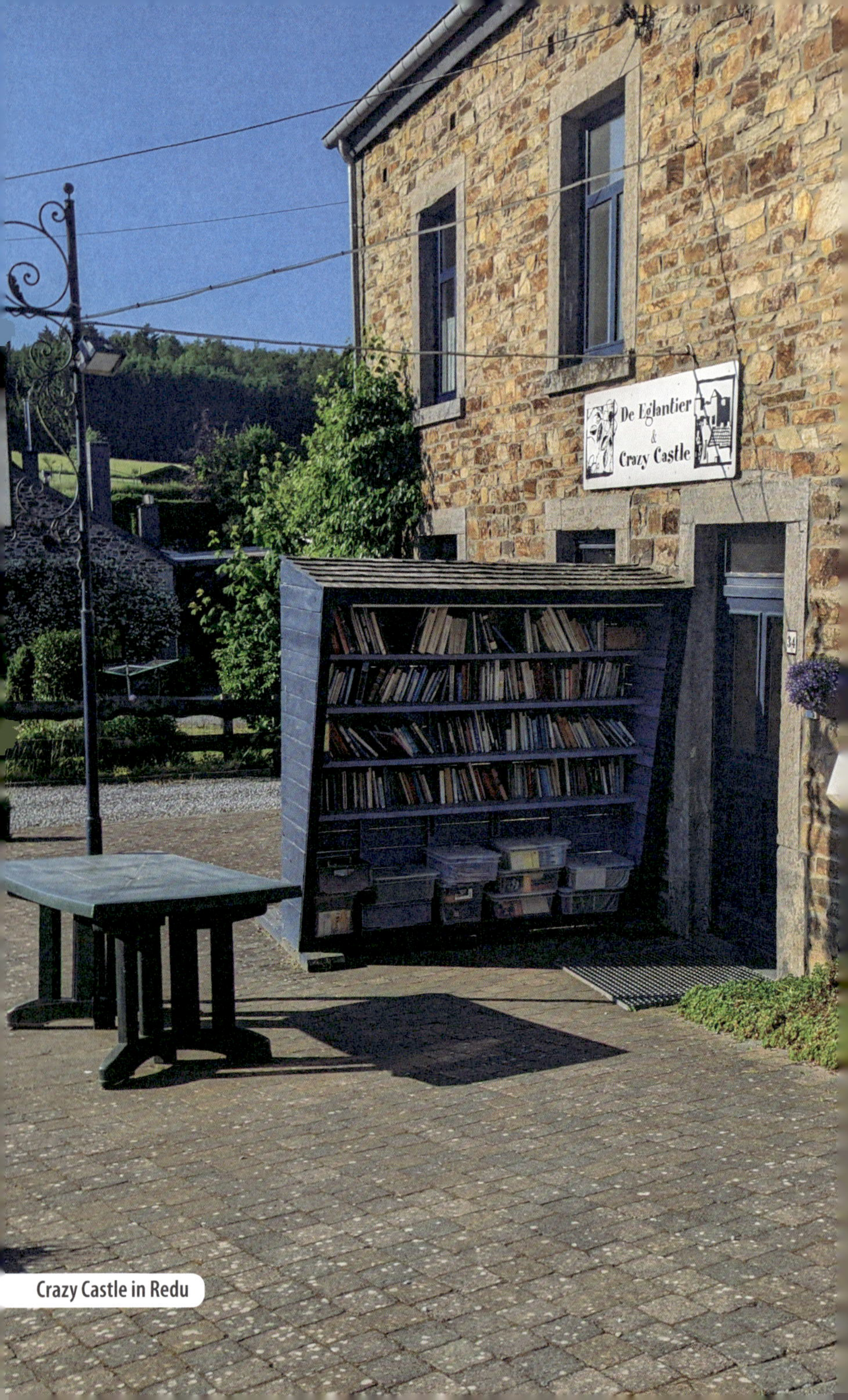

Crazy Castle in Redu

Bücherdorf

Von Redu aus an der Lesse entlang

Unsere Wanderung beginnt an der Kirche in ❶ **Redu,** dem charmanten Bücherdorf in den belgischen Ardennen. Es ist ein wahres Paradies für Literaturliebhaber. Inmitten der idyllischen, grünen Landschaft verstecken sich über zwanzig Buchhandlungen, die von alten Schätzen, über Comics bis zu modernen Bestsellern alles bieten. Der Schwerpunkt liegt auf französischen Titeln. Die engen, gepflasterten Gassen, gesäumt von alten Steingebäuden, führen zu gemütlichen Leseecken, in denen Besucher in Geschichten aus aller Welt eintauchen können. Ein besonderer Genuss ist die kleine traditionelle ❷ **Bäckerei** des Dorfes, deren verführerischer Duft nach frisch gebackenem Brot und süßen Leckereien die Luft erfüllt – ideal, um Verpflegung für unsere Tour zu kaufen. In Redu verbinden sich die Freuden des Lesens und des Genusses zu einem unvergesslichen Erlebnis.

__Redu,__ das Bücherdorf in den Ardennen, bezaubert mit engen Gassen und Antiquariaten voller seltener Werke. Ein Ort, wo Literatur und Lebenskunst inmitten der Schönheit der Ardennen aufeinandertreffen, ideal für Buchliebhaber und Kultursuchende.

Wir gehen an der **Église Saint-Hubert** vorbei und folgen der **Rue de Transinne** abwärts. Neben Buchläden fallen uns einladende Restaurants auf, die uns nach unserer Rückkehr zum Essen locken werden. Zunächst orientieren wir uns an dem **blauen Rechteck.** Nach 200 Metern biegt die Straße nach links ab, und wir steigen an ihr etwa 400 Meter bergauf, bevor unser Wanderweg nach rechts führt. Hin und wieder halten wir inne, um das pittoresk gelegene Dorf zu bewundern, dessen Kirchturm zwischen den Bäumen emporragt. Der Weg führt uns ein kleines Stück aufwärts, bevor wir uns auf den nächsten etwa 1,5 Kilometern ins Tal der

Kilometer: 14 (10)

Höhenmeter: 300 (220)

Stunden: 5 (4)

RUNDWEG

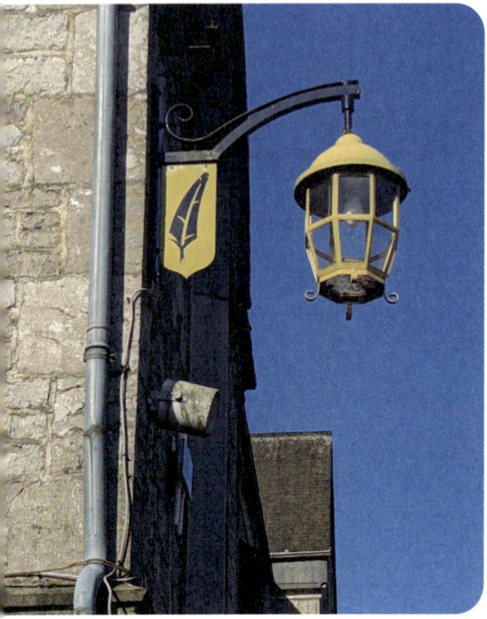

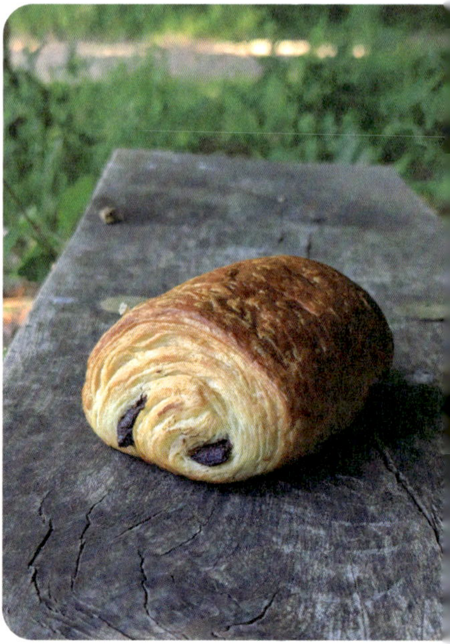

*Zwischen den Flüssen Lesse und Lomme gibt es einen 78 Kilometer langen Rund-Trail – **„Entre Lesse et Lomme"** – mit kostenloser, aber reservierungspflichtiger Übernachtungsmöglichkeit auf drei Biwakplätzen der Gemeinde Libin.*

Lesse hinabbegeben. Wir schlendern über Feldwege, mal begleitet von einem Waldstück zur Linken, mal zur Rechten, mal tauchen wir in den Wald ein. Im Juni blüht der Ginster leuchtend gelb. Meist zu unserer Rechten plätschert der kleine **Bach Redu** der Lesse entgegen. Im Tal angekommen, gehen wir geradeaus über eine Kreuzung und queren die Lesse. Rechts erblicken wir die **③ Moulin de Molhan,** die heute leider nicht mehr so aussieht, wie Richard Heintz (1871–1929), der impressionistische Maler der Ardennen, sie vor etwa 100 Jahren festgehalten hat.

Wir folgen einem Pfad über einen winzigen Steg vor dem Mühlengebäude vorbei, werden durch eine Linkskurve geleitet und erreichen bald einen Forstweg. Dort biegen wir nach links ab und halten uns an der darauffolgenden Gabelung wieder links. Es geht leicht aufwärts. Links von uns hören wir das Rauschen der Lesse, das Licht spielt im Laubwald des Tals. Knapp 1,5 Kilometer weiter erreichen wir eine Kreuzung mit einer Bank. Vielleicht erblicken wir durch die Bäume das eine oder andere Zelt, denn hier befindet sich der **4 Aire de la Virée à Chêne,** einer von drei Biwakplätzen auf einer 78 Kilometer langen Rundwanderung zwischen Lesse und Lomme im großen Wald von Saint-Hubert.

Für die Seele

Aus einem Ort voller Antiquariate über Wiesen und Felder in eine Auszeit am Oberlauf der Lesse.

Wir setzen unseren Weg geradeaus fort. Im Sommer sprießt das Farnkraut durch den bemoosten Untergrund. Das Zwitschern der Vögel begleitet uns, und mitunter können wir auch Mountainbiker erblicken – in Belgien herrscht eine ausgesprochene Harmonie zwischen Bikern und Wanderern. Der Weg führt uns nahezu eben durch den Wald, immer in der Nähe des Flusses, bis wir nach etwa 1,5 Kilometern eine **Brücke** links von uns entdecken, an der sich eine zweite Möglichkeit für

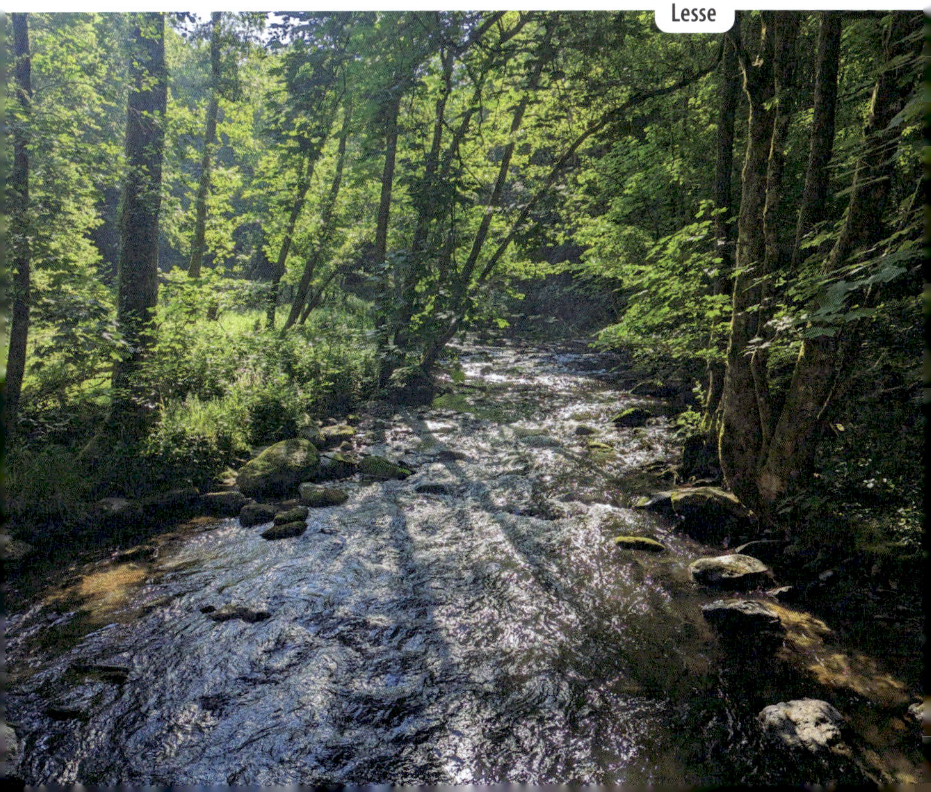

Lesse

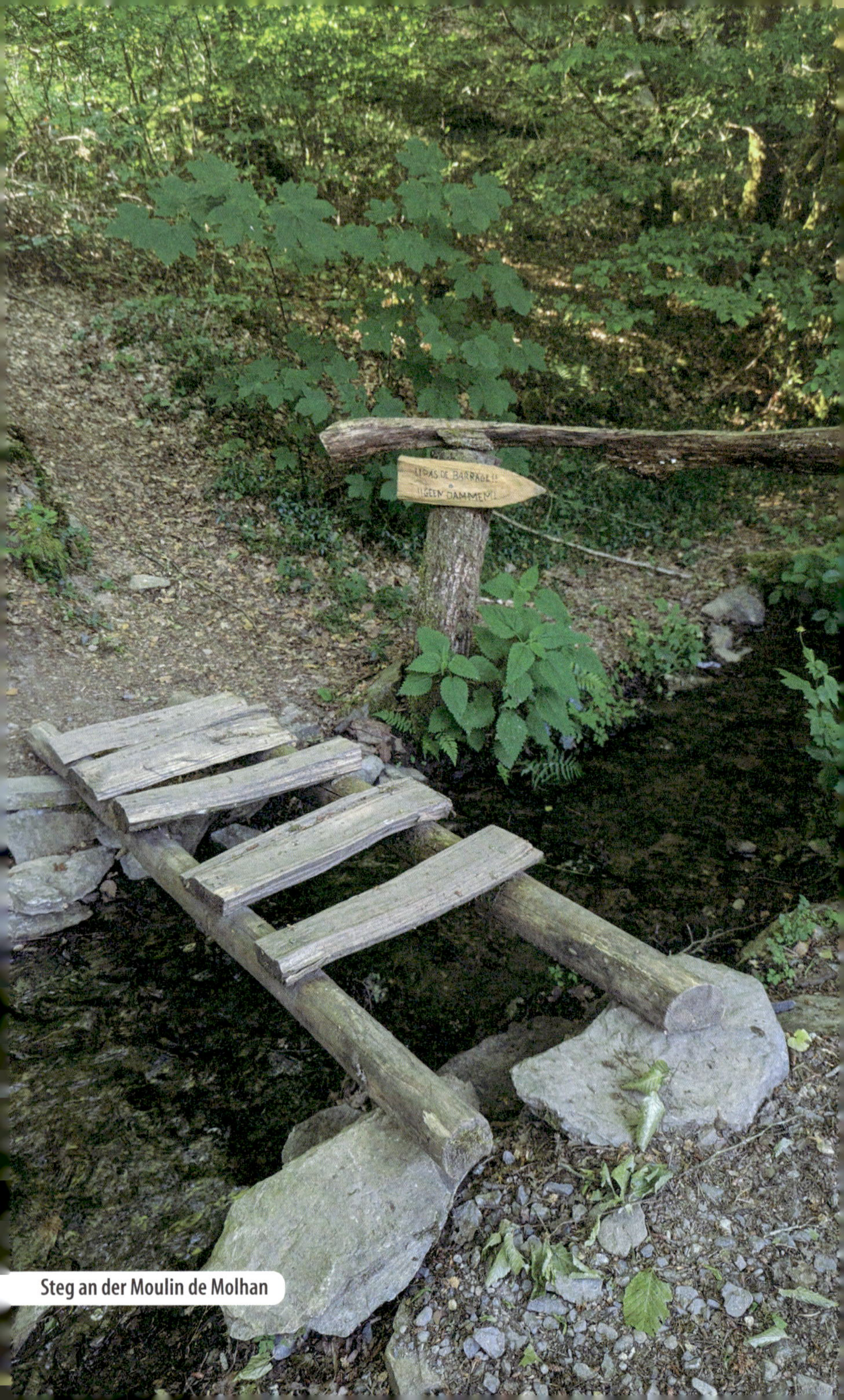

Steg an der Moulin de Molhan

eine Abkürzung ergibt. Der Blick von der Brücke auf das malerisch dahinfließende Gewässer, umgeben von sich wiegenden Wasserpflanzen, ist besonders sehenswert.

An der ***Brücke*** *1,5 Kilometer hinter dem Biwakplatz können wir ca. 4 Kilometer abkürzen. 50 Meter vor der Brücke zweigt ein Weg nach rechts ab, der uns nach 600 Metern wieder auf die Tour führt.*

Zurück auf unserem Weg, folgen wir der Lesse flussaufwärts. Ein besonders malerischer Abschnitt mit dichter Vegetation erwartet uns, fast wie aus einem Märchen. Nach 500 Metern erreichen wir die N 899, überqueren spitzwinkelig nach links eine Brücke und biegen dann scharf nach rechts ab, der roten Raute folgend. Wir gehen etwa 400 Meter auf einer kaum befahrenen Straße, bevor wir rechts zur idyllisch gelegenen **5 Pont Marie-Thérèse** abbiegen – unserem nächsten Ziel. Diese Brücke wurde im 17. Jahrhundert von der habsburgischen Kaiserin in Auftrag gegeben und ist Teil der historischen Verbindungsstraße zwischen Bouillon und Lüttich. Ein halber Kilometer durch den Wald führt uns anschließend nach **Maissin,** das wir auf der Route Marie Thérèse erreichen.

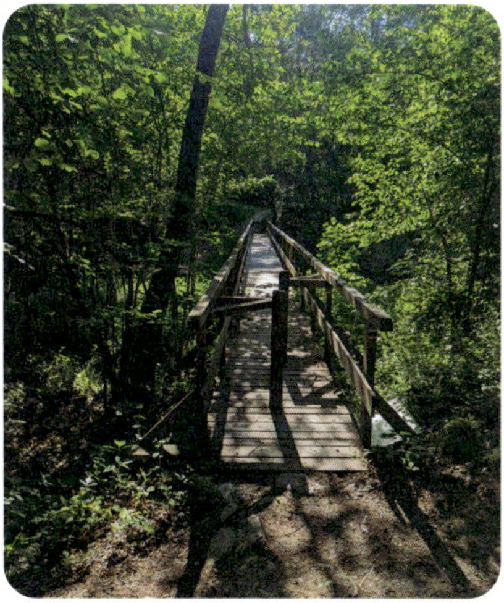

Wir queren noch mal die N 899 und spazieren etwa 400 Meter auf der Rue de Brest durch den Ort, passieren das **Chalet sur Lesse,** das leider kein Restaurant ist, und folgen einer **gelben Markierung.** 170 Meter hinter dem Chalet biegen wir scharf rechts ab in den Chemin du Sarté und wandern für 1 Kilometer über Wiesen und Felder, wo wir mal Pferde, mal Kühe erblicken. Das Land wirkt beruhigend und gemütlich.

Etwa 500 Meter nachdem wir wieder in den Wald eingetaucht sind, folgen wir der Markierung eines **roten Rechtecks** nach rechts. Nach weiteren

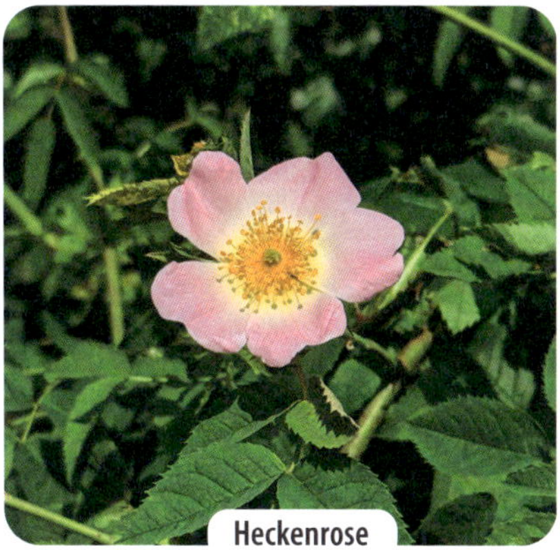

Heckenrose

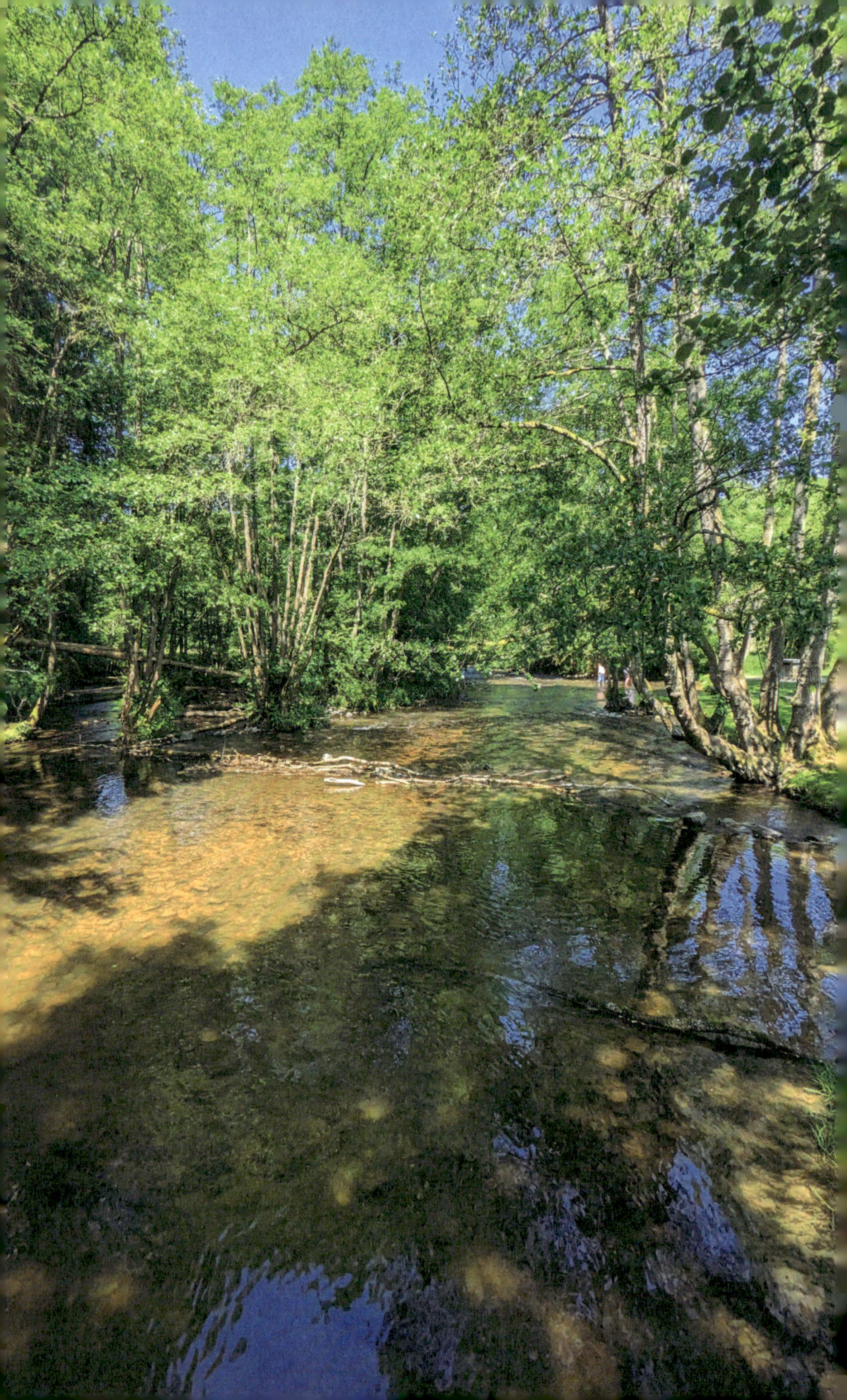

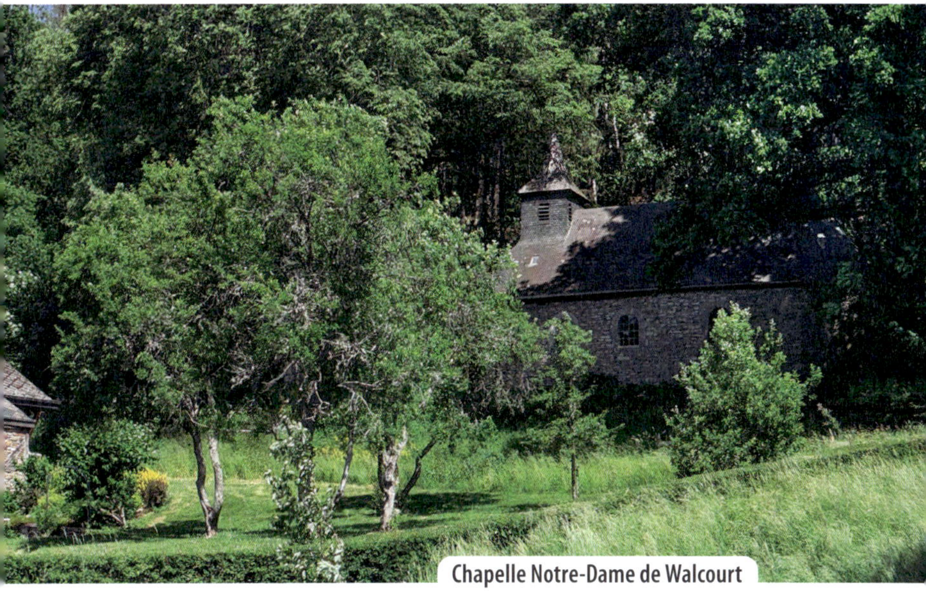

Chapelle Notre-Dame de Walcourt

500 Metern biegen wir links ab. Hier kommt man von rechts heraus, wenn man die Abkürzung an der Brücke nimmt. Nun schlendern wir 1,5 Kilometer über den weichen Waldboden abwärts. Kurz vor Lesse beschreibt der Weg eine Linkskurve, hinter der wir auf eine Straße stoßen, uns nach rechts wenden und in das Dorf Lesse hineinwandern. Dort folgen wir dem **gelben Rechteck** nach links. Es geht leicht aufwärts und nach weniger als 200 Metern steil hinunter zur Lesse und wieder einmal über sie hinweg. Wir betreten eine **6 Grünfläche,** die ideal für eine entspannte Pause ist: Schatten spendende Bäume und die gemächlich vorbeifließende Lesse laden zum Verweilen ein. Das Dorf Lesse ist im Übrigen entzückend und lädt mit seinen vielen netten Gîtes ein, in dem malerischen Tal eine Nacht zu verbringen.

Wir sind nun gut erholt und haben es nun nicht mehr weit. Von der Wiese aus gehen wir vor zur Dorfstraße, folgen ihr nach links und erblicken rechter

Hand die in den Hang eingebettete **Chapelle Notre-Dame de Walcourt,** vor der wir links abbiegen. Etwa 100 Meter weiter zweigt rechts ein Weg ab, der uns mit leichter Steigung in 2 Kilometern bis Redu zurückbringt. Kurz bevor wir Redu erreichen, passieren wir den Parkplatz, aber es lohnt sich dem Dorf einen weiteren Besuch abzustatten.

Sollten wir noch keine Truite à l'Ardennaise probiert haben, bietet sich im **7 Au Clocher** direkt an der Kirche eine ausgezeichnete Gelegenheit dazu. Zum Dessert empfehlen sich Gerichte mit framboises – die Gegend ist für ihre Himbeeren berühmt. So können wir die Wanderung Revue passieren lassen und sind für die Erkundung der vielen Buchläden gestärkt.

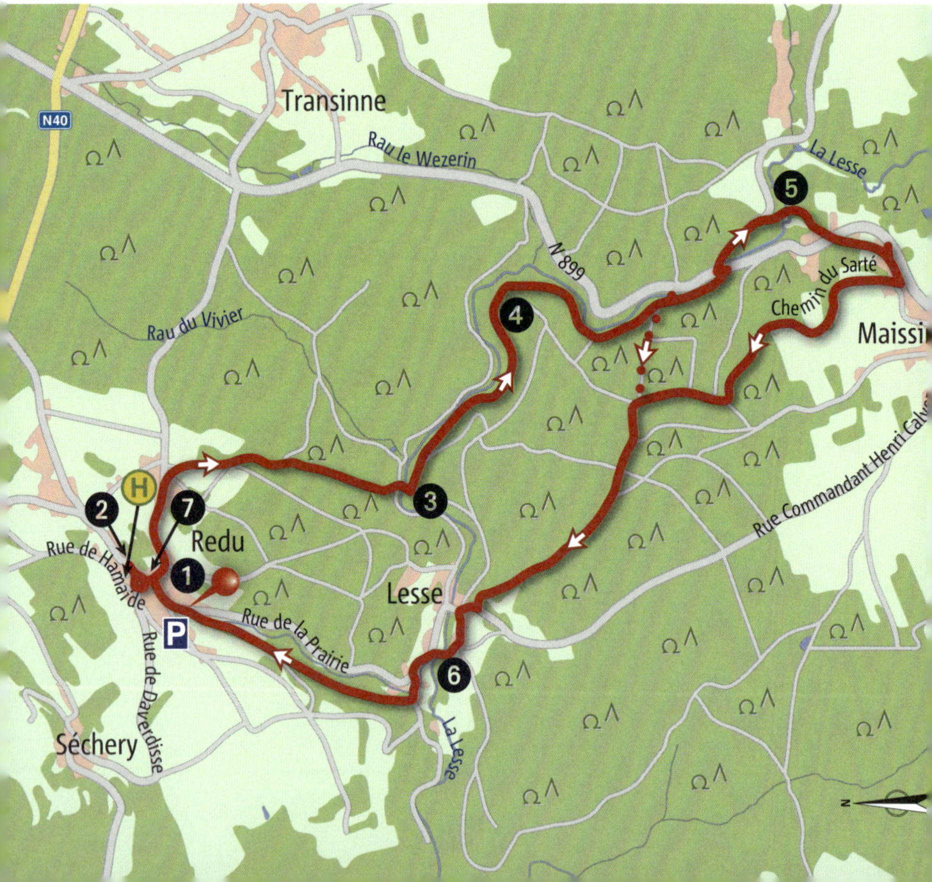

ALLES AUF EINEN BLICK

Entspannung 4/5
Abenteuer 3/5
Vielfalt 4/5

WIE & WANN

Es geht auf Waldwegen, Pfaden und etwas Asphalt durch offenes Gelände. Redu ist an Wochenenden zu empfehlen, da dann die Buchläden und die Bäckerei geöffnet haben. Der Wanderweg ist von April bis Ende Oktober schön.

HIN & WEG

Auto: Parkplatz in der Rue de la Prairie 44, 6890 Redu (Libin)
ÖPNV: Bushaltestelle Redu Eglise

ESSEN & ENTSPANNEN

2 **Boulangerie Le Millefeuille,** Rue de Saint-Hubert 13, 6890 Redu (Libin), Tel. +32 (4 93) 30 93 06, www.boulangerie-redu.be

7 **Au Clocher,** Rue de Saint-Hubert 17, 6890 Redu (Libin), Tel. +32 (61) 65 52 25, www.auclocher.be

ENTDECKEN & ERLEBEN

1 **Redu**
3 **Moulin de Molhan**
4 **Aire de la Virée à Chêne,** www.rando-lesse-lomme.be
5 **Pont Marie-Thérèse**
6 **Grünfläche zum Entspannen**

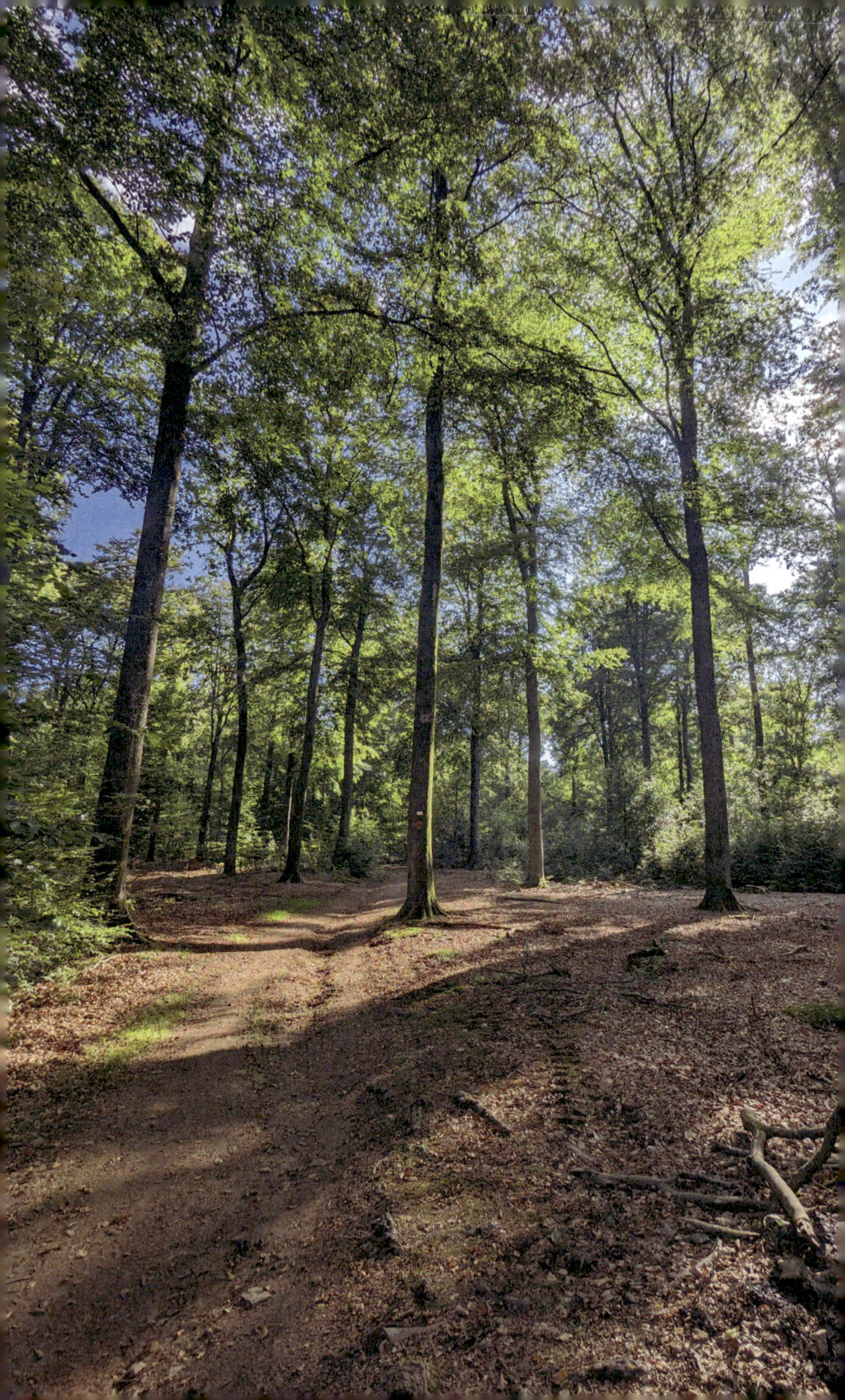

Wald & Wasser

Entspannung an der Semois

Der malerische Teich ❶ **Étang des Épioux,** ein ruhiger kleiner Stausee, liegt idyllisch im Wald versteckt. Obwohl die genaue Bezeichnung des Gewässers für uns vielleicht nebensächlich ist, trägt seine herrliche Lage im Grünen entscheidend zu seinem Charme bei. Es ist bedauerlich, dass das Baden hier untersagt ist, doch steht einem ausgedehnten Picknick am Ende unserer Tour nichts im Wege. Eine Decke oder sogar ein Campingtisch können gerne mitgebracht werden, um unser Erlebnis zu bereichern. Bevor wir uns jedoch einer solchen Entspannung hingeben, beginnen wir unsere Wanderung. Wir passieren das eindrucksvolle ❷ **Château des Épioux,** das seinen Namen dem gleichnamigen Bach verdankt, der auch den Stausee füllt, und nehmen an der Gabelung dahinter die **Bahnbrücke.** Nachdem wir die Gleise überquert haben, sind es nur noch wenige Schritte, bis wir links in den dichten Wald eintauchen. Eine Holztafel erinnert uns daran, die Wildtiere nicht zu stören und etwaige Hunde an der Leine zu halten. Im Naturschutzgebiet von Épioux wird auch darum gebeten, auf das Rauchen zu verzichten. Selbstverständlich respektieren wir diese Regeln, um die natürliche Schönheit dieses Ortes für alle zu bewahren.

*Das **Château des Épioux** wurde im 17. Jahrhundert durch den Eisenproduzenten Pierre Dumoustier gebaut. Interessanter ist ein zwischenzeitlicher Besitzer: Pierre-Napoléon Bonaparte, ein Neffe von Kaiser Napoleon I. und leidenschaftlicher Schriftsteller.*

Der Wald erwartet uns mit gewaltig hohen Nadelbäumen. Beeindruckt erreichen wir nach nur 200 Metern eine Gabelung, an der wir uns rechts halten, der Markierung des **blauen Rechtecks** folgen und einen knappen Kilometer leicht aufwärts gehen. Dann erreichen wir auf unserer leichten Runde eine Kreuzung

Kilometer: 11

Höhenmeter: 230

Stunden: 3,5

RUNDWEG

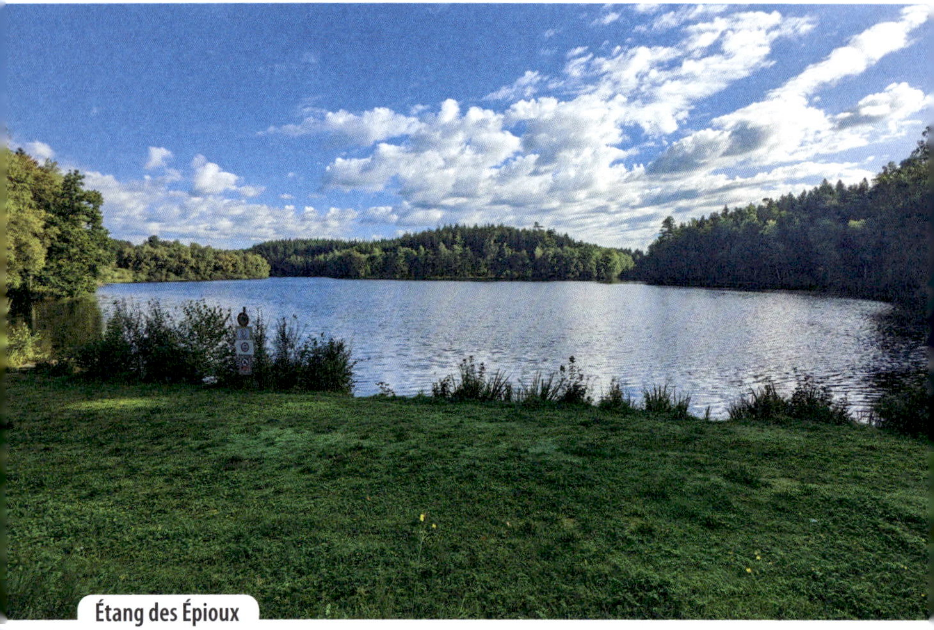

Étang des Épioux

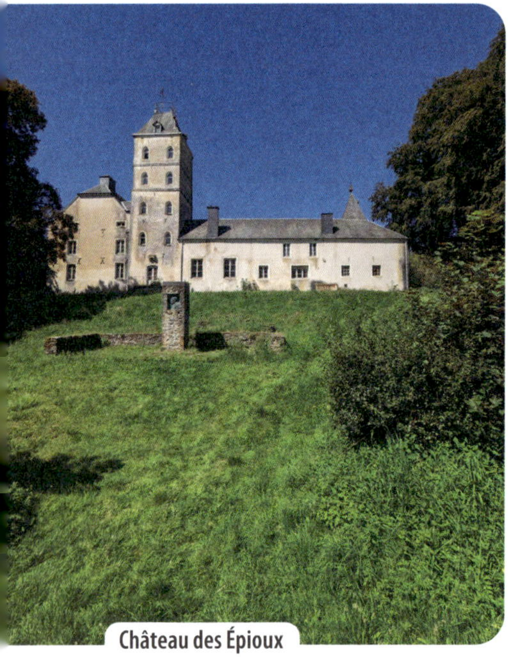

Château des Épioux

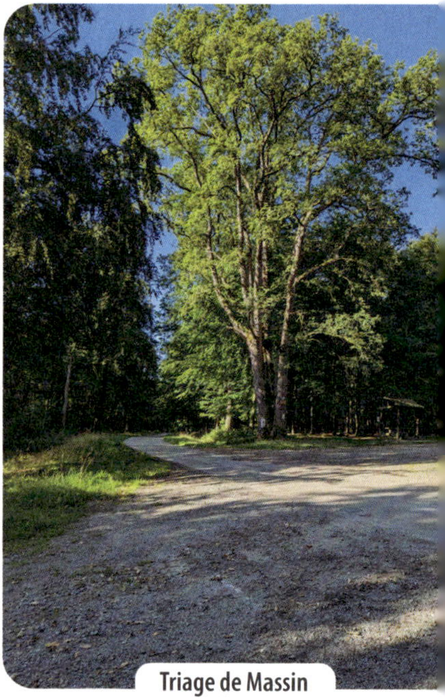

Triage de Massin

mit einer gewaltigen dreistämmigen Eiche, **3 Triage de Massin.** Hier folgen wir der gelben Markierung leicht links und wandeln beschwingt – unterbrochen von einer winzigen Erhebung – 1,5 Kilometer leicht abwärts auf dem weichen Waldboden. Mittlerweile wandern wir in einem Laubwald, der zusehends hoch und licht wird. Bei Sonnenschein ist das ein unglaublicher Anblick. Dann sehen wir ein Holzschild mit der Aufschrift **„Point de Vue – Le Rocher du Chat".** Wir folgen dem Schild nach rechts zum ausgewiesenen **4 Katzenfelsen** und genießen den grandiosen Ausblick über das bewaldete Tal der Semois. Mit den kleinen Inseln im Flusslauf sieht das ganz besonders aus – zum Glück ist der Fels ganz einfach zu erreichen und alles andere als überlaufen. So lädt der Ort zum Verweilen ein, bevor wir mit dem leichten Abstieg zum Fluss beginnen. Keinesfalls sollten wir den Pfad direkt am Felsen benutzen. Der ist recht anspruchsvoll und etwas schwierig für eine leichte Wanderung. Stattdessen gehen wir vom Rocher du Chat zurück auf den vorherigen Weg und folgen weiter der gelben Markierung. Bald geht es etwas stärker bergab als bisher. Nach etwa 800 Metern gehen wir durch eine scharfe Rechtskurve, hinter der der Weg deutlich steiler wird. Etwa 300 Meter weiter stoßen wir auf einen Abzweig, den wir in spitzem Winkel nach links nehmen, um nach 400 Metern das **5 Ufer der Semois** zu erreichen. Auf diesem Stück ist der Weg etwas holprig. Dafür dürfen wir unten angekommen ganze 3 Kilometer entspannt am Flüsschen entlang-

Für die Seele

Einfach nur Auszeit: durch den tiefen Wald des Semois-Tals und zwischendurch wundervolle Aussichten.

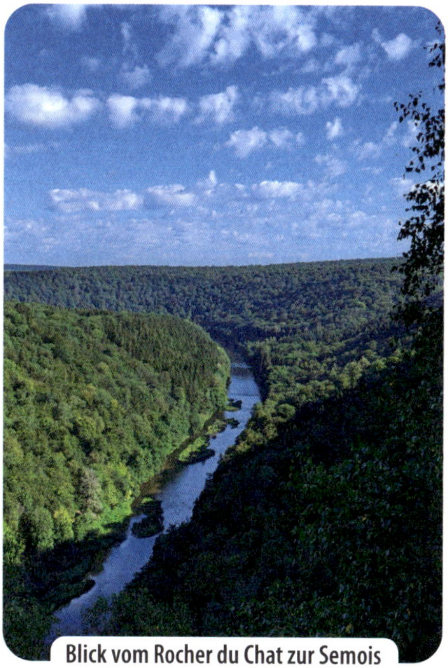

Blick vom Rocher du Chat zur Semois

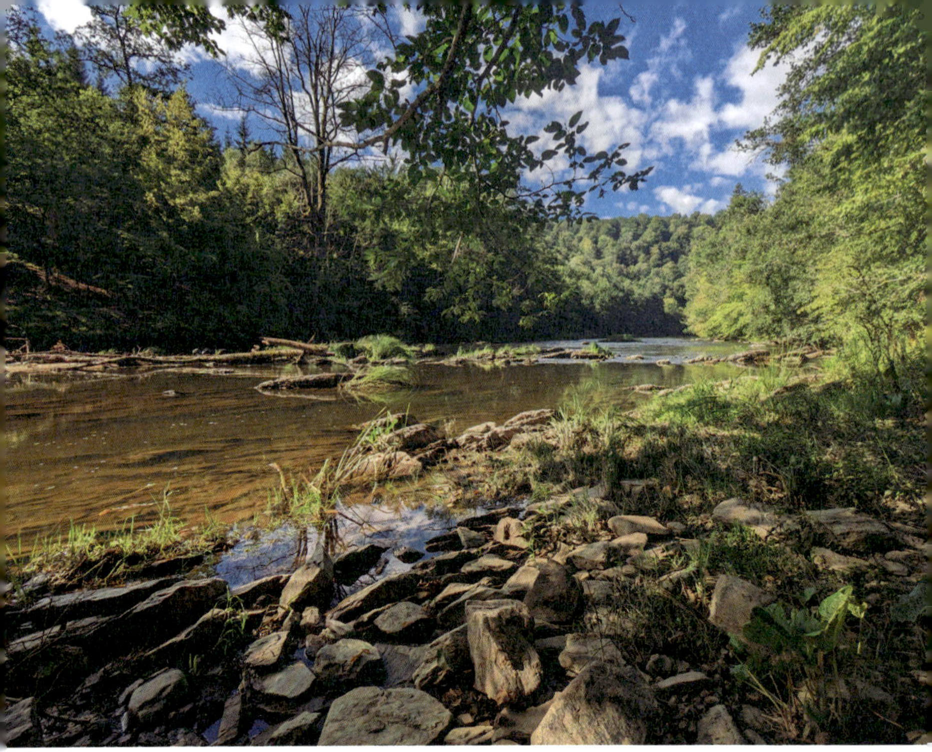

wandern und dem beständigen Zwitschern und Schnattern der Wasservögel lauschen. Es ist Natur pur fernab von jeglichen Zivilisationsgeräuschen.

Mal fließt das Wasser ruhig dahin, mitunter rauscht es kräftig, wenn der Fluss durch oder über Felsen strömt. Und genau diese Felsen bieten uns immer wieder Platz, um uns niederzulassen und die Natur zu erfahren. Hier müssen wir nicht um die besten Plätze konkurrieren – viele Menschen sind nicht unterwegs. So wandern wir locker und leicht unter den Bäumen an der Semois entlang. Immer wieder sehen wir Vögel, deren Treiben wir beobachten. Und immer wieder entdecken wir dabei Neues und Erstaunliches. Mal ist es ein von Moos überwachsener Fels, mal ein Baum, dessen Stamm fast wie ein Korkenzieher aussieht. Entspannt folgen wir dabei stets der **gelben Markierung.** Auf den nächsten 2 Kilometern ignorieren wir alle Abzweigungen, die uns vom Fluss wegbringen würden, bis wir an einem Baum ein Schild entdecken, dass uns verrät, dass hier eine Lizenz zum Angeln notwendig ist. Nun wird der Weg etwas schmaler und nach 700 Metern geht es links den Berg hoch. Wir sind nach knapp zwei Dritteln unserer Tour gut eingelaufen und haben den lockeren Weg am Wasser hinter uns. So können wir auch die 200 Höhenmeter bewältigen, die es nun steil bergauf geht – die einzige etwas anstrengende Stelle. Bald wird es auch wieder etwas flacher und mehr Licht dringt durch die Baumkronen zu uns durch. Es sind nur 400 Meter, auf denen wir aufwärts steigen müssen, dann erreichen wir eine Straße, biegen rechts ab und nach einigen Metern wieder links in den Wald hinein, nun wieder mit dem **roten Rechteck.**

Wir folgen dem Weg einen halben Kilometer abwärts erneut ins Tal der Semois, bis wir auf einen Bach stoßen und dem Bachlauf nach links aufwärts folgen. Das Gelände ist deutlich flacher als beim letzten Anstieg – allerdings überlagern sich Bach und Weg hin und wieder. Starkregen hat dem 6 **Bachlauf** ein neues

Entlang der Semois begeistert eine Vielfalt an ***Wasservögeln*** *wie Enten, Schwäne, Gänse und Reiher, die in den flachen Gewässern Nahrung finden. Ungestört von Menschen bieten sie einen beständigen, faszinierenden Anblick in der malerischen Landschaft.*

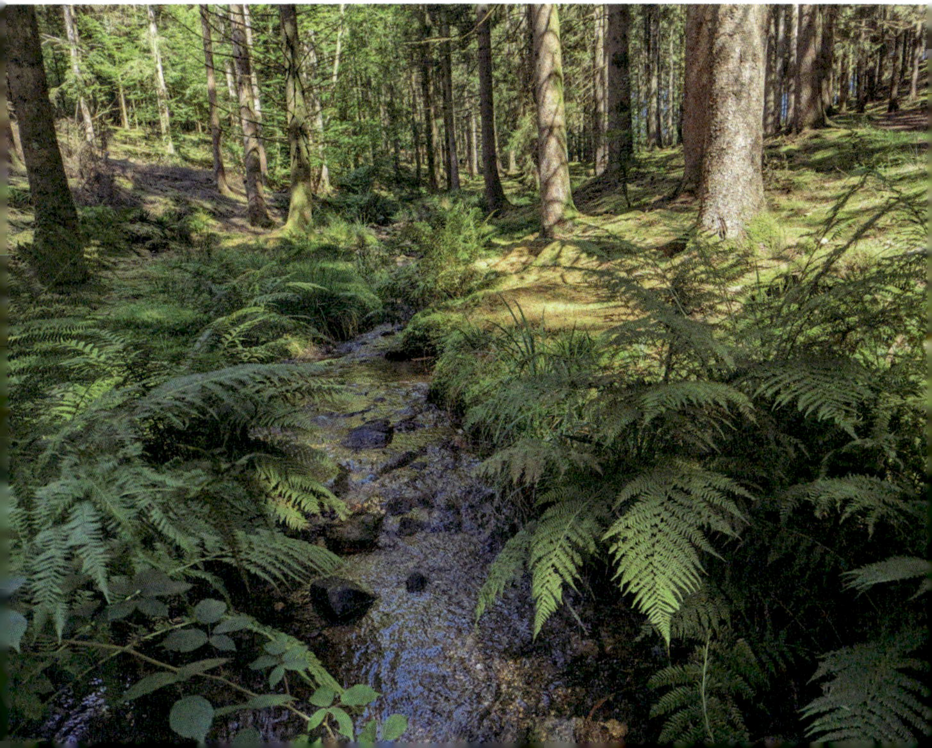

Bett verschafft. Uns stört das wenig – es ist sehr spannend anzusehen, wie sich das Wasser seinen Weg bahnt und wie Regen Wege macht. Es geht etwa 1 Kilometer aufwärts, bevor wir die übrige Strecke mit leichtem Gefälle durch den Wald schlendern – immer geradeaus für knappe 2 Kilometer, bis wir aus dem Wald kommen und rechts die Bahnbrücke sehen, über die wir gekommen sind.

Lust auf ein Picknick? Dabei könnten wir weiter die frische Luft genießen. Falls das Wetter mal nicht so sehr dafür geeignet scheint, lohnt ein Ausflug ins knapp 30 Kilometer entfernte Bouillon. Es gibt genug Einkehrmöglichkeiten, sodass man auch während des Nachmittags ein nettes Plätzchen findet.

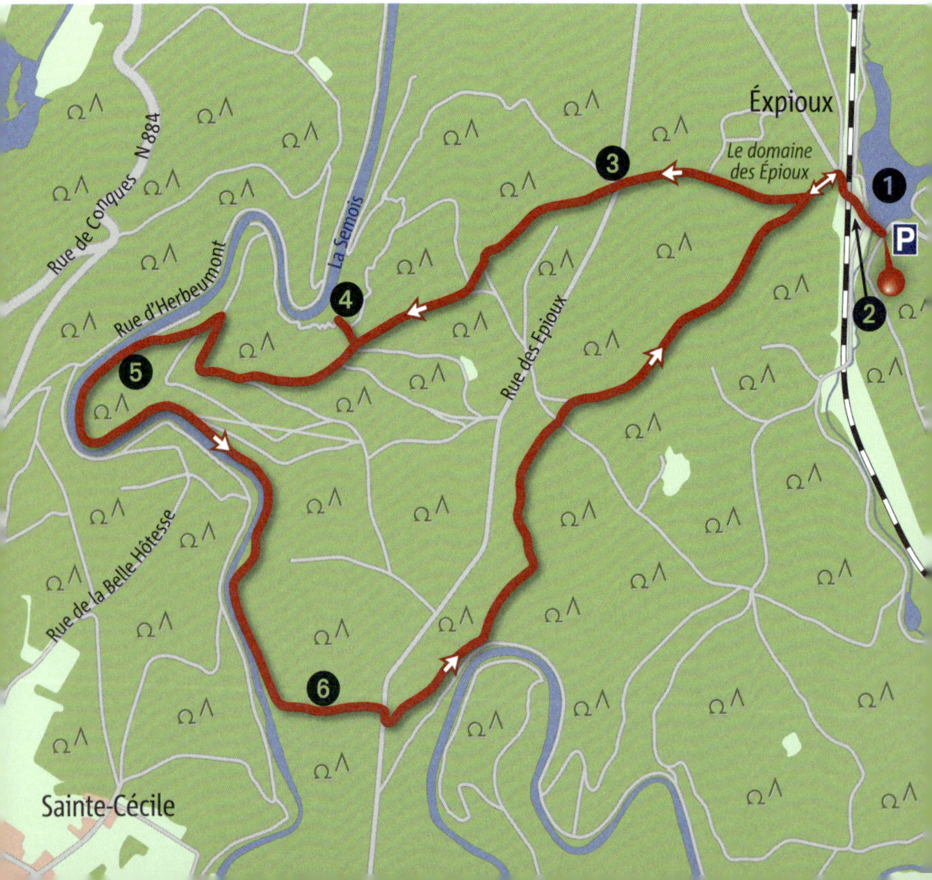

ALLES AUF EINEN BLICK

Entspannung 4/5
Abenteuer 3/5
Vielfalt 3/5

WIE & WANN

Mit ihren nahezu vollständig bewaldeten und damit beschatteten Wegen auf weichem Waldboden eignet sich die einfache Einsteigerwanderung auch für den Hochsommer. Von dem Zeitpunkt, wenn die Bäume grün werden, bis zum Ende des Herbstes ist die Tour schön.

HIN & WEG

Auto: Parkmöglichkeiten bei Le domaine des Épioux, Rue des Epioux, 6821 Florenville
ÖPNV: Keine Anbindung an die Strecke

ESSEN & ENTSPANNEN

Keine Einkehr an der Strecke, bitte an Rucksackverpflegung denken.
Restaurants finden wir abseits der Route in Bouillon.

ENTDECKEN & ERLEBEN

1. Étang des Épioux
2. Château des Épioux
3. Triage de Massin
4. Rocher du Chat (Katzenfelsen)
5. Ufer der Semois
6. Bachlauf

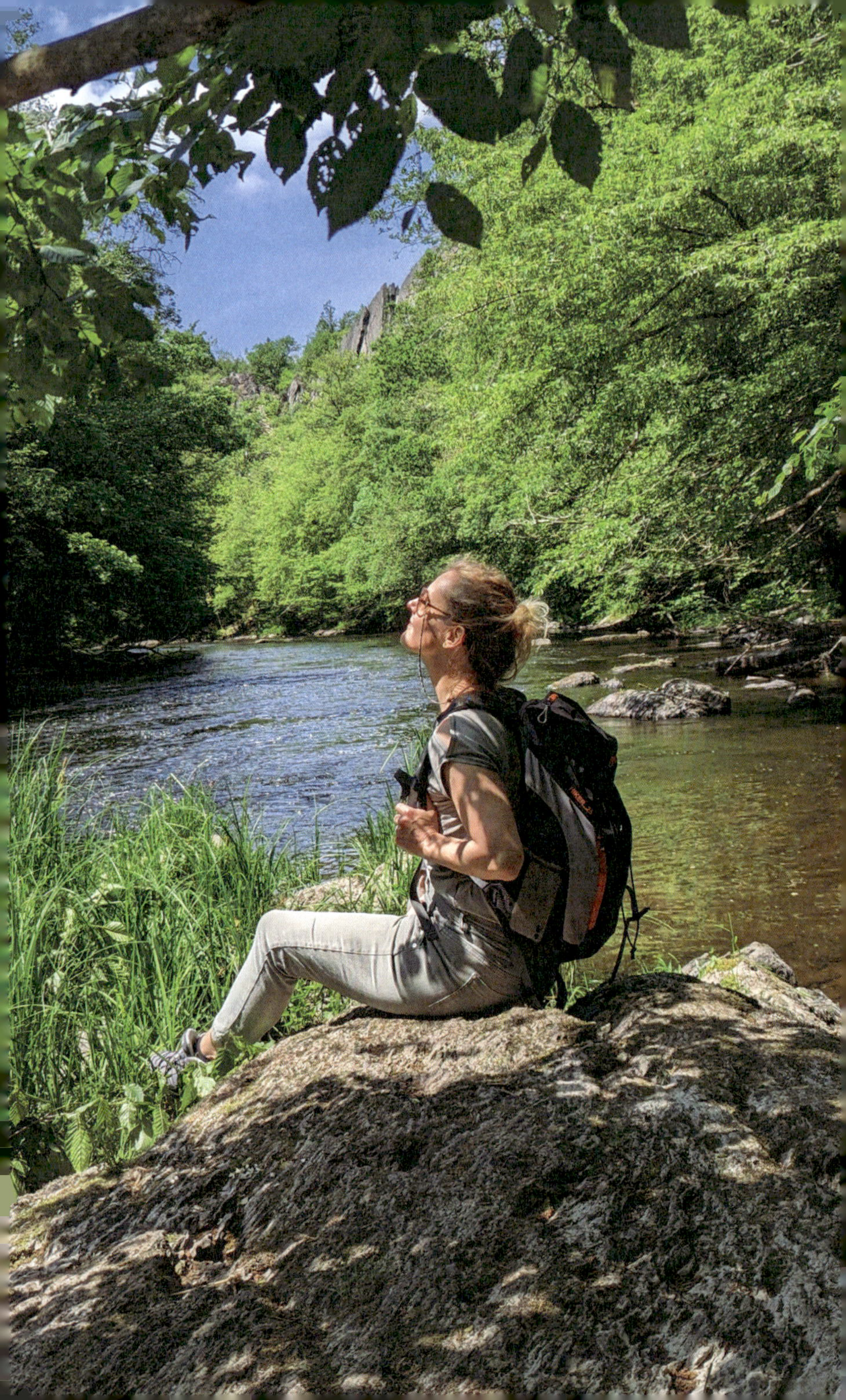

Blick übers Wasser

Alpin und romantisch an der Ourthe

Das Gebiet an der **Ourthe** in der Nähe von Houffalize ist gespickt mit faszinierenden Wander- und Freizeitmöglichkeiten. Wir starten am Sportplatz der kleinen Gemeinde Nadrin. Von dort gehen wir die **Rue du Hérou,** über die wir vermutlich hergefahren sind, ein paar Meter nach rechts und schwenken dann links auf den begrasten Weg in Richtung der reizenden ❶ **Friedhofskapelle des Cimetière de Ollomont** ein, die wir nahezu umrunden. Hinter der Kapelle folgen wir der Straße **Place du Centre** 150 Meter rechts bergab und biegen rechts auf einen Feldweg ab, der uns in etwa 500 Metern abwärts bis zur ❷ **Ourthe** führt. Dort angekommen, geht es erneut nach rechts und wir dürfen 1,3 Kilometer am Fluss entlangschlendern, immer der Markierung mit der **blauen Welle** folgend. Dann halten wir uns links und folgen weiter dem Fluss. Zur Ginsterblüte kann der Weg hier, wie an anderen Stellen, etwas enger werden; dafür entschädigt dann aber das rauschende Gelb. Nach etwas über einem halben Kilometer führt die Markierung rechts den Hang hoch.

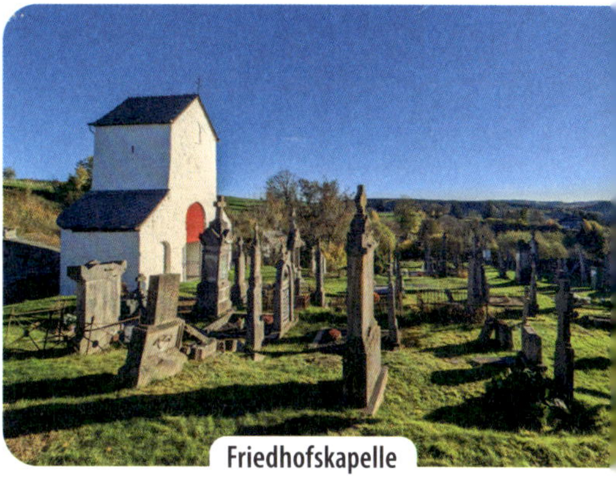

Friedhofskapelle

Vor uns liegt ein kurzes Stück Klettersteig und folgerichtig erblicken wir eine Kette zur Sicherung. In den Alpen oder auch an anderen Stellen in den Ardennen wird meist ein Kabel genutzt – Via Ferrata. Über eine Strecke

Kilometer: 13,5 (9,5)

Höhenmeter: 280 (220)

Stunden: 4 (3)

RUNDWEG

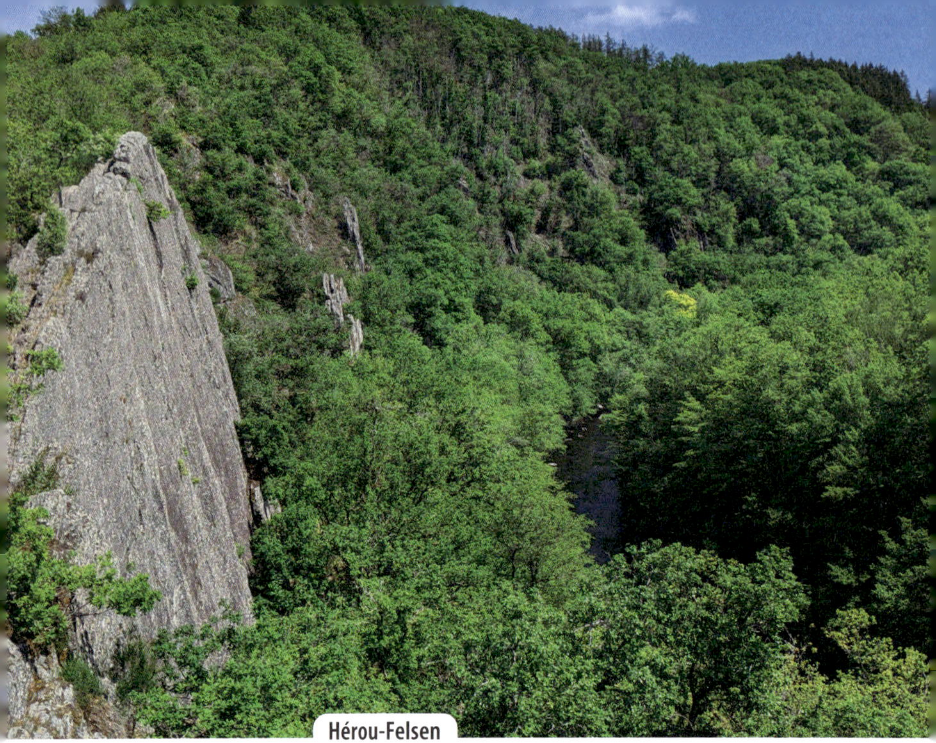

Hérou-Felsen

Wer es gerne etwas kürzer und sicherer mag, wählt einen ***alternativen Zugang*** *und folgt vom Parkplatz der Rue du Hérou weiter bis zum Belvédère und dann der Ausschilderung zum Felsen. Auch bei schlechtem Wetter empfiehlt sich diese Streckenführung.*

Der 1000 Meter lange, 80 Meter breite und bis zu 90 Meter hohe ***Felsen von Hérou*** *gehört zu den berühmtesten Felsen der Wallonie. Sich auf dem Quarzitgestein fotografieren zu lassen, ist ausgesprochen beliebt.*

von etwa 150 Metern geht es steil bergauf und wir müssen uns festhalten. Wir sollten das wirklich nur dann machen, wenn die Bedingungen gut sind, es trocken ist und wir entsprechend fit sind. Bei schlechtem Wetter oder wenn wir uns dies nicht zutrauen, können wir einen alternativen Zugang wählen.

Nach dem kurzen Aufstieg auf den ❸ **Hérou-Felsen** werden wir mit dem besten Blick über das Ourthe-Tal überhaupt belohnt. Wir sollten hier eine kurze Rast einlegen und uns dem Ausblick hingeben – einfach herrlich, auch wenn wir nicht von unten hochgestiegen sind. Bei blauem Himmel im Sommer oder im goldenen Herbst ist das toll, bei Nebel im Tal ist das hier fast schon ein magischer Ort. Zudem sehen wir die Flanke des Hérou-Felsens.

Für eine ebenso gigantische Rundumaussicht unternehmen wir mit dem **blauen Rechteck** einen Abstecher zum gut 300 Meter entfernten ❹ **Belvédère.** Nachdem wir den Turm bestiegen und uns satt gesehen haben, wandern wir zurück zum Felsen, genießen noch mal den Blick über den Fluss und halten uns dann rechts zum Abstieg.

Nach Regen oder im Herbst bei Tau kann es auf dem Laub und den Steinen rutschig werden. Also aufgepasst, wenn wir bei solchen Bedingungen nicht so häufig unterwegs sind wie die belgischen Trail-Runner, die uns hier manchmal in ganzen Gruppen begegnen. Wirklich anstrengend ist es dennoch nicht, auch wenn es technisch etwas anspruchsvoller ist. Wir sind noch frisch und stehen am Anfang unserer Wanderung. So erreichen wir nach wenigen Minuten wieder das Tal der **Ourthe.** Es gibt hier nur einen Pfad, dem wir nach rechts mit der Markierung einer **blauen Welle auf weißem Grund** folgen – kein Autolärm stört.

Für die Seele
Felsen, phänomenale Aussichten und romantische Pfade an der gurgelnden und plätschernden Ourthe.

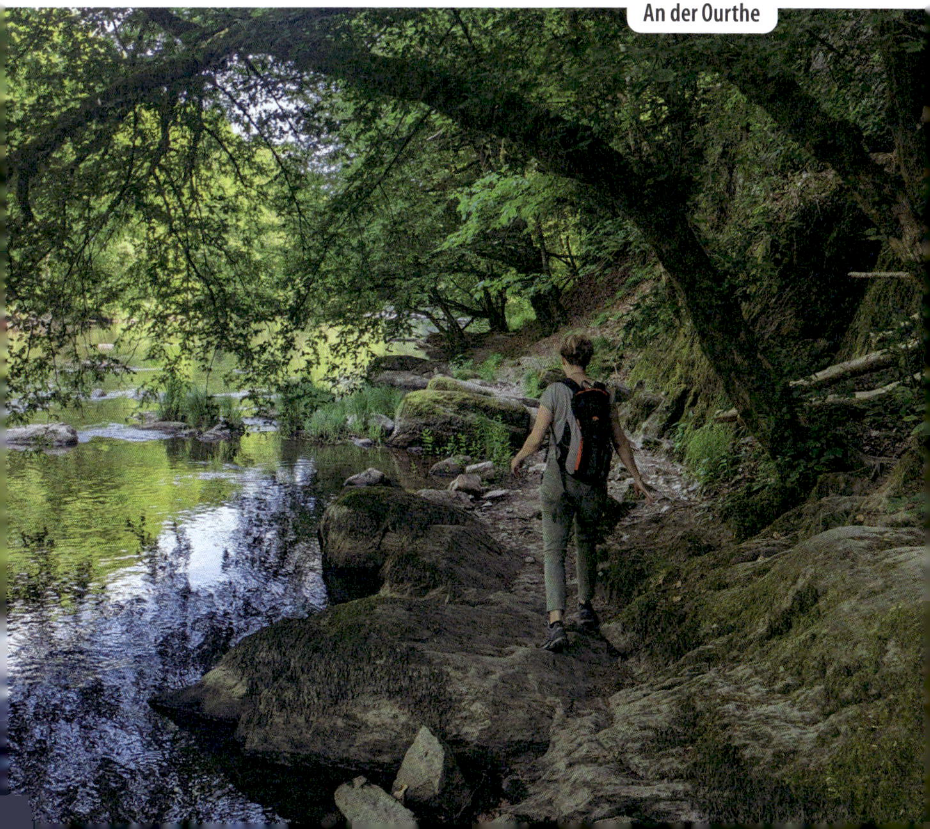
An der Ourthe

Die ***Ourthe*** *ist der wasserreichste Zufluss der Maas von Osten her. Zwei Quellflüsse vereinen sich im etwas oberhalb unserer Wanderung gelegenen Stausee Barrage de Nisramont. Vom Stausee fließt die Ourthe 165 Kilometer bis Lüttich.*

Der Pfad verläuft direkt am Wasser und gewährt uns unzählige, immer neue Blicke. Einige Felsen ragen aus dem rauschenden Wasser, Vögel zwitschern, dann hören wir mal das Quaken von Enten, die auf dem Wasser ihre Runden ziehen. Mitunter müssen wir über umgefallene Bäume steigen und an ganz wenigen Stellen ist der Pfad vom Hochwasser weggespült. So wird unser kontemplatives Wandeln am Wasser kurz unterbrochen und wir müssen ein wenig am Hang entlangsteigen. Würden wir aus dem Flugzeug herabschauen, so sähen wir, wie sich die Ourthe durch die Ardennen schlängelt und dabei Landzungen und Halbinseln bildet, die sich aneinanderreihen. Unser Pfad folgt den Windungen und so haben wir bei Sonnenschein mal das Licht, dann wieder Schatten im Gesicht. Er führt uns vorbei an flachen Felsen, die zu einer erfrischenden Pause am Wasser einladen. Nach etwas mehr als 1 Kilometer halten wir uns links und können dann noch 2 Kilometer am Fluss entlangspazieren. Das ist purer Genuss und verführt dazu, eine Pause am Wasser einzulegen, während wir um eine Halbinsel fast ganz herumwandern.

Dann führt die Markierung mit der blauen Welle rechts bergan. Ein kurzer, recht steiler Hang liegt vor uns. Durch ein paar Serpentinen steigt der Pfad dennoch relativ flach hinauf und bringt uns nach 200 bis 300 Metern zu einer Mauer, die sich auch trefflich für eine Pause eignet. Sie gehört schon zu den ersten Teilen einer keltischen Befestigungsanlage, dem **5 Cheslé de Bérismenil.** Im Sommer wird es nun wohl Zeit, einige Schlucke Wasser zu uns zu nehmen, ehe wir der Markierung nach links auf einen flacher werdenden Waldweg folgen.

Das ***Cheslé de Bérismenil*** *ist eine keltische Befestigungsanlage aus der Eisenzeit, die auf einer Hochebene über dem Ourthe-Tal errichtet wurde. Sie ist von einem Wall umgeben, auf dem sich wohl auch noch ein Zaun befand.*

Nach 800 Metern erreichen wir das Kernstück des Cheslé de Bérismenil: die **Nachbildung einer Holzbefestigung.** Hierhin kommt man nur zu Fuß, und offenbar war dies auch früher schon so, denn die abgelegene und schwer zugängliche Anlage wurde nur zeitweise als Rückzugsort genutzt.

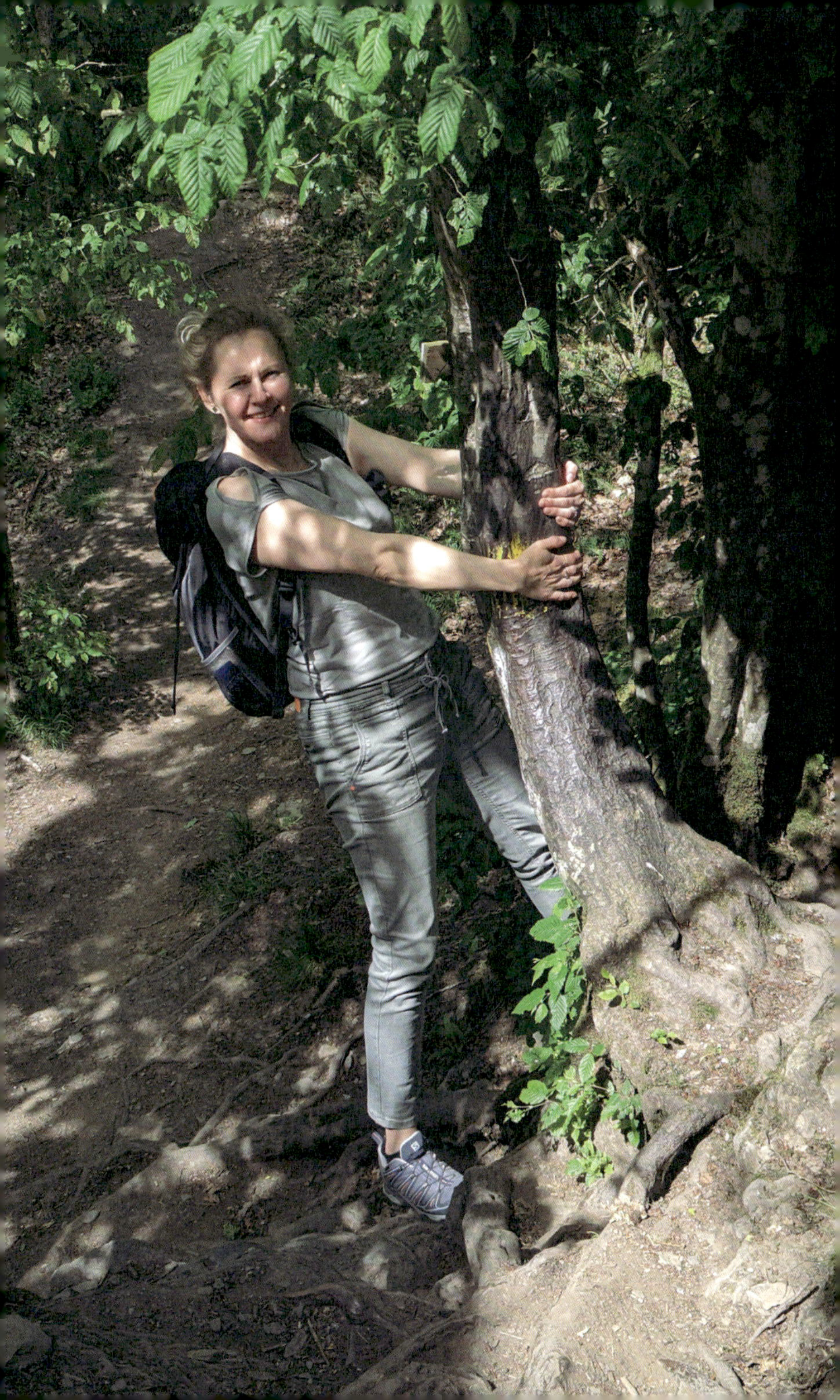

Am Ende der Befestigung führt ein breiter Weg nach oben. Von dort oben könnten wir über die Landschaft des Ourthe-Tals blicken. Indes lassen wir diesen Abzweig links liegen und steigen einen etwas höher liegenden Pfad hinauf, wo wir mit einem noch grandioseren Blick belohnt werden als zuvor am Holzzaun. Vielleicht haben wir auch noch das Glück der freien **Bank:** Diese wurde auf dem Felsen installiert und ist ein wahrhaft magischer Ort – so wundert es kaum, dass die Menschen früher glaubten, hier sei das Zuhause von Elfen.

Unterhalb eines majestätischen Felsens erreichen wir eine Gabelung und wählen den rechten Pfad, unserer Markierung treu folgend. Noch etwa 3,5 Kilometer unseres Weges liegen vor uns. Es geht sanft bergab und nach knapp 300 Metern biegen wir an einer Gabelung nach rechts ab. Schon bald führt der Pfad uns weiter abwärts in Richtung des Flusses. Nach 200 Metern hal-

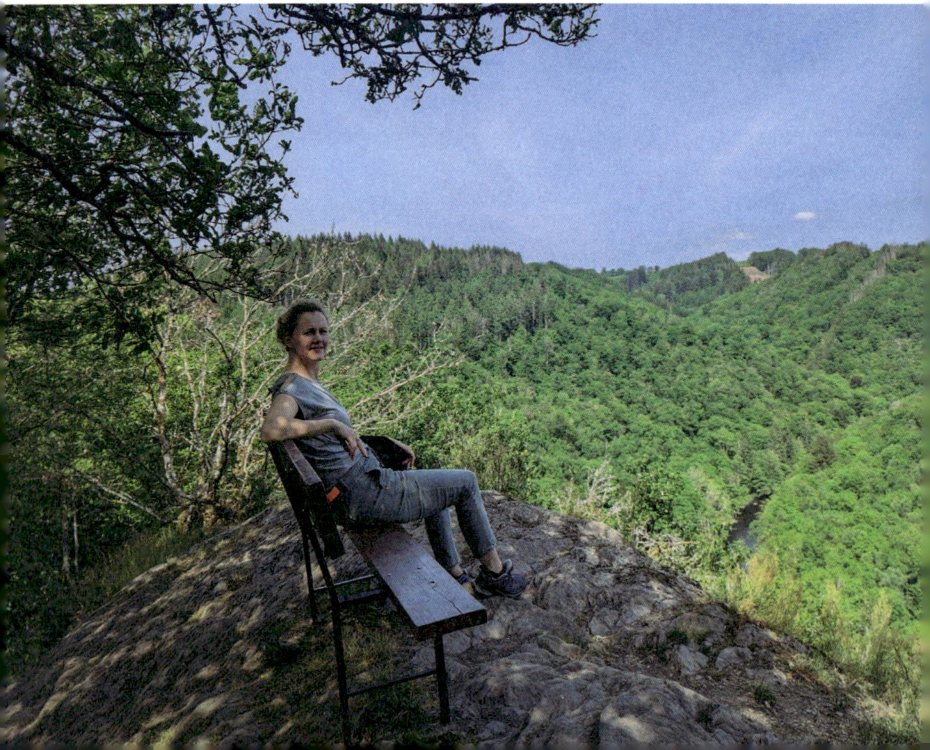

ten wir uns links und gehen erst weiter leicht bergab und dann wieder bergauf. Wir erreichen einen malerischen Weg entlang eines plätschernden Baches, dem wir nach links aufwärts folgen. Erneut 200 Meter weiter weist uns die Markierung dann nach rechts den Hang hinauf. Der Anstieg ist kurz und steil, aber die Mühe lohnt sich, denn nach dem Aufstieg treten wir aus dem Wald heraus, und unser Blick öffnet sich über die atemberaubenden Ardennen. Wir folgen dem breiteren Weg nach rechts. Im Sommer, umgeben von dichtem Ginster, ist der Pfad ein wahres Naturerlebnis. Von diesem biegen wir wieder rechts ab, unserer blauen Wellenmarkierung folgend. Das Gelände wird flacher und führt uns durch malerischen Wald. Nach 600 Metern treten wir wieder aus dem Wald heraus und biegen sogleich rechts auf einen schmalen Pfad ab. Nach etwa 300 Metern erreichen wir ein Warnschild: Es empfiehlt, die Route der blauen Welle zu verlassen und dem Weg mit der **braunen Welle** nach links zu folgen. Erfreut über diesen Hinweis, entscheiden wir uns zum Ende unserer Wanderung für diesen leichteren Weg.

Etwa 200 Meter weiter folgen wir dem Pfad durch eine Rechtskurve und stoßen nach etwa 400 Metern auf einen geschotterten Weg. Hier wenden wir uns nach links, wo der Weg uns leicht bergauf führt. Bald lichtet sich der Wald und wir erblicken die ersten Häuser, die malerisch auf dem Hügel liegen – genau dorthin möchten wir. So erreichen wir schließlich den Parkplatz am Sportplatz.

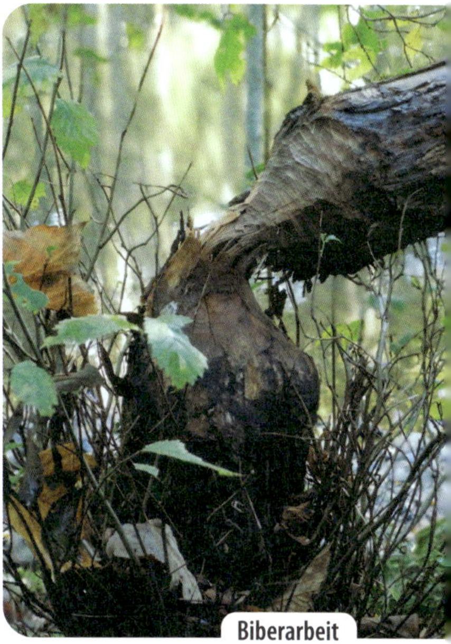

Biberarbeit

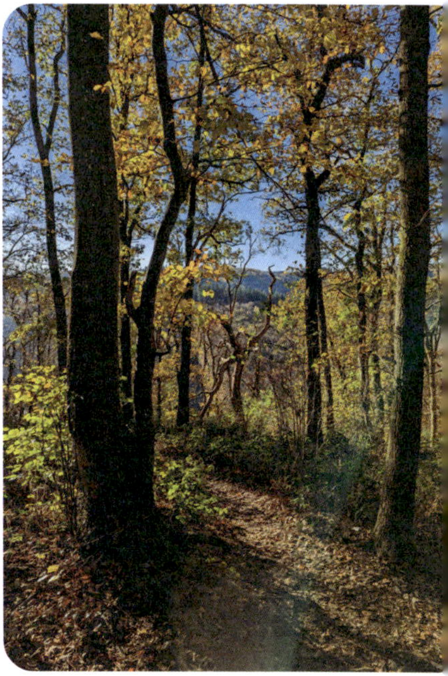

Falls es bereits Abend wird, erwachen die nahe gelegenen Restaurants zum Leben und bieten die perfekte Gelegenheit für ein entspanntes Abendessen nach einem Tag voller Entdeckungen. Das ❻ **Le lac de Belle Meuse** ist eine ausgezeichnete Wahl, mit seiner Terrasse direkt an dem Weiher, aus dem die Forellen kommen, die später frisch auf den Tisch serviert werden. Aber auch ein Besuch im ❼ **Restaurant La Plume d'Oie** oder im ❽ **Restaurant La Villa des Fleurs** ist empfehlenswert.

Sind wir jedoch früher fertig, lockt das Ausflugslokal am Barrage de Nisramont, einem nahen Stausee, oder ein Besuch in **La Roche-en-Ardenne,** das nur 15 Minuten entfernt liegt und mit einer beeindruckenden, feudalen Burg aufwartet.

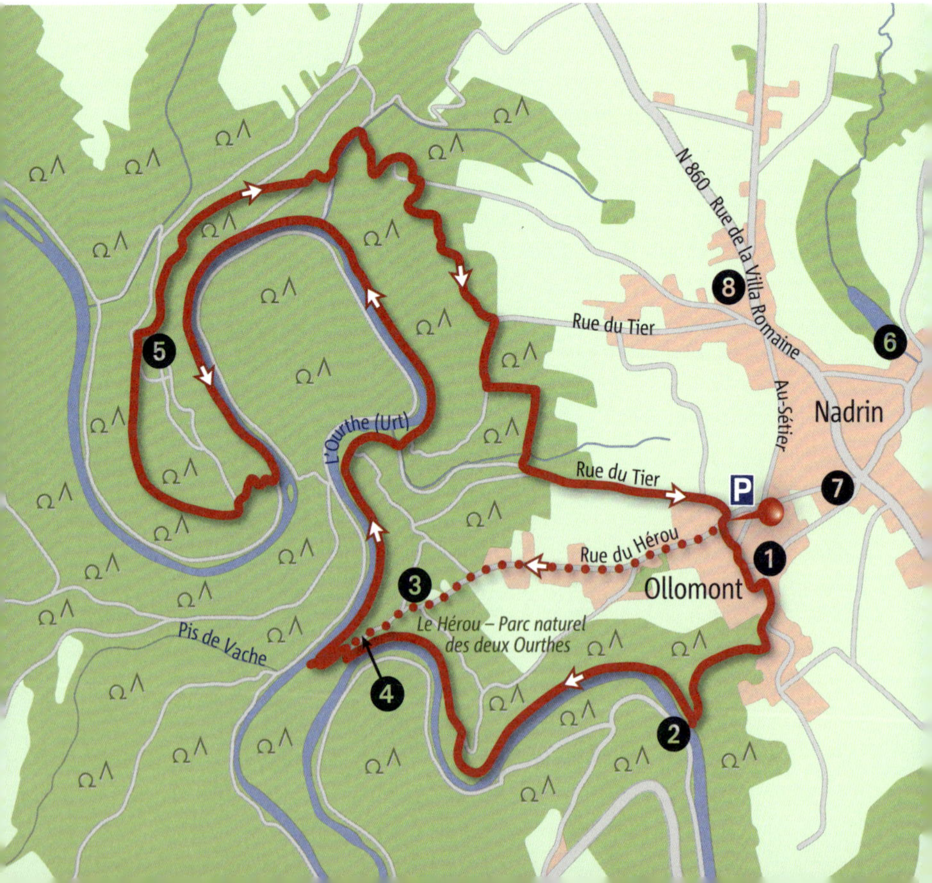

ALLES AUF EINEN BLICK

Entspannung 3/5
Abenteuer 5/5
Vielfalt 3/5

WIE & WANN

Technisch anspruchsvolle Tour mit ein paar kurzen, aber schwierigen Passagen, ansonsten fast ausschließlich Pfade und weiche Waldwege. Am besten von Anfang April bis Ende Oktober. An Wochenenden sind mitunter viele Wanderer unterwegs.

HIN & WEG

Auto: Örtliches Sportgelände, Parking du Village,
Rue du Tier 6660, 6660 Nadrin (Houffalize)
ÖPNV: Keine Anbindung an die Strecke

ESSEN & ENTSPANNEN

Keine Einkehr direkt an der Strecke, bitte an Rucksackverpflegung für unterwegs denken.

6 **Le lac de Belle Meuse,** Rue de Wibrin 22, 6660 Nadrin (Houffalize), Tel. +32 (84) 36 66 79
7 **Restaurant La Plume d'Oie,** Place du Centre 3, 6660 Nadrin (Houffalize), Tel. +32 (84) 44 44 36, www.plumedoie.be
8 **Restaurant La Villa des Fleurs,** Rue de la Villa Romaine 34, 6660 Nadrin (Houffalize), Tel. +32 (84) 44 46 47, www.lavilladesfleurs.be

ENTDECKEN & ERLEBEN

1 **Friedhofskapelle des Cimetière de Ollomont**
2 **Ourthe**
3 **Belvédère**
4 **Hérou-Felsen**
5 **Le Cheslé de Bérismenil**

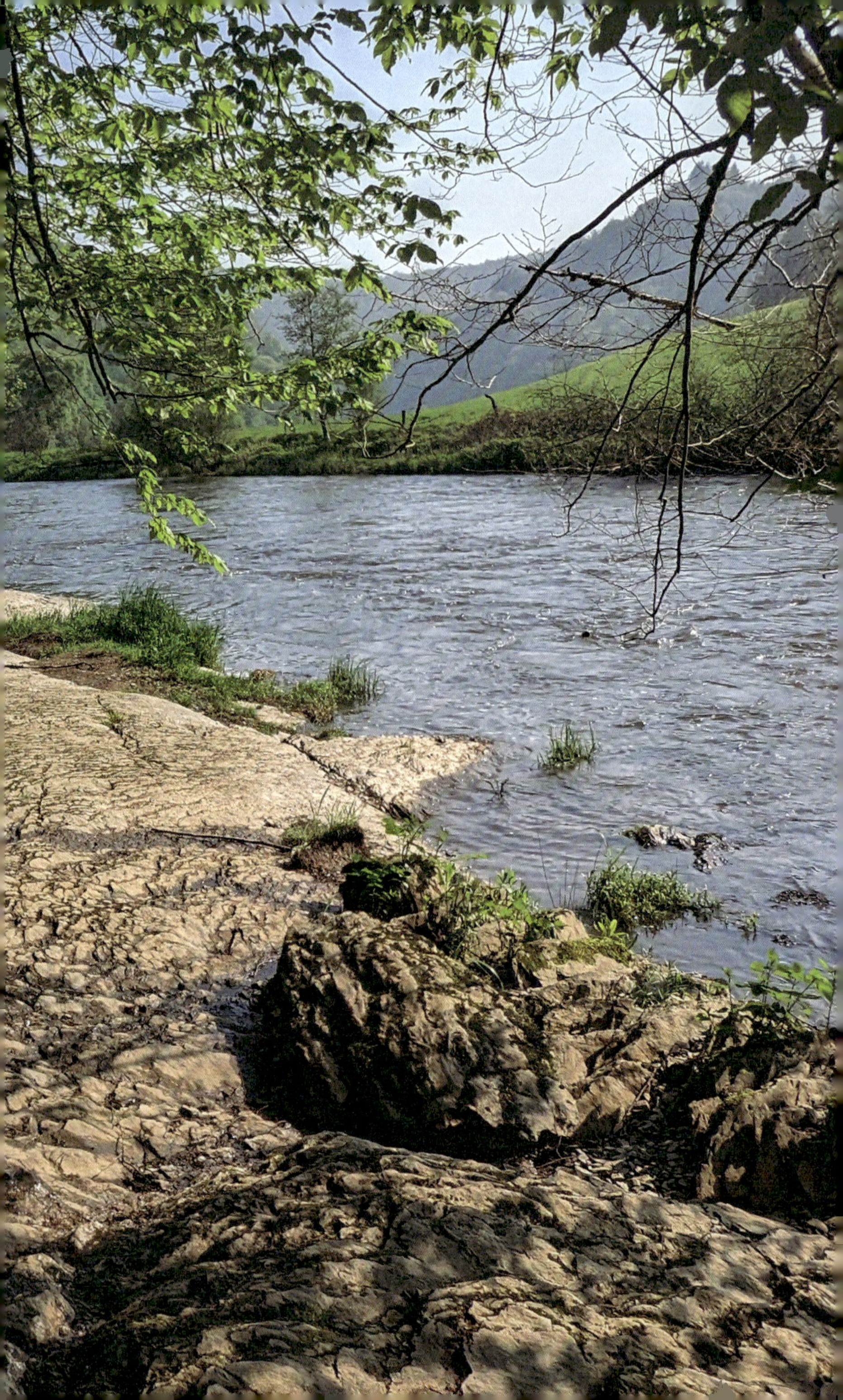

Flussmomente

Von Bouillon an die Semois

Ob die malerische Kleinstadt ❶ **Bouillon** Pate für die bekannte Fleischbrühe stand, bleibt ein Geheimnis der Geschichte. Doch eines ist sicher: Dieser Ort an der französischen Grenze im Südosten der Wallonie ist ein verstecktes Juwel, das auf jeden Fall einen Besuch wert ist. Seine Krönung ist zweifellos das **Château de Bouillon,** eine majestätische Festung, die auf einem Felsen über der Stadt thront und von einer reichen Vergangenheit erzählt. Ein besonders charmantes Detail Bouillons sind die Tretboote auf der Semois, die mit ihren Schwanen- und Flamingohälsen aus dem Wasser ragen. Sie bieten eine ungewöhnliche, fast märchenhafte Art, sich über das ruhige Wasser zu bewegen. Unter ihnen sticht ein Boot mit einem Einhornkopf hervor – einzigartig und sehr beliebt.

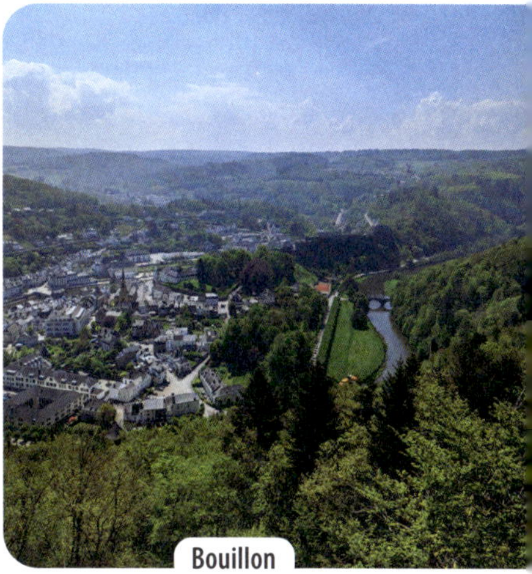

Bouillon

Unsere Wanderung beginnt etwas flussabwärts vom Stadtkern, an der idyllischen ❷ **Pont de Cordemoy.** Wir folgen dem Weg flussabwärts entlang des Ufers, vorbei an einem beeindruckenden Felsblock, der Zeugnis des Flusslaufs der Semois ist. Mit einem **roten Rechteck** als Wegweiser entfernen wir uns auf der Straße vom Ort und biegen nach 500 Metern in den **Sentier Ladmirant** ein, einen gepflasterten Fußweg direkt entlang der Semois. Je nach Jahreszeit können wir dort ganze Entenfamilien beobachten, die vergnügt auf dem Wasser ihre

Kilometer: 13,5
Höhenmeter: 360
Stunden: 4,5
RUNDWEG

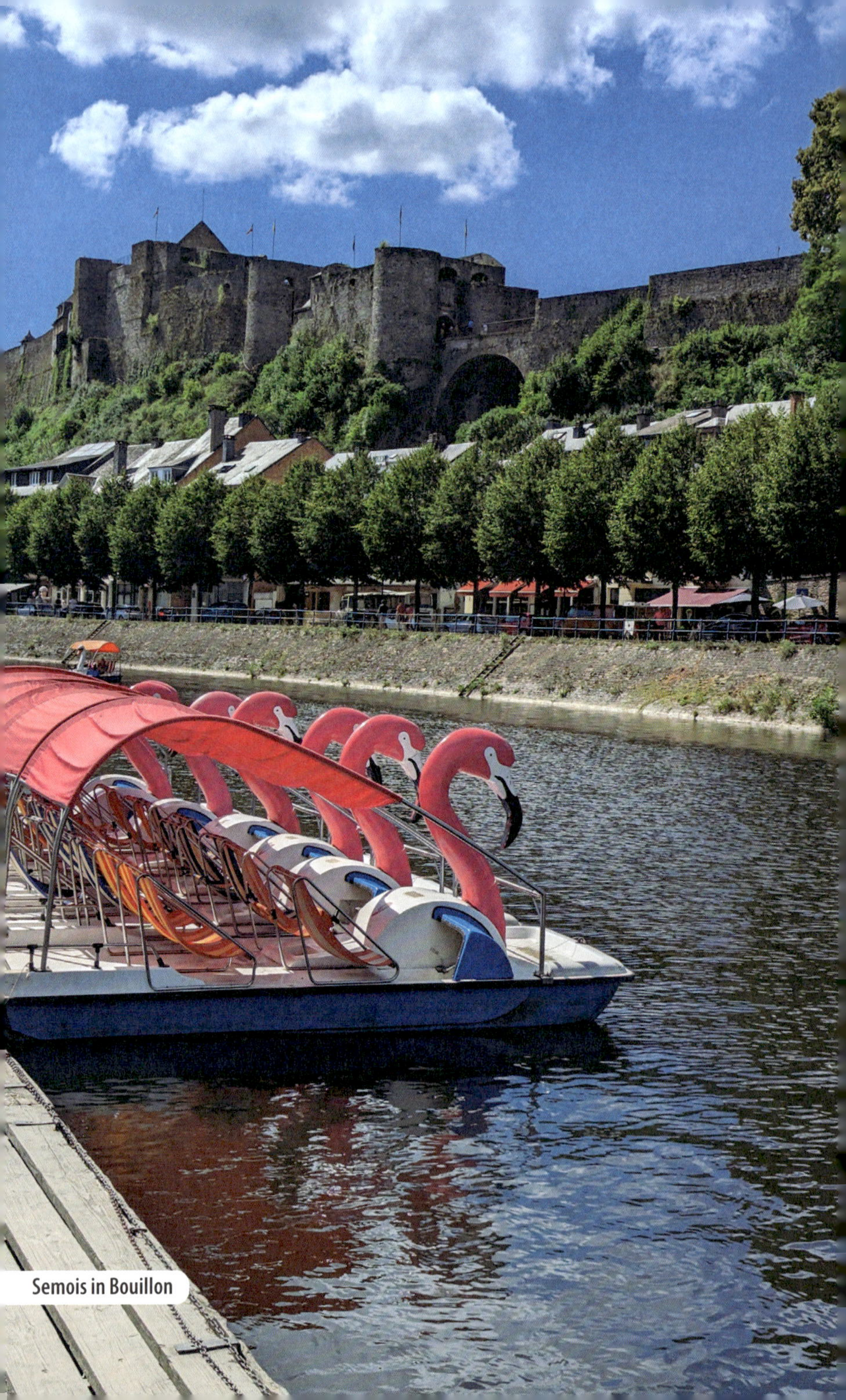

Semois in Bouillon

Bahnen ziehen. Wenn das sanfte Rauschen des Wassers einem Gurgeln weicht, und es lebhaft um Felsen spielt, wird das Schwimmen der Enten zu einem kleinen Spektakel. Dieses natürliche Ballett, zusammen mit dem Flüstern des Windes und dem Duft frischer Erde, macht die Wanderung in Bouillon zu einem unvergesslichen Erlebnis.

Für die Seele
Uns erwarten Tretboote, eine hübsche Passerelle sowie fantastische Aussichten über Fluss und Stadt.

Nach weiteren 500 Metern endet der gepflasterte Weg, und wir erreichen die **3 Grotte Notre-Dame de Lourdes** mit einem kleinen Marienschrein. Weiter geht es auf dem Sentier Ladmirant an der Semois entlang. So gelangen wir nach weniger als 1 Kilometer zu einem Campingplatz, auf dem es auch Tiny Houses zu sehen gibt, mitunter zelten Menschen am Flussufer und angeln direkt aus dem Zelt heraus: ein Bild der Entspannung. Wir bleiben immer direkt am Flussufer und gehen weiter der roten Markierung nach. Der Weg wird schmaler und führt auch an Felswänden vorbei, bis wir auf flache Felsen treffen, die in den Fluss ragen – das erscheint verlockend für ein Sonnenbad. Kurz danach erblicken wir durch die Laubbäume am gegenüberliegenden Flussufer ein Klostergebäude, das Trappist nuns Notre-Dame de Clairefontaine, die **4 Trappistinnenabtei Clairefontaine-Cordemois.**

Nicht weit dahinter erreichen wir eine Gabelung, an der wir uns für den rechten Pfad entscheiden, der zunächst weiter in Ufernähe bleibt und sich dann nach links sanft bergauf schlängelt. Wir werden umarmt von einem grünen Baldachin aus Blättern. An der nächsten Kreuzung biegen wir nach rechts ab und folgen einem Wegweiser mit der Aufschrift **5 „Passerelle de l'Épine"**, dem wir zu unserem nächsten Ziel folgen. Die

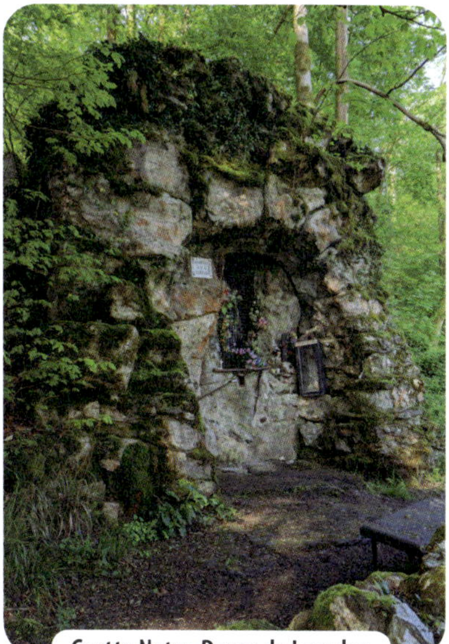

Grotte Notre-Dame de Lourdes

*Die **Trappistinnenabtei Clairefontaine-Cordemois** wurde erst 1935 an der Semois gegründet, weil die Trappistinnen ihre ältere Abtei in Frankreich verließen. Im Klosterladen gibt es Bier und andere Produkte – auch aus befreundeten Klöstern – zu kaufen.*

*Als „Passerelle" bezeichnet man eine Fußgängerbrücke. Die **Passerelle de l'Épine** wurde 2020 fertiggestellt und ist mit 55 Metern die längste Fußgänger-Hängebrücke in der Wallonie. Durch die Holzkonstruktion fügt sie sich perfekt in die Natur ein.*

Passerelle selbst ist ein wahrhaft malerisches Kleinod. Vielleicht ist es ihre bezaubernde Schönheit, die sie zu einem so beliebten Ort für Hochzeitsfotos macht. Beim Besuch des Autors dieser Zeilen war eine ganze Hochzeitsgesellschaft dort, die ihre Erinnerungen festhielt – ein stimmungsvolles Bild, das die romantische Atmosphäre der Passerelle unterstreicht.

Nachdem wir die malerische Passerelle hinter uns gelassen haben, öffnet sich ein Fächer an Möglichkeiten. Man könnte am anderen Ufer gemütlich zurück nach Bouillon schlendern, vielleicht sogar einen kurzen Halt im alten Kloster einlegen. Oder man folgt dem roten Rechteck mit der Nummer 7 über die Promenade Cordemois und den Belvédère nach Bouillon. Doch beide Routen würde uns eine der beeindruckendsten Aussichten Belgiens vorenthalten: den atemberaubenden Blick auf den Tombeau du Géant. So entscheiden wir uns, dem gelben Pfeil mit den beiden Punkten zu folgen – vielleicht entdecken wir unterwegs auch ein gelbes Hufeisen. Der Weg, nun breiter und angenehmer zu gehen, führt uns zuerst leicht aufwärts, weg von der Semois, bevor er uns wieder direkt an ihr malerisches Ufer bringt. Nach weniger als 2 Kilometern erreichen wir die **Moulin du Rivage,** einen

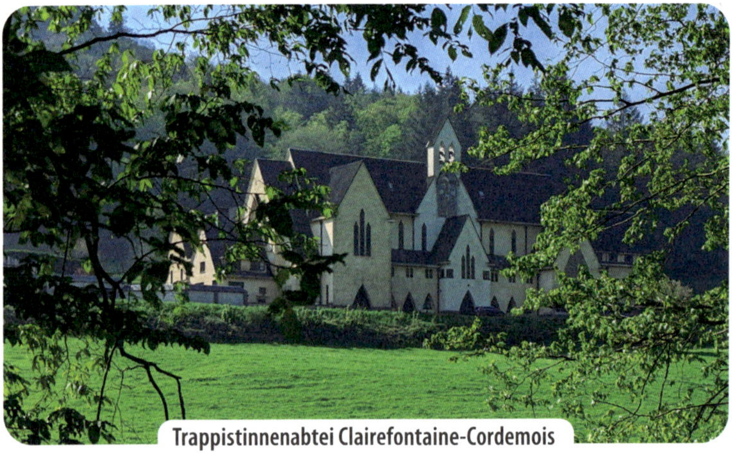

Trappistinnenabtei Clairefontaine-Cordemois

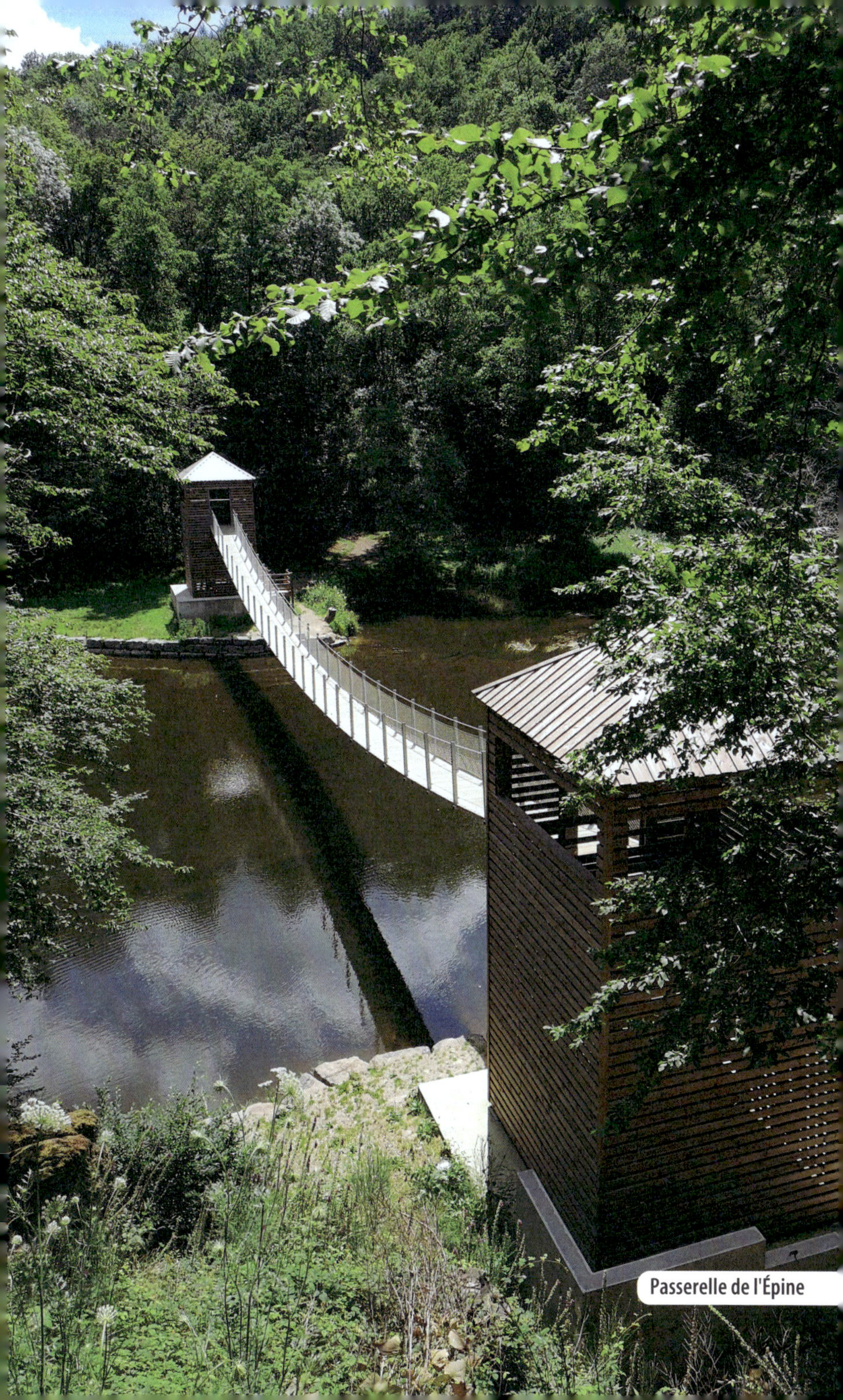

Passerelle de l'Épine

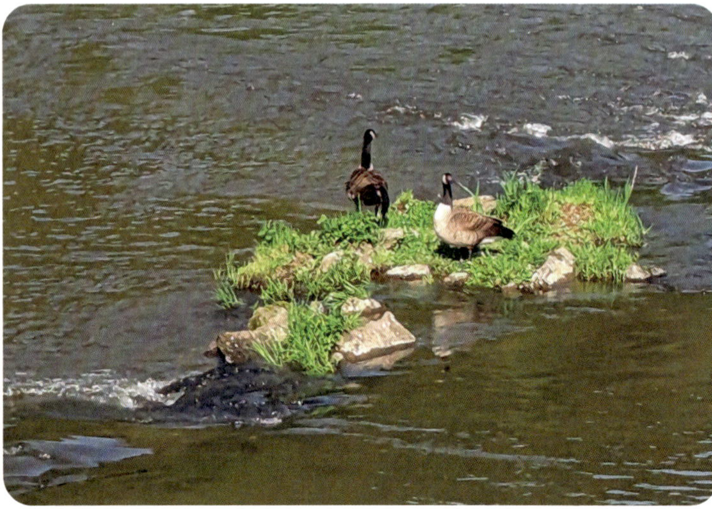

historischen Gebäudekomplex mitten im Wald, der heute Ferienwohnungen beherbergt. Zwar ist es kein Gasthaus, doch unsere Enttäuschung währt nur kurz. Das Ufer hier ist flach, gesäumt von Bänken und kleinen Felsen, die zum Verweilen einladen. Es ist der perfekte Ort für ein Picknick, um sich auszuruhen und neue Kräfte zu sammeln, bevor wir den kurzen, aber doch spürbaren Aufstieg zum Aussichtspunkt in Angriff nehmen. Die Szenerie ist einfach idyllisch. Die Semois schlängelt sich träge vorbei, gelegentlich durchbrochen vom leisen Gleiten eines Kajaks oder vorbeiziehenden Gänsen und Enten. Wenn die Stille an der Moulin du Rivage nicht von Musik durchdrungen wird, sind es nur die die Klänge der Natur, die uns umgeben und eine tiefe Ruhe vermitteln. Vor uns, am anderen Ufer, erhebt sich der majestätische Hügel des **6 Tombeau du Géant,** im Deutschen auch bekannt als das Grab des Riesen – ein Anblick, der in seiner Pracht und Ruhe unvergesslich bleibt.

*Beim **Tombeau du Géant** handelt es sich um einen Hügel, der von einer lang gezogenen Schleife der Semois weitgehend umschlossen ist. Von einem Aussichtspunkt auf der anderen Flussseite bei Botassart lässt sich das Grab des Riesen bestaunen.*

Gestärkt und bereit für den nächsten Abschnitt unserer Wanderung nehmen wir einen schmalen Pfad, der links bergauf führt, sobald wir uns vom Ufer der

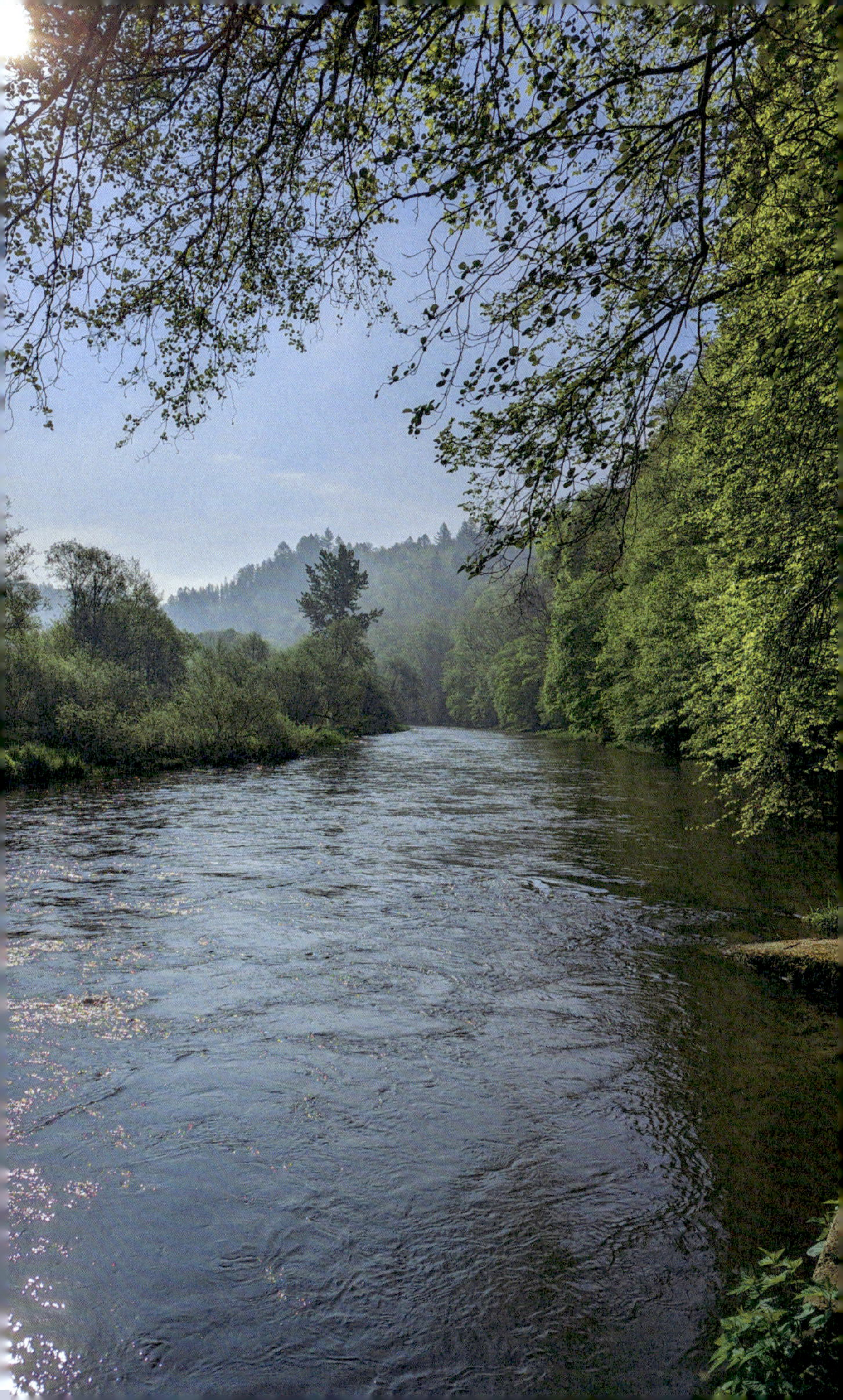

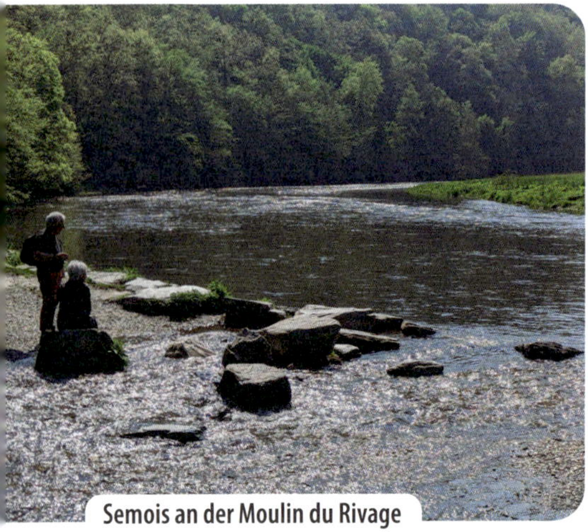
Semois an der Moulin du Rivage

Semois in Richtung des bewaldeten Hangs begeben. Der Weg führt uns schon nach kurzen 100 Metern auf einen Waldpfad, auf dem wir uns nach links wenden, um weiter bergauf zu steigen. Nach kurzen 60 Metern erreichen wir einen Rastplatz mit zwei einladenden Bänken auf der linken Seite, gegenüber einem Pfad, der steil den Berg hinaufführt. Obwohl zwei Kreuze – eines weiß-rot und das andere gelb-rot – signalisieren, dass dies kein offizieller Wanderweg ist, wird dieser Pfad häufig von Besuchern genutzt, die zum Aussichtspunkt gelangen möchten. Der Aufstieg, der sich über 300 Meter erstreckt, fordert uns heraus, doch die Aussicht, die uns am Ende erwartet, ist jede Anstrengung wert. Nachdem wir uns, schon fast oben, nach rechts gewendet haben und weitere 100 Meter gegangen sind, öffnet sich vor uns ein grandioses Panorama. Dieser 7 **Ausblick auf den Tombeau du Géant** ist atemberaubend und wird uns noch lange in Erinnerung bleiben. Obwohl wir gerade erst eine Pause am Fluss eingelegt haben, bietet dieser Ort genug Anlass, um nochmals innezuhalten und die Szenerie auf uns wirken zu lassen. Manchmal ist es hier etwas belebter, da der Aussichtspunkt auch mit dem Auto erreichbar ist.

Mittlerweile haben wir mehr als die Hälfte unserer Wanderung hinter uns gelassen. Sollte es bereits nach 11:30 Uhr sein, bietet sich die Möglichkeit, im 8 **Relais du Géant** einzukehren. Nur einen halben Kilometer entfernt, im Ortskern, serviert dieses charmante Lokal lokale Spezialitäten wie Forelle, Steaks oder Omeletts zu angenehmen Preisen. Auf dem Weg dorthin kommen wir an der **Chapelle de l'Immaculée Conception** vorbei, einer hübschen kleinen Kapelle, und finden das gemütliche Restaurant dann wenige Meter weiter auf der rechten Straßenseite.

Auf dem Weg zum Relais du Géant haben wir hinter der Kapelle eine Abzweigung nach rechts passiert, zu der wir nun zurückgehen und – jetzt vom Restaurant kommend – dort links einschwenken. Nach 200 Metern ignorieren wir erst eine Gabelung nach links, dann eine nach rechts. Insgesamt wandern wir 1 Kilometer weit bergab, wobei wir etwa 100 Höhenmeter überwinden. An einer Kreuzung, an der sich fünf Wege kreuzen und an der ein Bach vorbeiplätschert, setzen wir unseren Weg geradeaus und bergauf fort. Das freundliche Zwitschern der Vögel begleitet uns, und selbst im Hochsommer bleibt es hier im Wald angenehm kühl. Nach rund 1 Kilometer lichtet sich der Wald, und zu unserer Linken öffnet sich eine große Weide, auf der oft Kühe

Blick auf den Tombeau du Géant

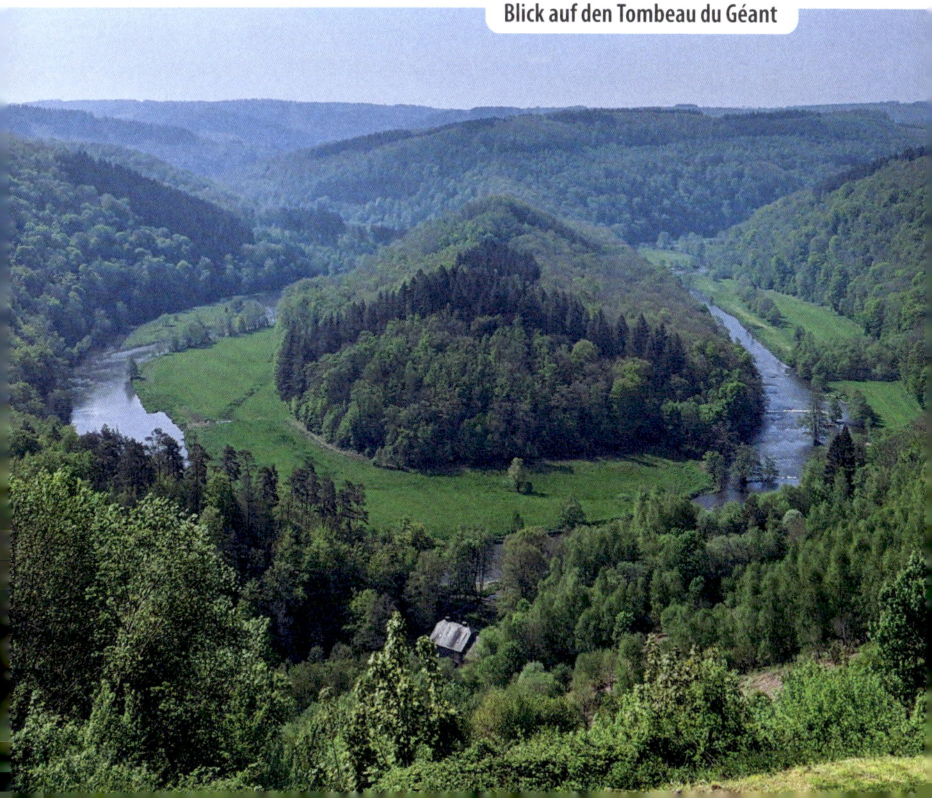

eines nahe gelegenen Bauernhofes grasen. Weitere 500 Meter weiter stoßen wir auf eine kleine Straße, die **Rue de la Bichetour,** die zum Belvédère de Bouillon führt. Hier ist kaum Verkehr, sodass wir hier ungestört entlangwandern können. Nach einer Rechtsbiegung spazieren wir frohgemut weniger als zwei nahezu ebene Kilometer zwischen **Weihnachtsbaumplantagen und Kuhweiden** hindurch. Schon bald erblicken wir den Belvédère und biegen nach 1 Kilometer auf der Straße links in seine Richtung ab.

Nachdem wir ein weiteres Weihnachtsbaumfeld passiert haben, verlassen wir den Asphaltweg und folgen einem Pfad, der uns nach rechts in den Wald führt. Unter unseren Füßen spüren wir den weichen Waldboden – ein angenehmes Gefühl nach dem festen Untergrund der Straße. Die Vorfreude steigt, bald einen herrlichen Blick über Bouillon und seine imposante Festung genießen zu dürfen. Nach etwa 400 Metern verlassen wir den Wald und sehen den Aussichtsturm – den **9 Belvédère de Bouillon** – vor uns. Verschiedene kleine Pfade führen uns dorthin, und bald stehen wir vor der beeindruckenden Holzkonstruktion des Turms, der stufenweise in den Himmel zu wachsen scheint. Selbstverständlich erklimmen wir die Treppen, um einen atemberaubenden Blick auf das malerische Ardennen-Städtchen mit seiner beachtlichen Burg zu werfen. Nachdem wir den Turm verlassen haben, folgen wir der Markierung mit dem **roten Rechteck** zurück zur Brücke. Es ist noch etwas mehr als 1 Kilometer auf einem schmalen Pfad, auf dem zwischendurch eine Bank zum Verweilen mit Aussicht einlädt. Aufgepasst: Etwa 300 Meter hinter der Bank teilt sich der Pfad. Die Markierung weist bergauf, doch wir möchten bergab. Wer trittsicher ist, kann den steilen Abstieg links hinab wagen. Andernfalls ist der Serpentinenpfad rechts die angenehmere Wahl, der uns ebenso direkt zur Brücke bringt. Geschafft! Eine Badewiese liegt vor uns!

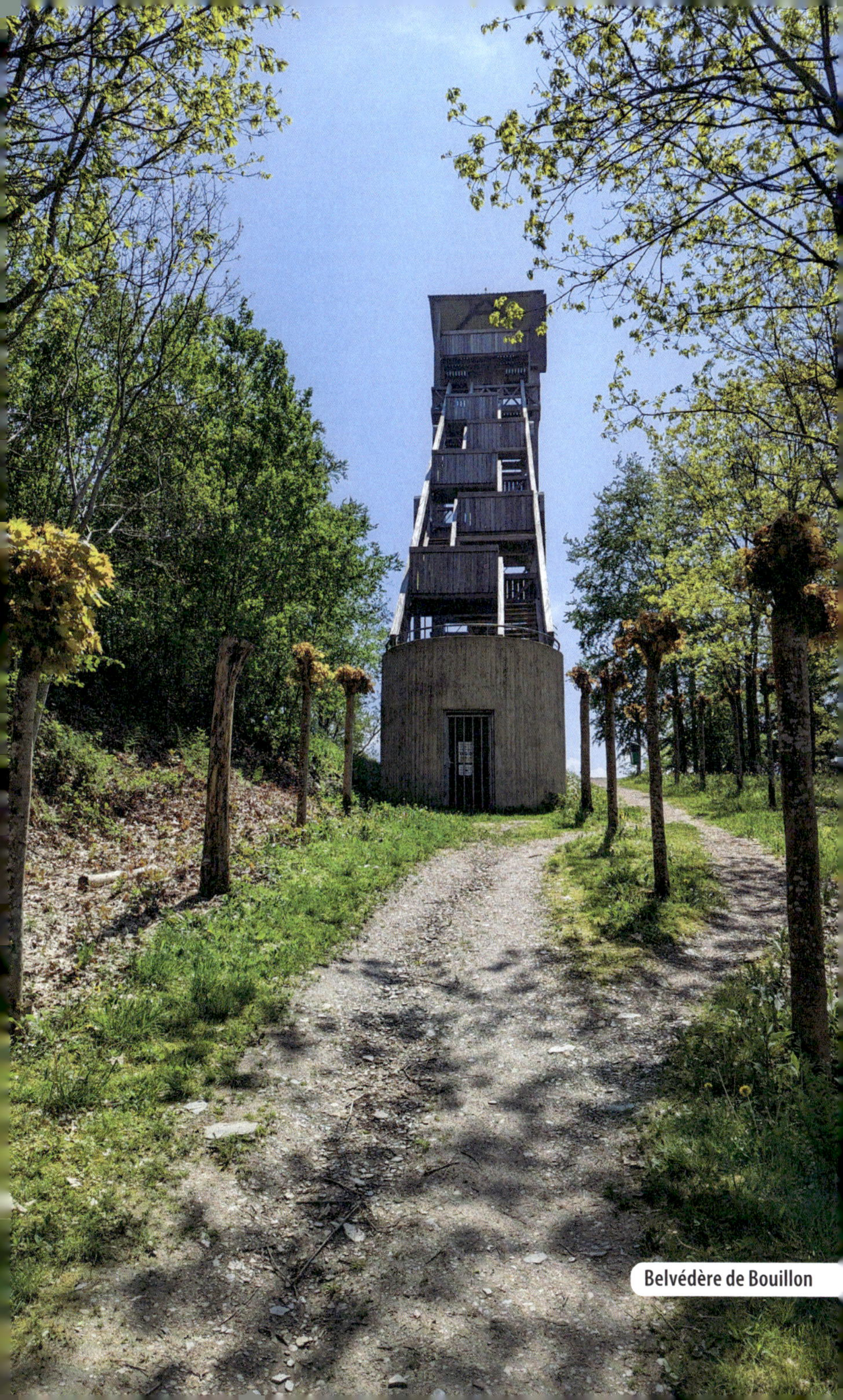

Belvédère de Bouillon

WEITBLICKE 6

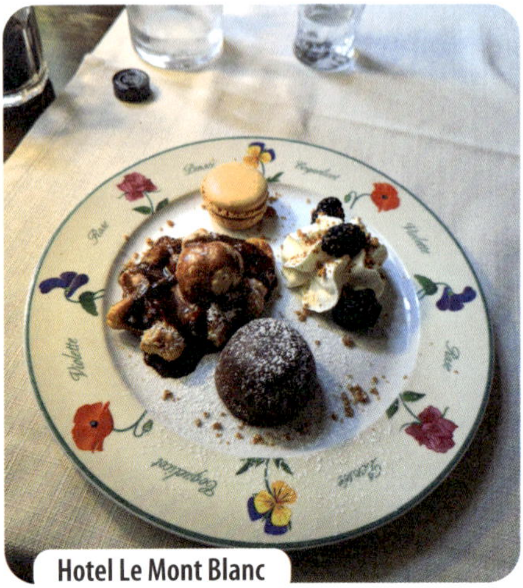

Hotel Le Mont Blanc

Für diejenigen, die noch etwas Zeit in Bouillon verbringen möchten, bietet sich das ⑩ **BOM Food & Drinks** an. Diese moderne Restaurant-Bar am Flussufer lockt mit einem exzellenten Blick auf das Château und einer international inspirierten Küche, die einen angenehmen Kontrast zur regionalen Ardennenkost bietet, ergänzt durch eine Auswahl an Cocktails. Soll das Essen doch lokalen Charakter haben, dann ist das Restaurant im ⑪ **Hotel Le Mont Blanc** eine ausgezeichnete Anlaufstelle.

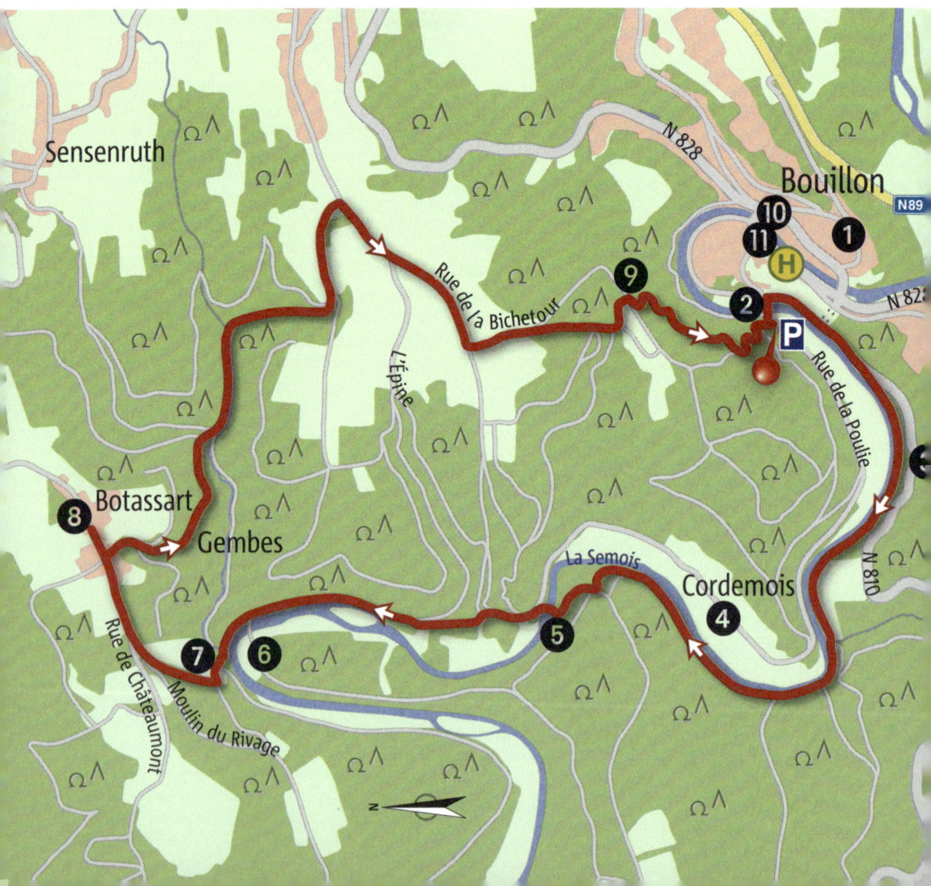

ALLES AUF EINEN BLICK

Entspannung

Abenteuer

Vielfalt

WIE & WANN

Zumeist Waldwege und Pfade, kurze Strecken auf Asphalt. Mit Ausnahme des Aufstiegs zur Aussicht auf den Tombeau du Géant und des abschließenden Abstiegs zur Pont de Cordemoy ist das Gelände einfach. Diese Tour sollte man an einem schönen Tag ab Mitte April bis Ende Oktober gehen.

HIN & WEG

Auto: Parkmöglichkeiten an der Pont de Cordemoy, Rue de la Poulie, 6830 Bouillon
ÖPNV: Bushaltestelle Bouillon Quai du Rempart, von dort nordwärts zur Pont de Liège, links in die Grand-Rue, links in die Rue des Augustin, weiter in die Rue de Brutz, links in die Rue Saint Nicolas und rechts in die Rue de la Poulie bis zur Pont de Cordemoy, ca. 600 Meter

ESSEN & ENTSPANNEN

8 **Le Relais du Géant,** Rue de Châteaumont 23, 6833 Bouillon, Tel. +32 (61) 46 67 41

10 **BOM Food & Drinks,** Quai des Saulx 1, 6830 Bouillon, Tel. +32 (61) 46 51 66, www.bomfoodanddrinks.be

11 **Hotel Le Mont Blanc,** Quai du Rempart 3, 6830 Bouillon, Tel. +32 (61) 46 63 31 www.lemontblanc.com

ENTDECKEN & ERLEBEN

1 **Bouillon**
2 **Pont de Cordemoy**
3 **Grotte Notre-Dame de Lourdes**
4 **Trappistinnenabtei Clairefontaine-Cordemois,** Cordemois, 6830 Bouillon, Tel. +32 (61) 22 90 80
5 **Passerelle de l'Épine**
6 **Tombeau du Géant**
7 **Ausblick auf den Tombeau du Géant**
9 **Belvédère de Bouillon**

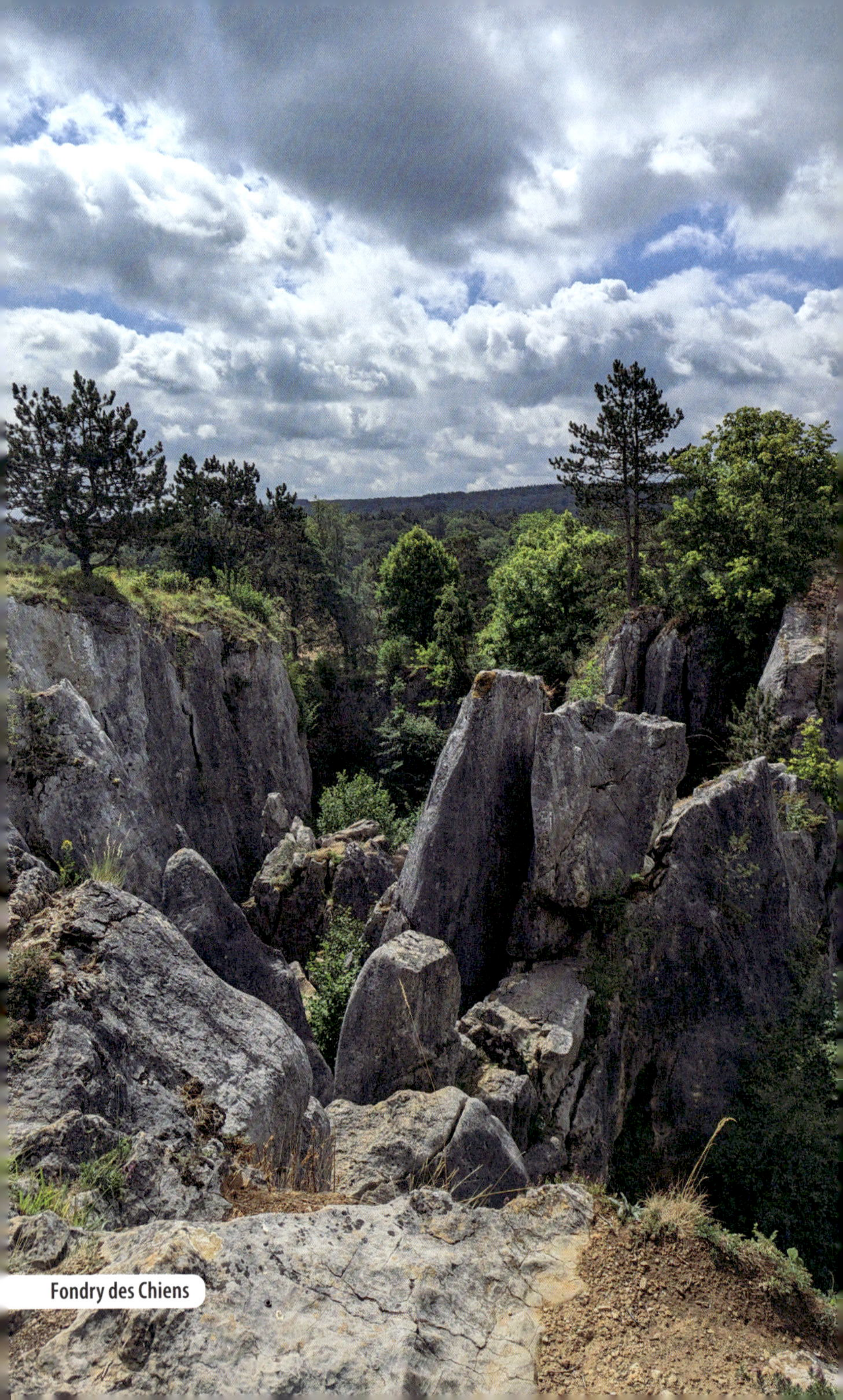

Fondry des Chiens

Felsenaussichten

Formationen bei Nismes und Dourbes

Nismes ist ein beschauliches Örtchen, das idyllisch am Flüsslein Eau Noire liegt, welches unweit des Ortes in den Viroin mündet. Mit einer Parkanlage, einem Schloss, einigen Restaurants und der nahe gelegenen Fondry des Chiens bietet es reizvolle Entdeckungen.

Unsere Rundtour beginnt am Office Tourisme, neben dem ein laufendes Mühlrad zu sehen ist. Direkt gegenüber befindet sich die **Kirche Saint-Lambert,** ein Sinnbild der Beschaulichkeit, fernab der Hektik großer Städte. Möglicherweise trägt die Lage im belgisch-französischen Grenzgebiet zu diesem Frieden bei, und wir freuen uns auf eine spätere Erkundung von Nismes. Über eine Brücke führt unser Weg geradewegs in die Straße **Rue de Juifs** und vorbei am ❶ **Aux Sources de Provence,** eigentlich ein Laden statt eines Restaurants, der sich aber dennoch perfekt für eine Pause nach unserer Rückkehr eignet. Es gibt Getränke und Kleinigkeiten zum Essen. Nach etwa 100 Metern biegt die Straße links ab, doch wir wählen die Treppe rechts und folgen der Markierung mit **gelb-rotem Streifen –** den Farben der Wallonie. Vorbei an einigen Häusern, tauchen wir bald in einen Wald ein. Am Hang könnte sich Hundegebell in das Zwitschern der Vögel mischen. Nach einem kurzen Aufstieg wird das Gelände bald flacher und lichter. Rund 700 Meter weiter entdecken wir links lebensgroße, aus Holz geschnitzte Schafe. Hier biegen wir nach rechts auf einen geteerten Weg ab und erreichen bald eine Kreuzung, an der wir der Beschilderung „Fondry des Chiens“ durch einen Links-

Kilometer: 14
Höhenmeter: 350
Stunden: 4,5
RUNDWEG

rechts-Schlenker folgen. Unser Weg ist Teil einer ausgeschilderten Nordic-Walking-Strecke, erkennbar an einem roten Rechteck. Etwa 200 Meter weiter biegen wir am Waldrand nach rechts ab und entdecken bald eine Schautafel, die detailliert die Nordic-Walking-Parcours erklärt. Ein nahe gelegener Parkplatz bietet eine Alternative, falls es im Ort zu voll sein sollte. Nur noch 200 Meter trennen uns von der ❷ **Fondry des Chiens.** Ca. 100 Meter hinter dem Parkplatz halten wir uns leicht links und fragen uns, wo diese berühmten Felsen wohl sein mögen. Das Gelände weitet sich flach aus, und dann, fast unerwartet, erblicken wir sie: Jahrmillionen alte, ausgewaschene Felsformationen, die in einer kleinen, 20 Meter tiefen Schlucht erhaben in die Höhe ragen. Vor uns liegt ein kleiner Pfad, der steil abfällt. Diesen sollten wir nur mit Vorsicht und etwas Erfahrung im Klettern begehen. Eine sicherere Alternative bietet der Pfad auf der anderen Seite der Schlucht, der rechts herumführt und ideal ist, um die Schlucht und ihre beeindruckenden Felsformationen aus nächster Nähe zu betrachten. Doch Vorsicht: Auch wenn das Gelände oben trocken erscheint, kann der Pfad feucht und rutschig sein. Ein Spaziergang zwischen diesen majestätischen Felsen ist ein Muss – besonders im Sommer, wenn die Luft von Schmetterlingen erfüllt ist, die sich zwischen Blüten und Felsen tummeln.

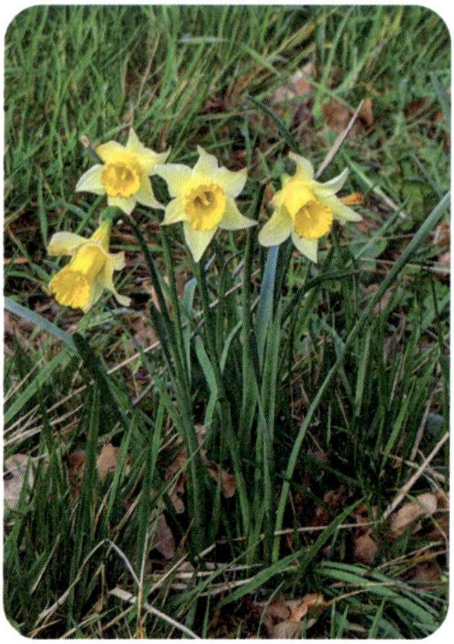

*Die **Fondry des Chiens**, eine canyonartige, eindrucksvolle Felsformation, entstand aus einem prähistorischen Meer. Die Kalksteinfelsen wurden von Wasser, Wind und bis ins 19. Jahrhundert durch Erzabbau zu Zeugen einer vielschichtigen Geschichte geformt.*

Obwohl eine Pause verlockend wäre, ist es noch zu früh dafür. Nachdem wir die kleine ausgewaschene Schlucht bestaunt haben, setzen wir unseren Weg fort. Vom Weg, auf dem wir vom nahe gelegenen Parkplatz hergekommen sind, zweigen wir nach 20 Metern, ehe er die, aus jetziger Sicht, Rechtskurve beschreibt, rechts ab und überqueren eine offene Landschaft im ❸ **Naturpark Viroin-Hermeton,** der sich weit vor uns erstreckt. Wir folgen der roten Markierung und erreichen ein **Tor,** auf dem **„Restauration Écologique“** steht – ein Begriff, der auch ohne Französischkenntnisse verständlich ist. Nachdem wir das Tor hinter uns geschlossen haben, gehen wir weitere 200 Meter und nehmen dann in einer Rechtskurve den Abzweig nach links. Besonders zur Osterzeit lohnt sich ein kleiner Umweg zu einer zerklüfteten Pinie, unter der wunderschöne Narzissen blühen – ein malerischer und besinnlicher Ort. Der Pfad führt uns weiter bis zu einem Zaun. Wir gehen nach links zu einem weiteren Tor, durch das wir treten, und biegen dann rechts ab. Bald verlassen wir den Wald und folgen etwa einen halben Kilometer dem Waldrand. Wir umrunden eine kleine Baumgruppe und genießen den Blick über Wiesen und Äcker. Die

Für die Seele

Die Fondry de Chiens ist nur die eindrucksvollste von vielen Felsformationen inmitten ruhiger Wälder.

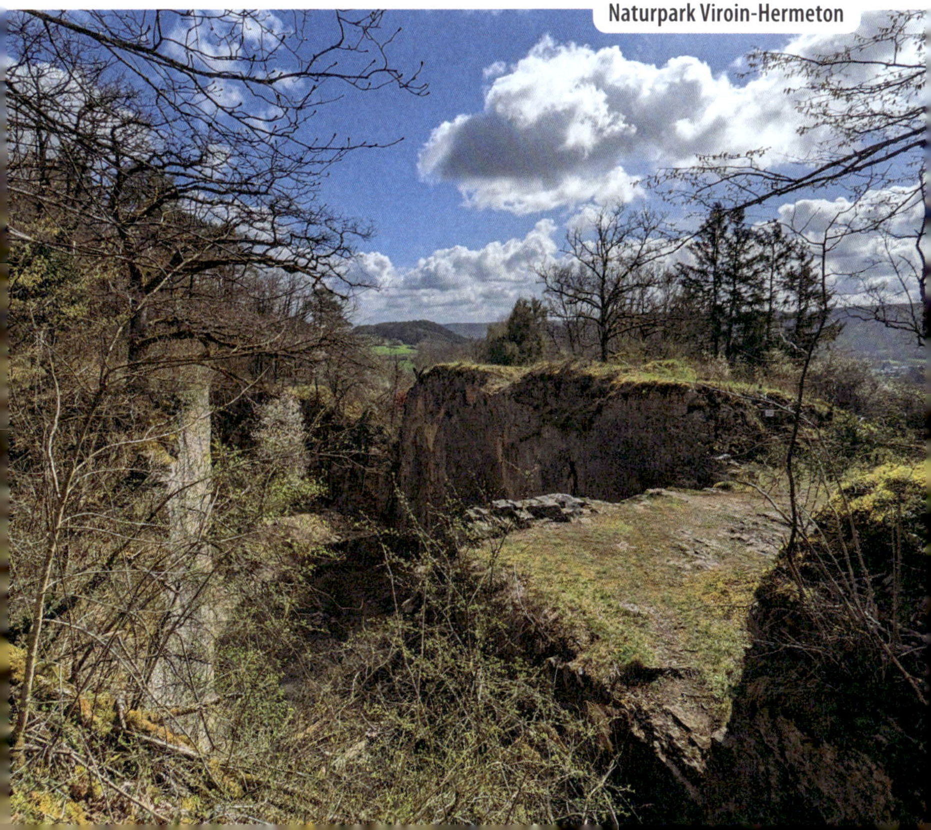

Naturpark Viroin-Hermeton

Ruhe ist spürbar und das Zwitschern der Vögel begleitet uns. Im Tal rechts vor uns liegt **Viroinval.** Der Weg führt uns dann wieder in den Wald, in dem wir leicht bergab etwa 1 Kilometer zurücklegen, bis wir eine Gabelung erreichen. Hier halten wir uns erst rechts, biegen aber nach etwa 150 Metern nach links ab und steigen steil bergauf. Schon bald geht es rechts weiter aufwärts, und wir erreichen den **4 Roche aux Faucons.** Trotz seiner unscheinbaren Größe ist dieser Ort beeindruckend: Ein großer, herabgestürzter Fels blockiert den Aufstieg. Erfahrene Wanderer können, solange die Vegetation noch nicht zu dicht ist, eine wunderbare Aussicht über den Naturpark genießen.

Die Geübten unter uns können über einen kaum sichtbaren Pfad auf der anderen Seite ins Tal absteigen und sich an einer Gabelung nach links wenden, um zu einer Eisenbahnbrücke zu gelangen. Den meisten von uns sei aber empfohlen, den Fels, der den Weg blockiert, gegen den Uhrzeigersinn zu umrunden, und links auf einen Pfad abzubiegen, der auf einen Forst-

Roche aux Faucons

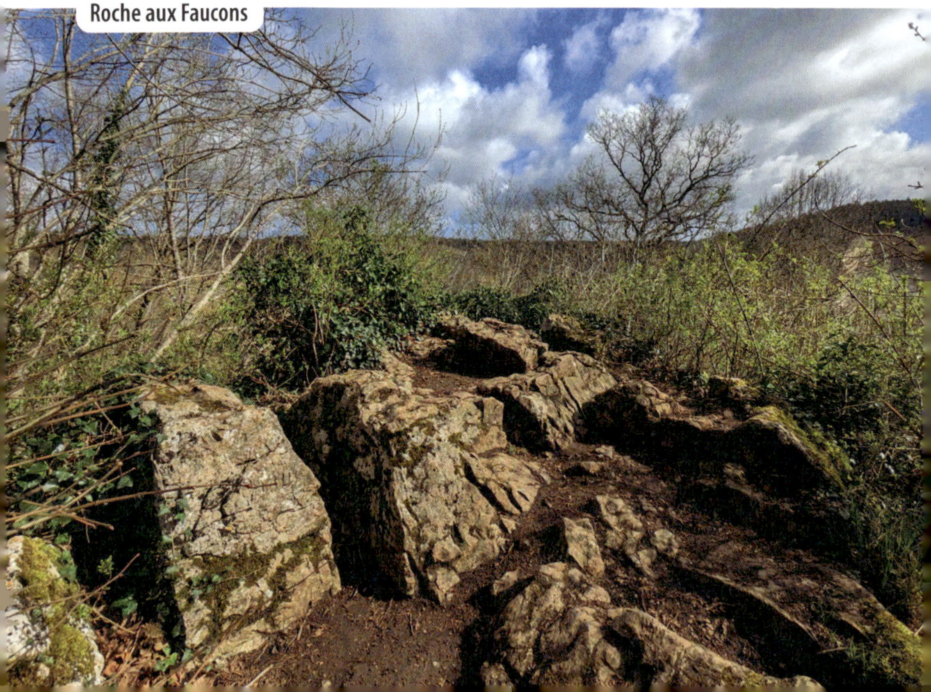

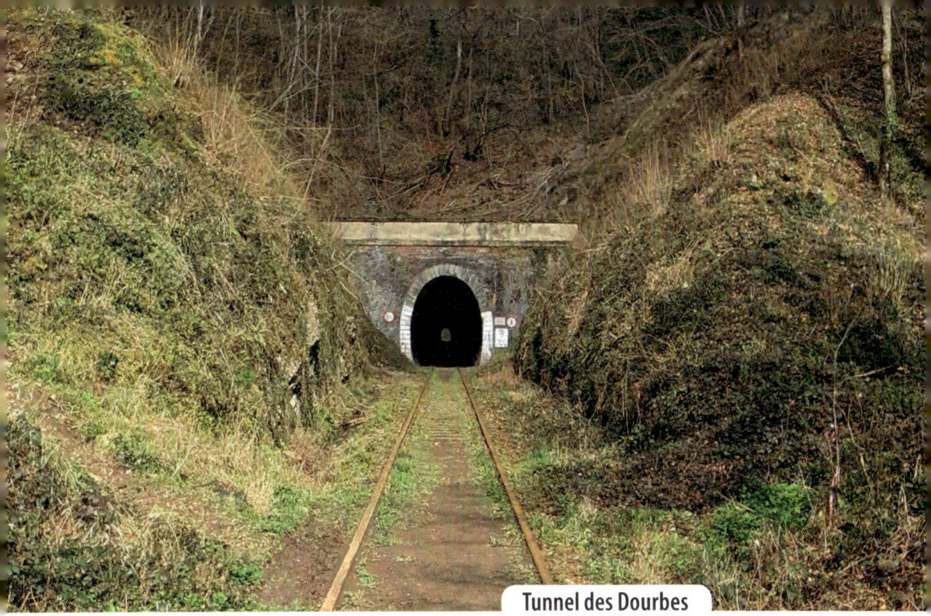

Tunnel des Dourbes

weg führt und weiter leicht ansteigt. Nach 300 Metern nehmen wir einen steil nach rechts bergab führenden Weg, dem wir wiederum etwa 300 Meter folgen, ehe uns Stufen rechts hinunter zum Fluss führen. Ein Schild mit der Aufschrift „Le Tunnel" weist auf Eisenbahnschienen auf einer Brücke hin. Unten angekommen, erblicken wir links den **5 Tunnel des Dourbes,** durch den hin und wieder eine Dampfeisenbahn fährt. Der Tunnel ist klein und nicht sehr lang. Die **Brücke** über die Viroin erlaubt es uns, trockenen Fußes das langsam fließende Gewässer zu überqueren. Auf der anderen Seite folgen wir der Markierung mit dem **roten Rechteck,** die Schienen zu unserer Rechten. Für eine Pause am Fluss können wir nach 300 Metern rechts unter einer Brücke hindurchtreten, um zur Viroin zu gelangen. Ein Blick lohnt sich auf jeden Fall.

Wir folgen weiter dem roten Rechteck und erreichen das **6 Naturreservat Dourbes,** das nicht nur dem Tourismus, sondern vor allem der Ökosystemerhaltung und der ökologischen Forschung dient. Unser Weg nimmt eine scharfe Linkskurve und führt dann nach rechts. Er beginnt mit einem Anstieg, gefolgt von einer langen, flachen Passage. Auf diesem rund 1,5 Kilometer langen Abschnitt fesseln die von Efeuranken

*Das **Naturreservat Dourbes** zeichnet sich durch reiche Biodiversität und einzigartige Landschaften aus. Wanderwege ermöglichen naturnahe Erlebnisse in malerischen Wäldern und an klaren Bächen, wobei wir seltene Arten bewundern können.*

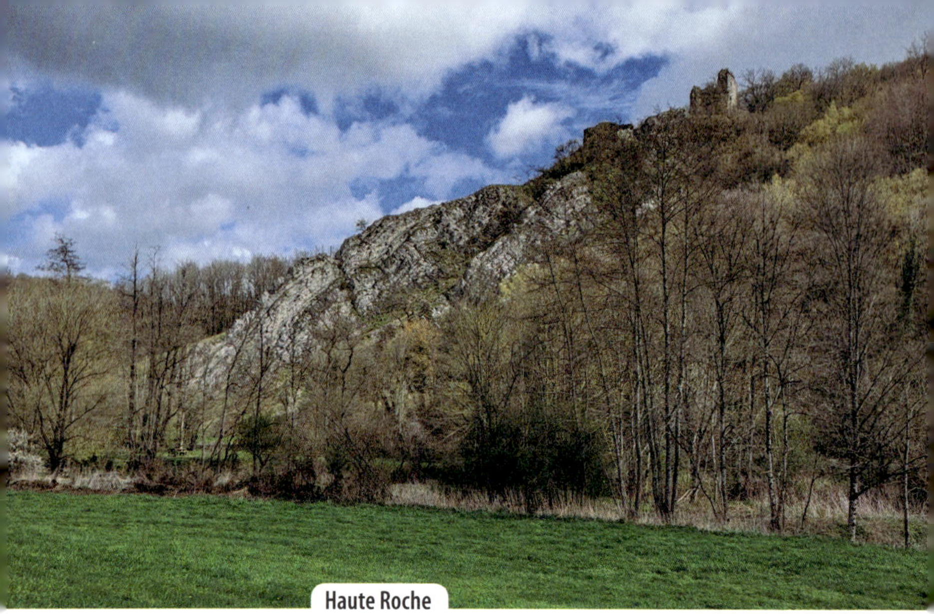

Haute Roche

umschlungenen Bäume unsere Blicke. Interessant sind auch die Grundmauern eines alten Gebäudes, das wir im Wald entdecken – vielleicht ein Relikt des nahen ehemaligen Steinbruchs, der **7 Haute Roche.** Für Schwindelfreie bietet sich die scharfe Kante des Felsens für ein spektakuläres Picknick an – 15 Meter über dem Boden der menschengemachten Schlucht. Die ebenen Wände wirken geradezu märchenhaft.

Nach einer kurzen Rast erreichen wir eine Gabelung. Die Markierung weist uns nach rechts und dann scharf nach links. An einem Baum sehen wir ein blaues Schild mit einer Jakobsmuschel – ein Zeichen, dass wir uns auf dem belgischen Teil des **8 Jakobswegs** befinden, dem Camino de Santiago de Compostela. So weit gehen wir heute aber nicht. Der Weg führt uns bergab, aus dem Wald hinaus, direkt zum Viroin. Im Sommer ist hier eine Abkühlung im Wasser verlockend, oder man entspannt auf einer nahe gelegenen Wiese.

Nach etwas mehr als 100 Metern führt der Jakobsweg links über eine Brücke. Über diese werden auch wir später gehen; zunächst unternehmen wir aber einen Abstecher zu den Felsen unterhalb der **9 Ruine des Château de Haute Roche.** Unterhalb des Château direkt vor einer beachtenswerten Felswand gibt es einen gut ausgestatteten Rastplatz mit einigen Tischen und Bänken, der zu einer ausgedehnten Rast einlädt. Auch der Blick auf den Fluss ist an dieser Stelle wundervoll. Zur Burg gelangen wir gegen den Uhrzeigersinn den Hügel hoch über einen Pfad, auf dem wir ein wenig klettern müssen.

Zwei Drittel der Wanderung liegen hinter uns, und alle schwierigen Passagen sind absolviert. Für den entspannten Rückweg biegen wir an der Brücke rechts auf den Jakobsweg ab. Ein Stückchen hinter der Brücke folgen wir einem Pfad nach rechts, der herrliche Blicke auf das Château de Haute Roche gewährt. Nach etwa 300 Metern biegen wir links ab und folgen dem Camino bergauf. Es sind nur 70 Höhenmeter zu überwinden, bevor wir durch lichten Laubmischwald zurück nach Nismes schlendern. Die hohen Pinien im Westen der Ardennen bereichern die Vegetation am Boden und bieten einen reizvollen Anblick. Besonders im

Das Schloss von Nismes ist ein stilles Zeugnis vergangener Zeiten. Der restaurierte Park lädt zum Genießen der Ruhe ein, während die ***Jardins d'Ô*** *– die Gärten von Nismes – mit Bächen, Kanälen, Teichen und Spielplätzen reine Entspannung bieten.*

Jardins d'Ô

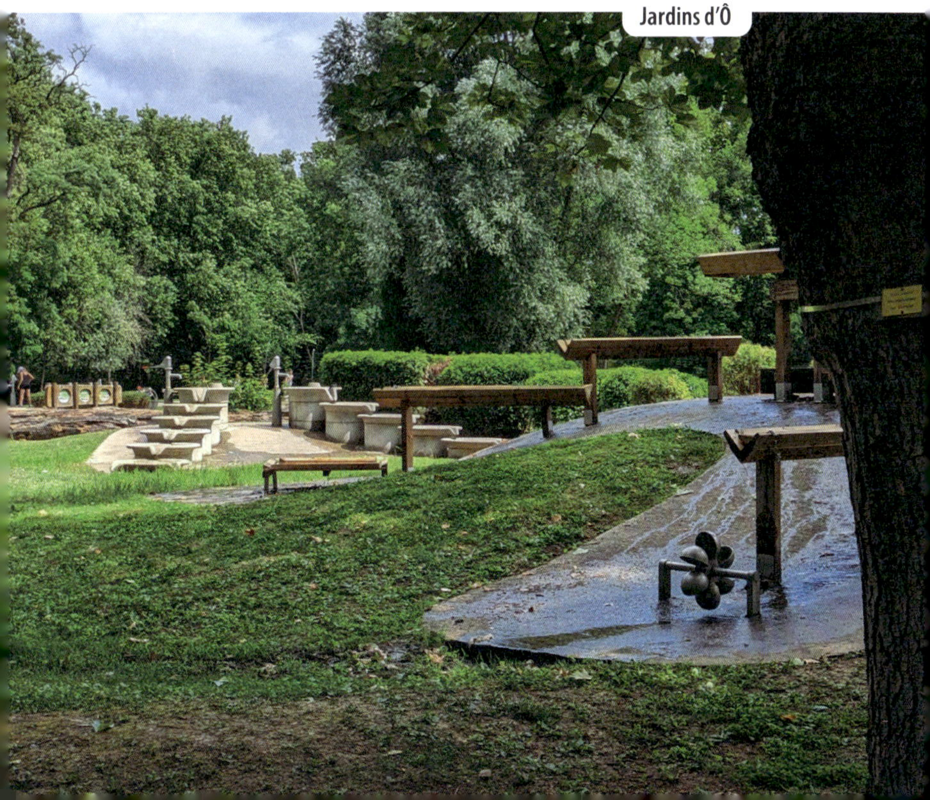

Sommer sind wir, wie so manches Mal auf dieser Tour, dankbar für den Schatten der Bäume. Wenn sich die Markierung des roten Rechtecks vom Camino trennt, folgen wir dem Rechteck leicht nach links. Bald erreichen wir den Waldrand, an dem oft Kühe weiden. Die letzten 2 Kilometer bis zur Ortschaft führen uns in der Nähe der Fondry des Chiens zurück auf den Weg, den wir gekommen sind. Vielleicht lockt am Ende der Wanderung ein Besuch in einem der Restaurants von Nismes, zum Beispiel im in der Nähe des Office Tourisme gelegenen **⑩ Restaurant La Bonne Auberge,** oder eine Erkundung der wundervollen **⑪ Jardins d'Ô** mit ihrem großen Teich – ein lohnender Abschluss unserer Tour.

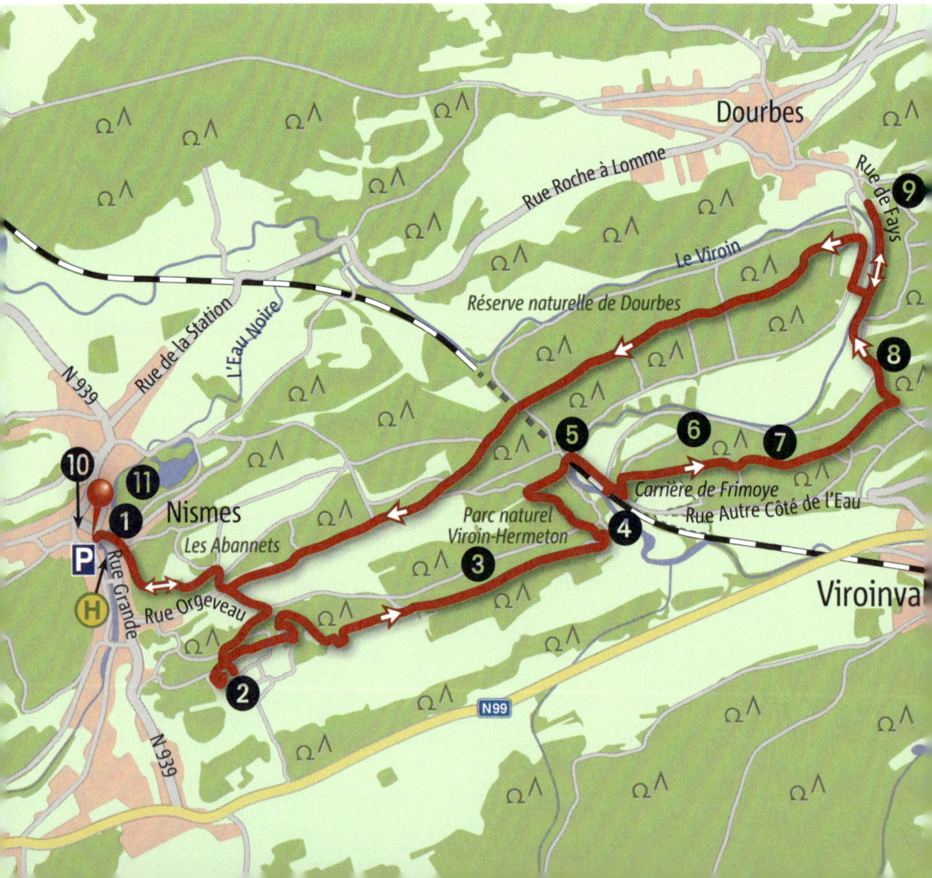

ALLES AUF EINEN BLICK

Entspannung
Abenteuer
Vielfalt

WIE & WANN

Meist Waldwege und Pfade, nur im Ort auf dem Zugang zur Fondry des Chiens ein wenig Asphalt. Von Ostern bis Ende Oktober ist die Tour am schönsten.

HIN & WEG

Auto: Parkmöglichkeiten am Office du Tourisme Viroinval, Rue Vieille-Eglise 5, 5670 Nismes (Viroinval)
ÖPNV: Bushaltestelle Nismes Eglise, von dort wenige Schritte bis zur Rue des Juifs

ESSEN & ENTSPANNEN

1 **Aux Sources de Provence,** Rue des Juifs 4, 5670 Nismes (Viroinval), Tel. +32 (4 72) 92 57 58
10 **Restaurant La Bonne Auberge,** Rue Bassidaine 20, 5670 Nismes (Viroinval), Tel. +32 (60) 31 10 90, www.bonneauberge.be

ENTDECKEN & ERLEBEN

2 **Fondry des Chiens**
3 **Naturpark Viroin-Hermeton**
4 **La Roche aux Faucons**
5 **Tunnel des Dourbes,** Betriebszeiten und Fährpläne der Dampfeisenbahn unter www.cfv3v.eu/site
6 **Naturreservat Dourbes**
7 **Haute Roche**
8 **Jakobsweg**
9 **Ruine des Château de Haute Roche**
11 **Jardins d'Ô**

Maaspanorama

Schmale Pfade bei Waulsort

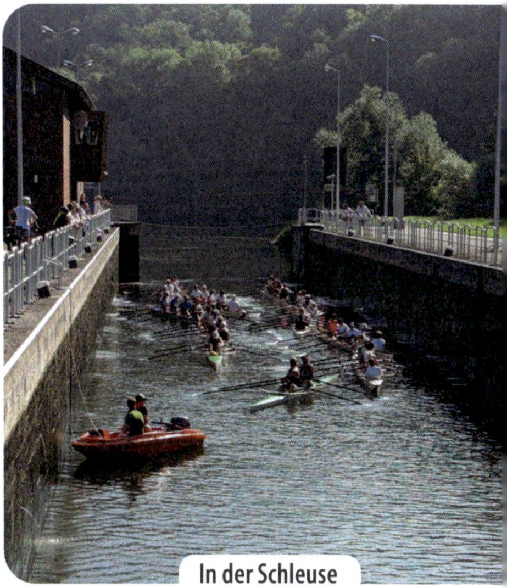
In der Schleuse

Unsere Tour beginnt mitten im Herzen des Ortes mit einem charmanten Spaziergang durch das Dorf, der uns an vielen über 100 Jahre alten Gebäuden vorbeiführt. Vom Parkplatz auf dem ehemaligen Bahndamm gehen wir wenige Schritte nach rechts, weg vom ❶ **Panama Rio,** das zum Abschluss der Tour zum Imbiss lockt. Dann folgen wir der Beschilderung zur **Villa 1900** nach links und passieren das Hotel-Restaurant im Jugendstil, das leider nur mit Reservierung besucht werden kann. Hinter der Villa biegen wir links und sofort wieder rechts ab, und setzen unseren Weg auf der **Rue des Bassires** fort. Auf beiden Seiten lassen sich hübsche und auch interessante Häuser, oftmals Villen, entdecken. Nach etwa 500 Metern beschreibt die Rue eine Linkskurve und bringt uns hinab zur Maas, an der wir uns erneut nach links orientieren. Wenige Meter weiter erwartet uns eine ❷ **Schleuse.** Besonders sonntagsvormittags ist hier einiges los – ein amüsantes Schauspiel, wenn zehn oder mehr Boote die Schleuse passieren.

Wir überqueren zu Fuß die Schleuse, wenden uns dann nach rechts, und gehen auf eine Staustufe zu, an der auch Strom erzeugt wird. Nachdem wir deren Brücke überquert haben, biegen wir links ab und schlendern gemütlich entlang der Maas. Bald säumen große Bäume

Kilometer: 11
Höhenmeter: 230
Stunden: 4
RUNDWEG

den Weg. Gegenüber der Schleuse, die wir zuvor überquert haben, fällt uns ein frisch renoviertes Gebäude auf, das malerisch und ruhig im Wald liegt, unweit der Maas, fernab jeglichen Autoverkehrs. Es ist die ❸ **Ermitage des Cascatelles,** ein Ort, der mit seinem plätschernden Bächlein und dem kleinen Wasserfall hinter dem Haus geradezu himmlisch anmutet. Hier sollten die Besitzer inzwischen mit den Renovierungsarbeiten fertig sein und ihre vier Gîtes vermieten. Wir folgen nun der wallonischen Markierung, einem **gelbroten Streifen,** und biegen hinter dem Haus auf den **Sentier des Cascatelles** ab. Die ❹ **Cascatelles,** kleine Wasserfälle oberhalb des Hauses, sind schon bald zu hören. Wir entdecken rechts einen kleinen Abzweig, der uns zu einem natürlichen Planschbecken führt, das besonders im Sommer bei Familien mit Kindern beliebt ist.

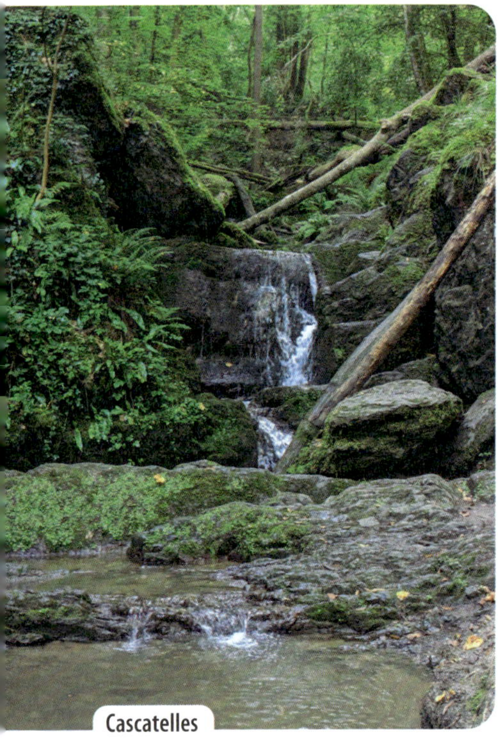
Cascatelles

Zurück auf dem Hauptpfad, beginnt ein sanfter Aufstieg. Etwa 800 Meter gehen wir am Bach bergauf, begleitet vom Rauschen des Wassers und selbst im Hochsommer üppigem Grün aus Farnen und Moos. Vögel zwitschern, und manchmal beleben Pfadfindergruppen in den langen belgischen Sommerferien diese Gegend. Der abenteuerliche Aufstieg führt uns links einen sehr steilen Hang hinauf. Die gelb-rote Markierung der Wallonie zeigt uns den Weg. Es ist ein schweißtreibender Anstieg von 200 Höhenmetern, aber nicht gefährlich. Oben angekommen, halten wir uns links und haben damit einen großen Teil der Höhenmeter unserer Weitblick-Tour bereits bewältigt.

Nun erreichen wir den Teil unserer Wanderung, auf den wir uns besonders gefreut haben: die grandiosen Aussichten und Panoramen, die uns bald erwarten. Zwar liegen noch 70 Höhenmeter bis zum ersten wirklichen Aussichtspunkt vor uns, doch die Anstrengung lohnt sich. Im Winter, besonders bei klarem Wetter, entfaltet sich ein ganz besonderer Zauber. Ohne das Laub der Bäume öffnet sich der Blick weit über die Maas und die umgebende Landschaft – eine offene, fast märchenhafte Szenerie. Im Sommer dagegen herrscht ein üppiges, saftiges Grün, das die Landschaft in ein Meer aus Frische und Vitalität taucht. Und im Herbst? Dann verwandelt sich der Wald in ein faszinierendes Kaleidoskop aus Gelb- und Brauntönen, ein wahrhaft malerisches Naturschauspiel.

Für die Seele

Von schmalen Pfaden blicken wir über das Maastal, bevor uns ein Fährmann ans andere Ufer bringt.

Wenn wir auf unserem Weg kurze, nach links auf Felsen abzweigende Pfade entdecken, sollten wir diese neugierig erkunden. Jeder bietet eine neue, phänomenale Sicht ins Maastal – immer wieder anders, aber

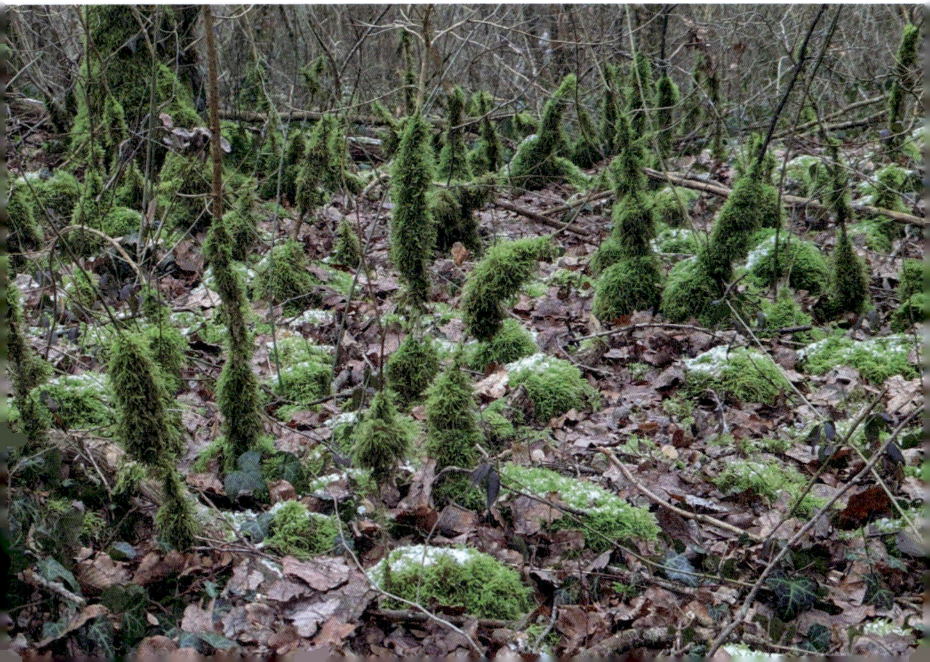

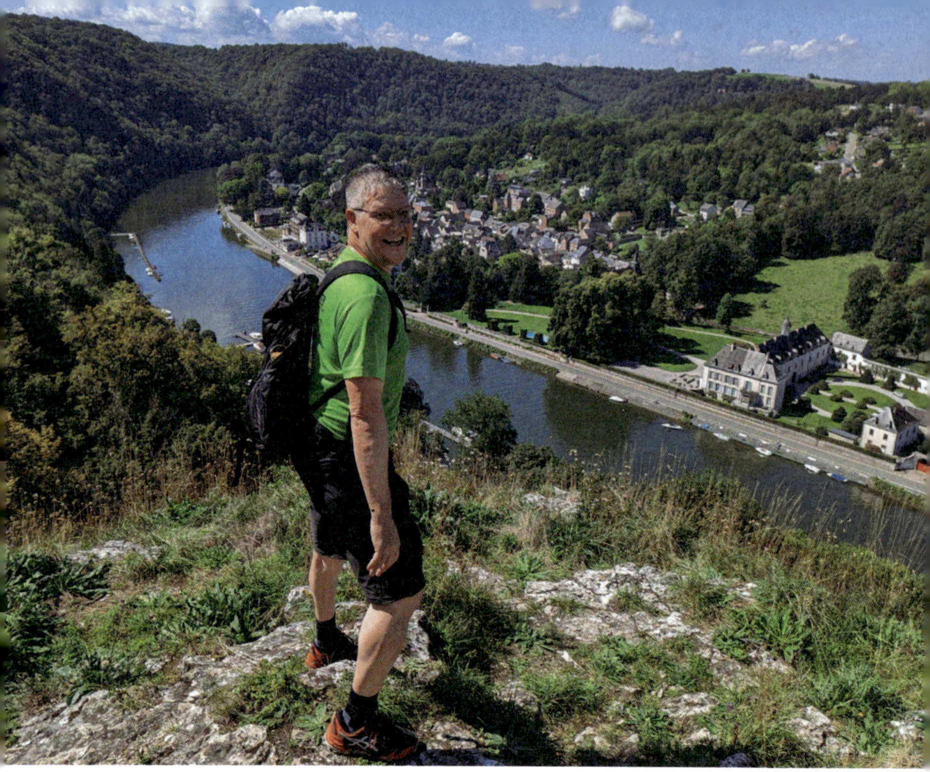

stets atemberaubend. Am ❺ **ersten Aussichtspunkt** offenbart sich uns ein herrlicher **Blick auf Waulsort** und seine bezaubernden Häuser mit ihrer prächtigen Bausubstanz. Nachdem wir uns wieder auf den Hauptpfad begeben haben, folgen wir weiter der gelb-roten Markierung. Der Weg führt zunächst bergab, dann wieder bergauf, bevor er in einer Kerbe steiler abfällt. Selbst in den trockensten Sommern bleibt es hier feucht und wirkt fast wie verzaubert. Der Wald öffnet sich hier, lässt mehr Licht durch, und bald hören wir das sanfte Plätschern des **Rossesau de la Roule.** Nachdem wir den Bach überquert haben, steigt der Weg wieder an und führt uns rasch zum nächsten Aussichtspunkt. Von hier aus erhaschen wir zum ersten Mal einen Blick auf die ❻ **Abbatiale de Waulsort,** die ehemalige Benediktinerabtei des Ortes, die erhaben am gegenüberliegenden Ufer der Maas liegt. Während der wärmeren Monate können wir auch die Boote auf dem Fluss beobachten, die sanft über das Wasser gleiten.

*Romanische Teile der **Abbatiale de Waulsort** wurden schon im 13. Jahrhundert zerstört und durch gotische Elemente ersetzt. Im 16. Jahrhundert beschädigten die Hugenotten und 1793 die französischen Revolutionäre das Kloster.*

Unser Weg führt uns flach und entspannt weiter, bis wir nach etwa 400 Metern einen weiteren Bach erreichen, dem wir talwärts folgen. Gelegentlich wird der Boden hier etwas schlammig. Bald stoßen wir auf den **Chemin des Cretias,** dem wir nach rechts bergauf folgen. Zwar gibt es gleich einen Weg nach links, der auch in Karten eingezeichnet ist, doch dieser führt uns nur ins Dickicht. Es lohnt sich also, dem Hauptweg weitere 300 Meter zu folgen und dann, verlockend nahe einer Bank, nach links abzubiegen. Rechts von uns öffnet sich eine Wiese, auf der manchmal Kühe weiden. Der Pfad bleibt relativ flach, bis wir den **7 Drapeau** erreichen – einen imposanten Felsen, gekrönt von einer belgischen Flagge aus Blech. Einige Meter vorher konnten wir schon einen kleinen Abstecher nach links machen, um den Felsen zu bewundern. Am Felsen selbst finden wir den perfekten Ort für eine längere Rast. Die Lage ist exzellent: Der Blick öffnet sich weit in beide Richtungen des

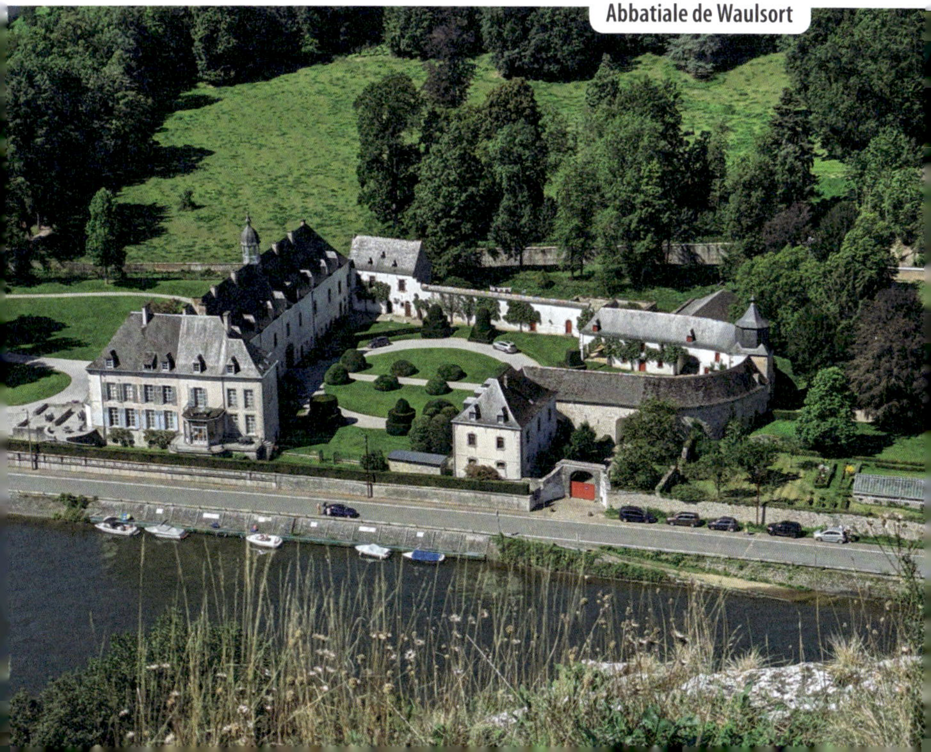

Abbatiale de Waulsort

Maastals. Unter uns liegt die Abbatiale de Waulsort. Ruhe umfängt uns. Es ist wahrhaftig ein Glück, dass dieser Ort nur zu Fuß erreichbar ist. Selbst wenn sich hier einige Wanderer versammeln, herrscht eine entspannte und glückliche Atmosphäre.

Falls es uns auf dem Felsen etwas zu voll wird, gibt es in knapp 200 Metern Entfernung einen weiteren Aussichtspunkt mit einer Bank, der sich ebenso für eine Rast eignet. Wohl gestärkt setzen wir unseren Weg fort und erreichen nach etwa einem halben Kilometer das Gelände der **Ruine Château Thierry.** Sie liegt inmitten eines umzäunten Naturschutzgebietes und ist momentan leider nicht zugänglich. Der Weg steigt danach leicht an und führt uns nach einigen Hundert Metern zu einer Kreuzung, an der wir der gelb-roten Markierung nach links bergab folgen. Wir befinden uns nun zugleich auf einem **Teil des GR 126,** der *Grande Randonnée* (Großer Wanderweg) 126. Dieser etwa doppelt so lange Wanderweg ist ebenfalls fantastisch, aber eher etwas für die sportlich Ambitionierten unter uns.

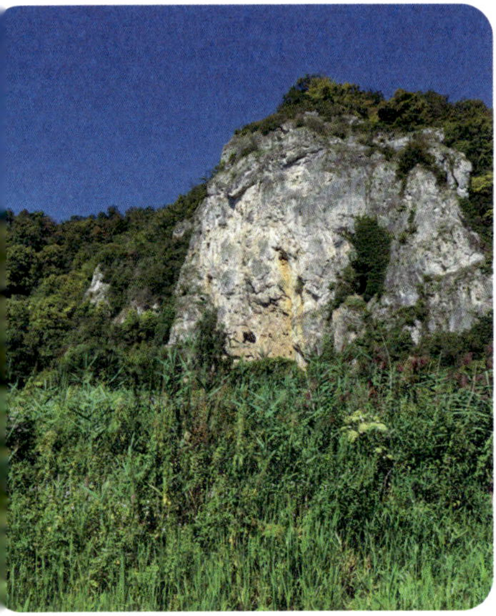

Unser Weg führt uns nun in weniger als 1 Kilometer hinunter zur Maas. Am gegenüberliegenden Ufer ragt eine mächtige, von Wald umgebene Felswand empor – ein typisches und beeindruckendes Panorama, wie es häufig in den Flusstälern der Ardennen zu finden ist.

Wir biegen nun nach links ab und genießen die letzten 2 Kilometer unserer Tour flussaufwärts entlang der Maas. Der Weg führt uns zuerst über eine große, flache Wiese, auf der oft einige Kühe gemächlich grasen. An warmen Wochenenden wird dieses idyllische Fleckchen gerne von Wasserski-Camps genutzt oder dient Passagieren vorbeifahrender Boote als perfekter Picknickplatz. Es ist ein beschaulicher Ort direkt unter-

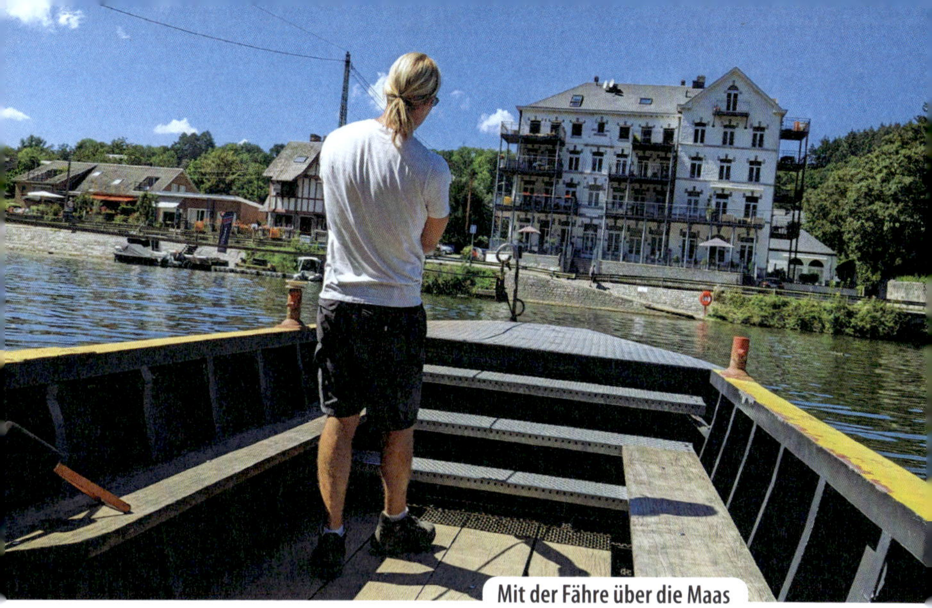

Mit der Fähre über die Maas

halb der Felsen, auf denen einst Château Thierry stand. Bald schlendern wir wieder unter Bäumen am Fluss entlang. Gelegentlich gleiten Boote an uns vorbei und nach etwa 1,5 Kilometern erblicken wir am gegenüberliegenden Ufer die **Abbatiale de Waulsort.** Hier gibt es eine kleine Anlegestelle, die an heißen Sommertagen zum Verweilen einlädt. Vielleicht machen wir es uns eine Zeitlang bequem, lassen die Füße ins Wasser baumeln und genießen die friedliche Atmosphäre, während Boote vorbeiziehen und sich die Abtei im ruhigen Wasser des Flusses spiegelt.

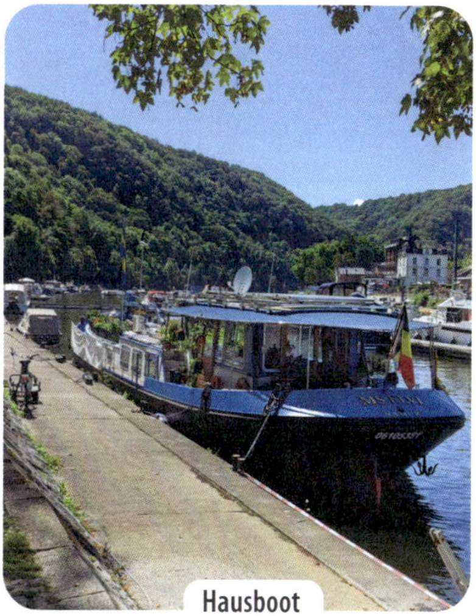

Hausboot

Nun ist es nur noch ein halber Kilometer bis zur Fähre, die uns hinüber in den Ort bringen wird. Auf dem Weg dorthin passieren wir den kleinen **8 Jachthafen von Waulsort,** ein bezaubernder Ort mit einer gepflegten Wiese und Booten, die sanft im Wasser schaukeln. Besonders ins Auge fällt ein Hausboot, bepflanzt mit einem üppigen Kräutergarten. Schließlich erreichen wir die **9 Passage d'eau de Waulsort.** Manchmal ist hier eine kleine Bar geöffnet. Wenn nicht, nehmen wir sofort die

*Die **Passage d'eau de Waulsort** gibt es seit 1871. Sie ermöglichte den Einwohnern von Falmagne und Falmignoul am anderen Ufer den Zugang zur Eisenbahnlinie von Dinant nach Givet. Von Anfang April bis Ende September gibt es die kostenlose Überfahrt.*

Fähre, die von einem Fährmann kostenlos über ein fest verankertes Drahtseil über die Maas gezogen wird. Eine solche Fähre ist in Europa eine Seltenheit und ein besonderes Erlebnis. Wer diese sehr schöne Wanderung im Spätherbst oder Winter unternimmt, d. h. außerhalb der Fährsaison, überquert die Maas an der uns bekannten Schleuse, die etwa 500 Meter flussaufwärts liegt.

Am anderen Ufer angekommen, sind es nur noch wenige Meter bis zur Bushaltestelle oder zu unserem Auto. Direkt am Parkplatz lockt nun die Bar **Panama Rio.** Wer größeren Hunger hat, dem sei der kurze Weg nach Hastière oder Dinant für eine ausgiebigere Mahlzeit empfohlen. In Dinant ist das **La Broche** überaus empfehlenswert.

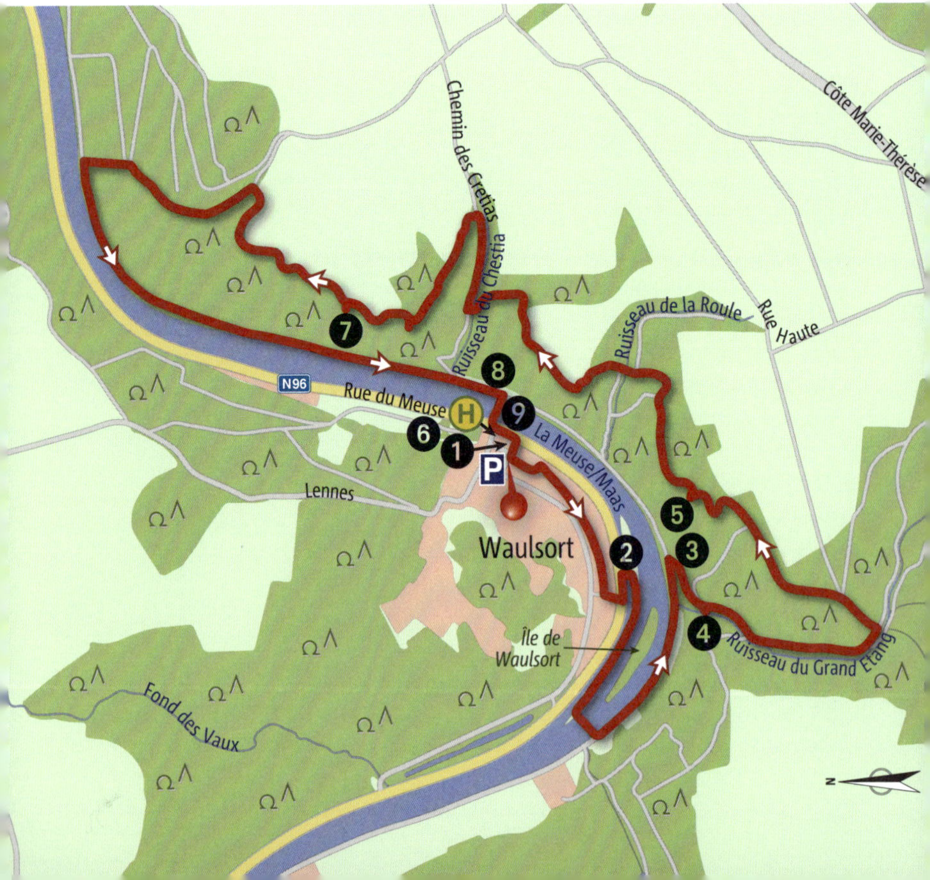

ALLES AUF EINEN BLICK

Entspannung 4/5
Abenteuer 5/5
Vielfalt 5/5

WIE & WANN

Die Wanderung ist nicht sehr lang, aber durchaus mit einer gewissen Anstrengung verbunden. Wir sollten sie möglichst bei trockener Witterung und nicht nach langen Feuchtphasen machen. Dann sind die ansonsten weichen Pfade, auf denen wir außerhalb des Ortes unterwegs sind, an einigen Stellen sehr matschig. Es ist eine schöne Ganzjahrestour, wobei die Fähre nur von Anfang April bis Ende September in Betrieb ist.

HIN & WEG

Auto: Parkmöglichkeiten am Bahndamm in der Rue de la Chausée, 5540 Hastière (Waulsort)
ÖPNV: Bushaltestelle Waulsort, La Pergola

ESSEN & ENTSPANNEN

1 **Panama Rio,** Rue de Meuse 9, 5540 Hastière (Waulsort), Tel. +32 (4 77) 77 27 56

Abseits der Route empfehlenswert:
La Broche, Rue Grande 22, 5500 Dinant, Tel. +32 (82) 22 82 81, www.labroche.be

ENTDECKEN & ERLEBEN

2 Schleuse
3 Ermitage des Cascatelles
4 Cascatelles
5 Erster Aussichtspunkt
6 Abbatiale de Waulsort
7 Drapeau
8 Jachthafen von Waulsort
9 Passage d'eau de Waulsort

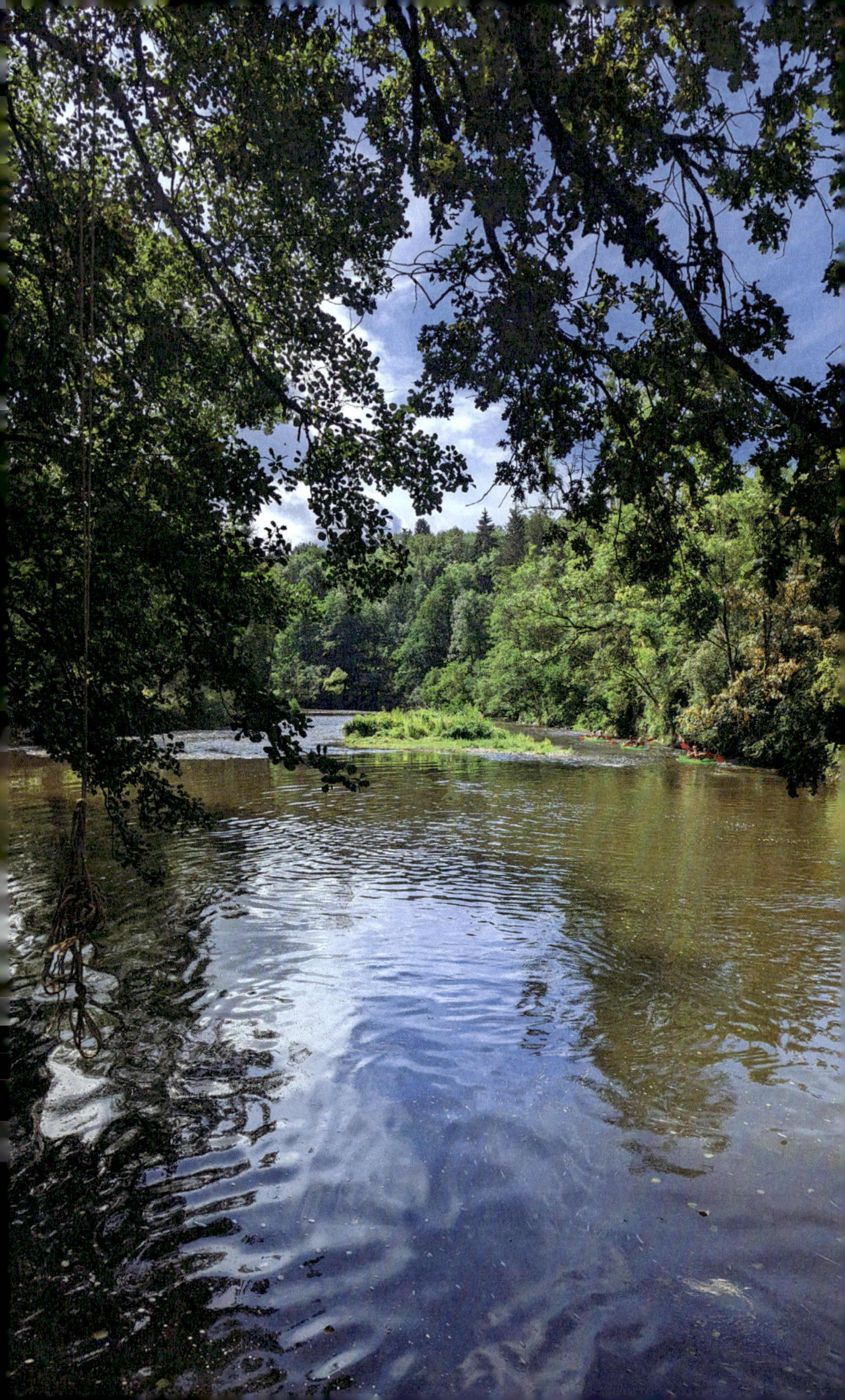

Flussspaziergang

Belgiens kleinste Stadt: Durbuy

Unser ausgedehnter Spaziergang beginnt auf dem Parkplatz vor den Toren Durbuys. Wir überqueren die belebte Rue du Comte Théodule d'Ursel und nähern uns dem ruhigen Flusslauf der ❶ **Ourthe.** Abhängig von der Tageszeit tanzen Kajaks auf dem glitzernden Wasser – ein lebendiges Bild vor der friedlichen Kulisse des Tals. Dieser Flussabschnitt ist eine beliebte Alternative zum Kajakfahren auf der Lesse und strahlt eine unverwechselbare Ruhe aus. Nach nur wenigen Schritten erreichen wir die **Passarelle de Durbuy,** eine charmante Fußgängerbrücke. Von hier aus öffnet sich ein schöner Blick auf das flussabwärts gelegene, ehrwürdige **Château de Durbuy,** dessen Besichtigung uns leider verwehrt bleibt. Wir schlendern weiter am Fluss entlang und überqueren nach 300 Metern den ruhigen Place aux Foires, bevor es links eine Treppe hinaufgeht. In der **Rue du Comte Théodule d'Ursel** angekommen, umfängt uns das malerische Flair von ❷ **Durbuy.** Obwohl die Cafés und Restaurants verführerisch locken, widerstehen wir der Versuchung, um unsere Tour fortzusetzen.

Vorbei an der Église Saint-Nicolas biegen wir rechts ab und unser Blick fällt sofort auf den beeindruckenden ❸ **Anticlinal de Durbuy.** Eine gewaltige Felswand erhebt sich majestätisch vor uns, umrahmt von einem Teich mit Wasserspielen. Von der Schönheit dieses Anblicks überwältigt, verstehen wir wahrhaft, was Durbuy so besonders macht.

Wir lassen die majestätische Felswand hinter uns und tauchen am Place de Hanyu links in einen idyllischen Weg, den **Chemin touris-**

*Die **Anticlinal de Durbuy,** auch als Omalius- oder Falize-Felsen bekannt, ist ein geologisches Wunder. Dieses umgekehrte U offenbart, wie in 300 Millionen Jahren Kalksteinschichten das einstige Meer ersetzten und die Kräfte der Natur die Erde formten.*

Kilometer: 11,5
Höhenmeter: 160
Stunden: 3,5
RUNDWEG

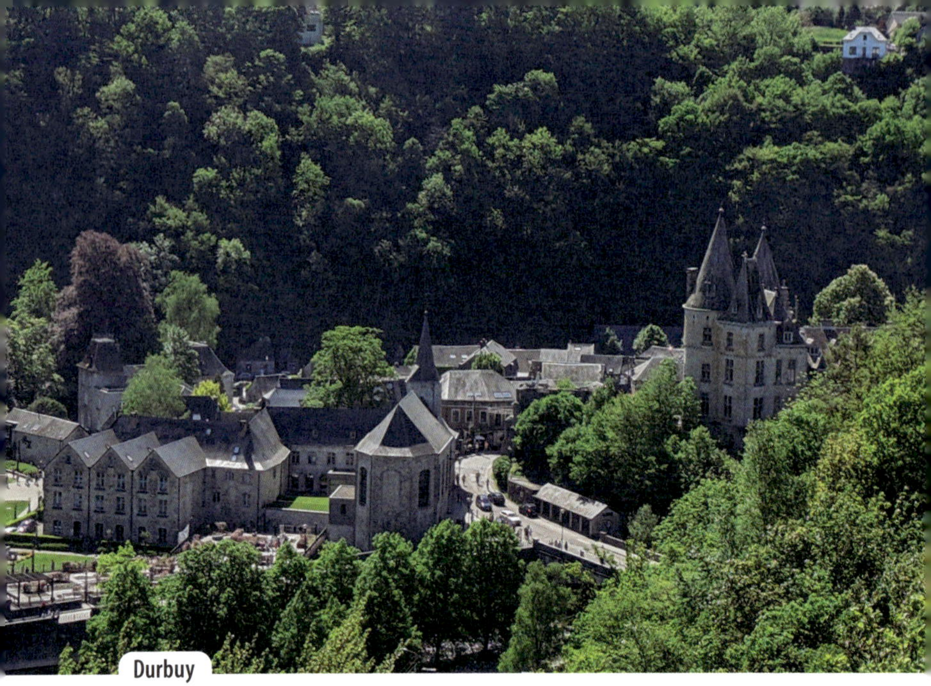

tique, ein, gekennzeichnet durch **blaue und grüne Rechtecke.** Dieser Weg markiert den eigentlichen Beginn unseres ausgedehnten Spaziergangs entlang der Ourthe bei Durbuy. Nach etwa 200 Metern biegen wir spitzwinkelig nach links ab und wenden uns weitere 200 Meter später nach rechts auf einen asphaltierten Weg. Hier befinden wir uns auf dem ④ **RAVeL 5 Ourthe,** einem der vielen wunderschönen Rad- und Wanderwege, die sich durch diese Gegend schlängeln und oft die Nummerierung ehemaliger Bahnstrecken tragen. Obwohl wir ab und zu Radfahrern begegnen, stört niemand den Frieden des durch die Landschaft strömenden Flusses. Ein freundliches Winken, ein heiterer Ruf – hier herrscht eine Atmosphäre der Gelassenheit und Gemeinschaft. Niemand scheint es eilig zu haben. Die Landschaft um uns herum ist ein Fest für die Sinne – sanft gewellte Hügel, das melodische Rauschen des Flusses und die Stille der Natur. In einer solch bezaubernden Umgebung fällt es leicht, das Tempo zu drosseln und jeden Moment voll auszukosten.

Vor uns liegen nun über 6 Kilometer eines sanft verlaufenden Weges entlang des Flusses, auf dem stets

*Die **RAVeL** (Réseau Autonome de Voies Lentes) sind ein unabhängiges Netz langsamer Wege für Radfahrer und Wanderer. In der Wallonie wurden stillgelegte Bahntrassen und andere autofreie Wege dafür nutzbar gemacht, die sich über 1300 Kilometer erstrecken.*

etwas Neues zu entdecken ist. Nach etwa 1,5 Kilometern erreichen wir den beeindruckenden **5 Roche aux Corbeaux,** einen hohen Felsen, der sich majestätisch zwischen Bäumen nahe am Wasser erhebt – ein Kletterparadies, das den Mitgliedern des belgischen Alpenvereins vorbehalten ist. Wenn der Weg sich wieder öffnet, erblicken wir auf einem gegenüberliegenden Hügel die Église du Sacré-Cœur des kleinen Dorfes **Warre,** die wie ein Wächter aus dem Wald herausragt. Wir schlendern gemütlich weiter und werfen gelegentlich einen Blick aufs Wasser, auf dem sich Kajaks, Enten und Gänse tummeln.

Für die Seele
Der schöne Ort Durbuy lockt mit toller Gastronomie, die Ourthe zu einem entspannten Spaziergang.

Nach 3,5 Kilometern erreichen wir eine Weggabelung bei Bohon, an der sich die grüne und die blaue Route trennen. Wir folgen weiter den **blauen Zeichen.** Idyllisch gelegene Häuser säumen unseren Weg, und wenn die Sonne scheint, bieten Alleen aus Baumreihen angenehmen Schatten. Sollte nach etwa 6,5 Kilometern der Hunger einsetzen, bietet der **6 Campingplatz Le Rochers du Glawan** eine willkommene Rastmöglichkeit mit einer Friture. Nur 1 Kilometer weiter erreichen wir Barvaux, wo das **7 Le Juliénas** von Adventure Valley, dem Organisator der Kajakfahrten, Speisen und Getränke bereithält.

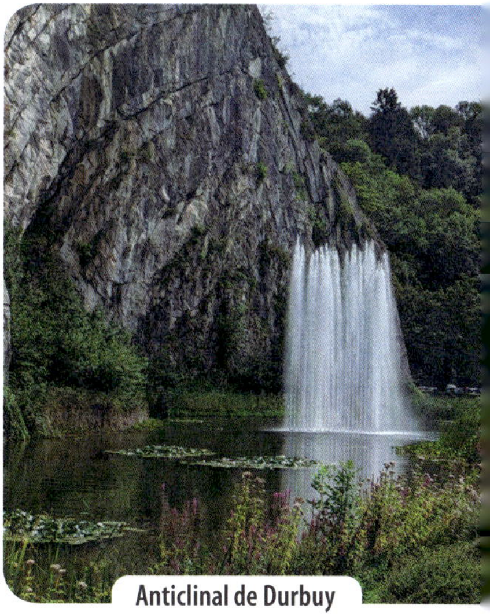
Anticlinal de Durbuy

Vielleicht genügen uns ein Kaffee oder ein erfrischendes Kaltgetränk, denn die Restaurants von Durbuy sind nicht mehr fern. Wir überqueren die **Passerelle de la Geer** und folgen dem Weg 200 Meter geradeaus bis zur Hauptstraße von Barvaux. Dort biegen wir rechts ab auf die Route de Durbuy und spazieren an einer hübschen Kapelle vorbei, bis wir nach weiteren 300 Metern auf einen Bioladen stoßen. Ein Blick in das Chou-Vrac & Ciboulette lohnt sich

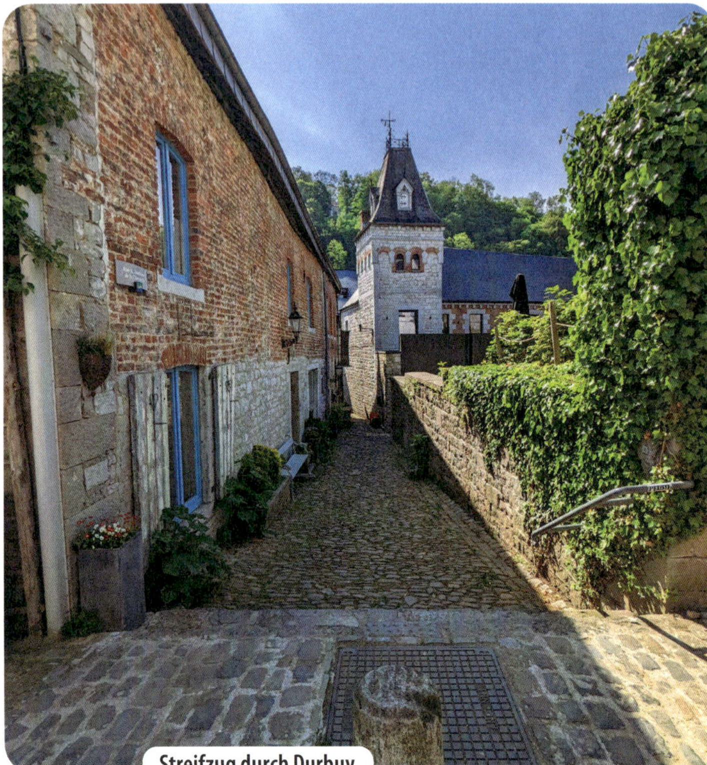

Streifzug durch Durbuy

Durbuy, *„kleinste Stadt der Welt" genannt, bietet Natur und Kultur am Ourthe-Fluss. Sie beeindruckt mit dem mittelalterlichen Charme der malerischen Straßen und historischen Gebäude. Beliebt sind ihre lokale Gastronomie und die Bierspezialitäten.*

dank seines vielfältigen Angebots definitiv. Weiter geht es rechts am Laden vorbei und die Straße **Tier Saint-Antoine** hinauf. Nun erwartet uns der einzige anstrengendere Teil unserer Wanderung: ein 700 Meter langer Aufstieg, bis wir wieder den Wald erreichen. Hier folgen wir dem Weg für weitere 1,5 Kilometer. Unterwegs stoßen wir auch wieder auf die grüne Route. Vielleicht begegnen wir auch grasenden Kühen. Nach einer neu gebauten Kreuzung, an der selten Verkehr herrscht, kommen wir an einer exklusiven Wohnanlage vorbei. Bald darauf erreichen wir erneut den Wald. Sollte die Route gesperrt sein, gibt es mehrere Abzweige nach links, die uns zu einem atemberaubenden Blick auf Durbuy und das Ourthe-Tal führen.

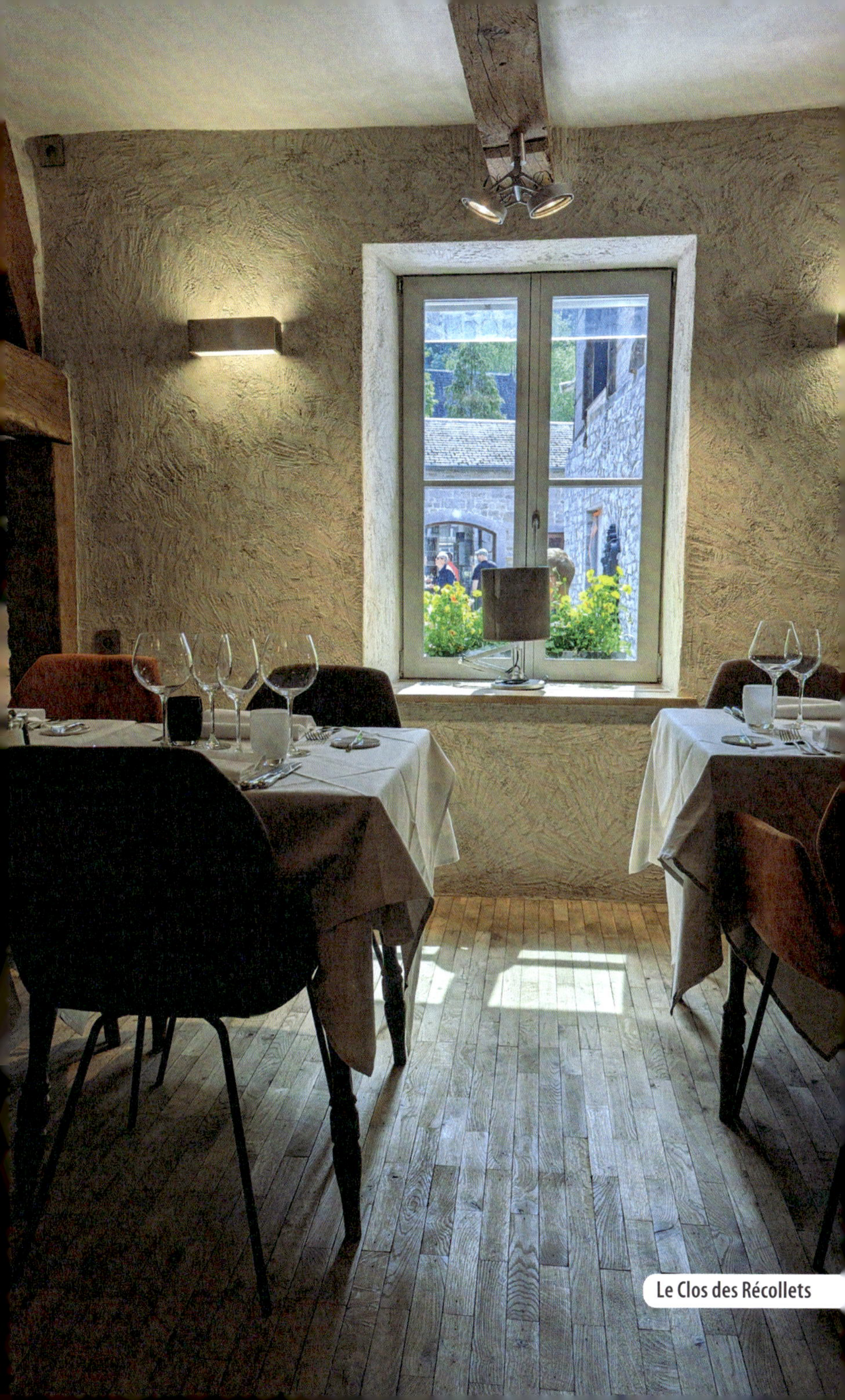

Le Clos des Récollets

Im Sommer erwarten uns am ***Le Clos des Récollets*** *draußen nett eingedeckte Tische. Drinnen empfängt uns ein schickes Restaurant mit verglastem, begehbarem Weinlager. Das Mittagsmenü ist hervorragend und der Service ausgesprochen angenehm.*

Der letzte Abschnitt wird etwas steiler, aber bis zur Stadt sind es nur noch 300 Meter. Wem der Abstieg zu anspruchsvoll erscheint, kann einen gemütlicheren Pfad wählen, der rechts von der Felswand abzweigt und leicht ansteigt. In Durbuy angekommen, sollten wir uns unbedingt auf Entdeckungstour durch die pittoresken Gassen begeben. Es gibt zahlreiche kleine Läden mit regionalen Spezialitäten. Für ein ausgedehntes Essen empfiehlt sich das Restaurant **8 Le Clos des Récollets –** ein Mittagsmenü mit Weinbegleitung kann hier durchaus zwei Stunden oder mehr in Anspruch nehmen – très chic. Wer es etwas einfacher und schneller mag, kann das **9 Aux 10 Clefs** außerhalb des Stadttrubels ansteuern.

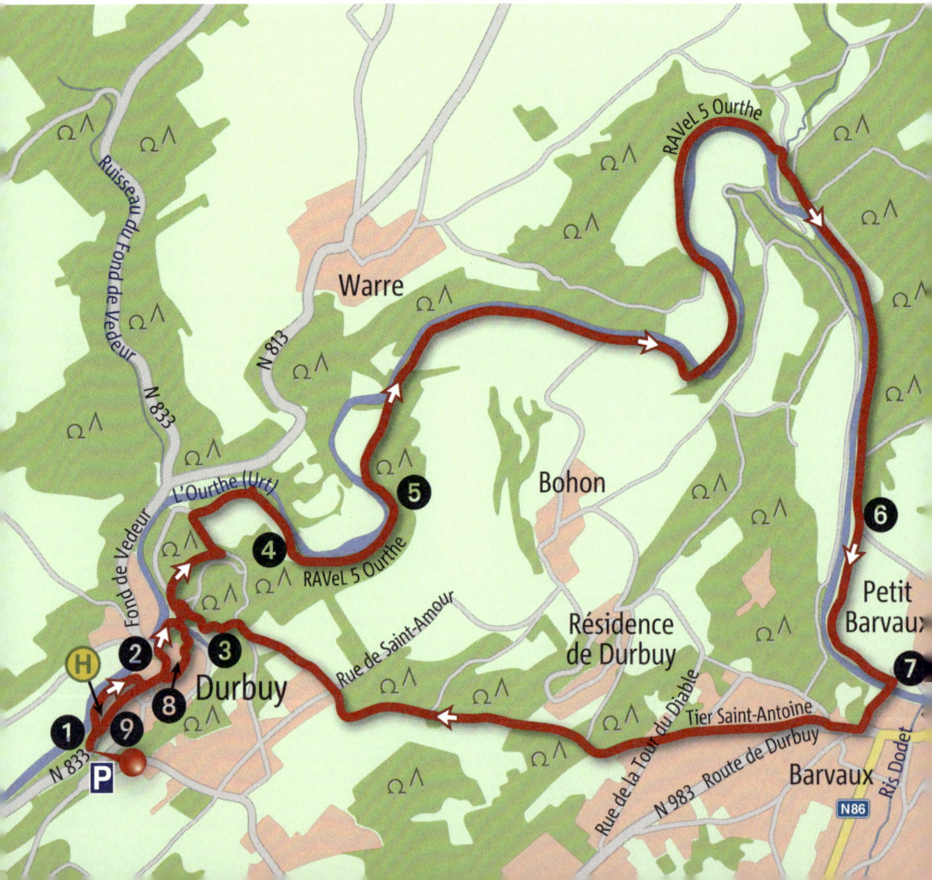

ALLES AUF EINEN BLICK

Entspannung ●●●●●
Abenteuer ●●○○○
Vielfalt ●●●●○

WIE & WANN

Weitgehend geteerte Wege, nur am Abstieg am Ende Waldboden. Am besten an einem regenfreien Tag außerhalb der Saison.

HIN & WEG

Auto: P2 Parking Philippart, 6940 Durbuy
ÖPNV: Bushaltestelle Durbuy, Route du Comte d'Ursel

ESSEN & ENTSPANNEN

6 **Friture am Campingplatz Le Rochers du Glawan,** Rue des Glawans 25, 6940 Durbuy
7 **Le Juliénas,** Parc Le Juliénas, 6940 Barvaux, Tel. +32 (86) 21 28 15
8 **Le Clos des Récollets,** Rue de la Prévôté 9, 6940 Durbuy, Tel. +32 (86) 21 29 69, www.closdesrecollets.be
9 **Aux 10 Clefs,** Rue du Compte Théodule D'ursel 41, 6940 Durbuy, Tel. +32 (86) 38 73 10, www.aux10clefs.com

ENTDECKEN & ERLEBEN

1 **Ourthe**
2 **Durbuy**
3 **Anticlinal de Durbuy**
4 **RAVeL 5 Ourthe**
5 **Roche aux Corbeaux**

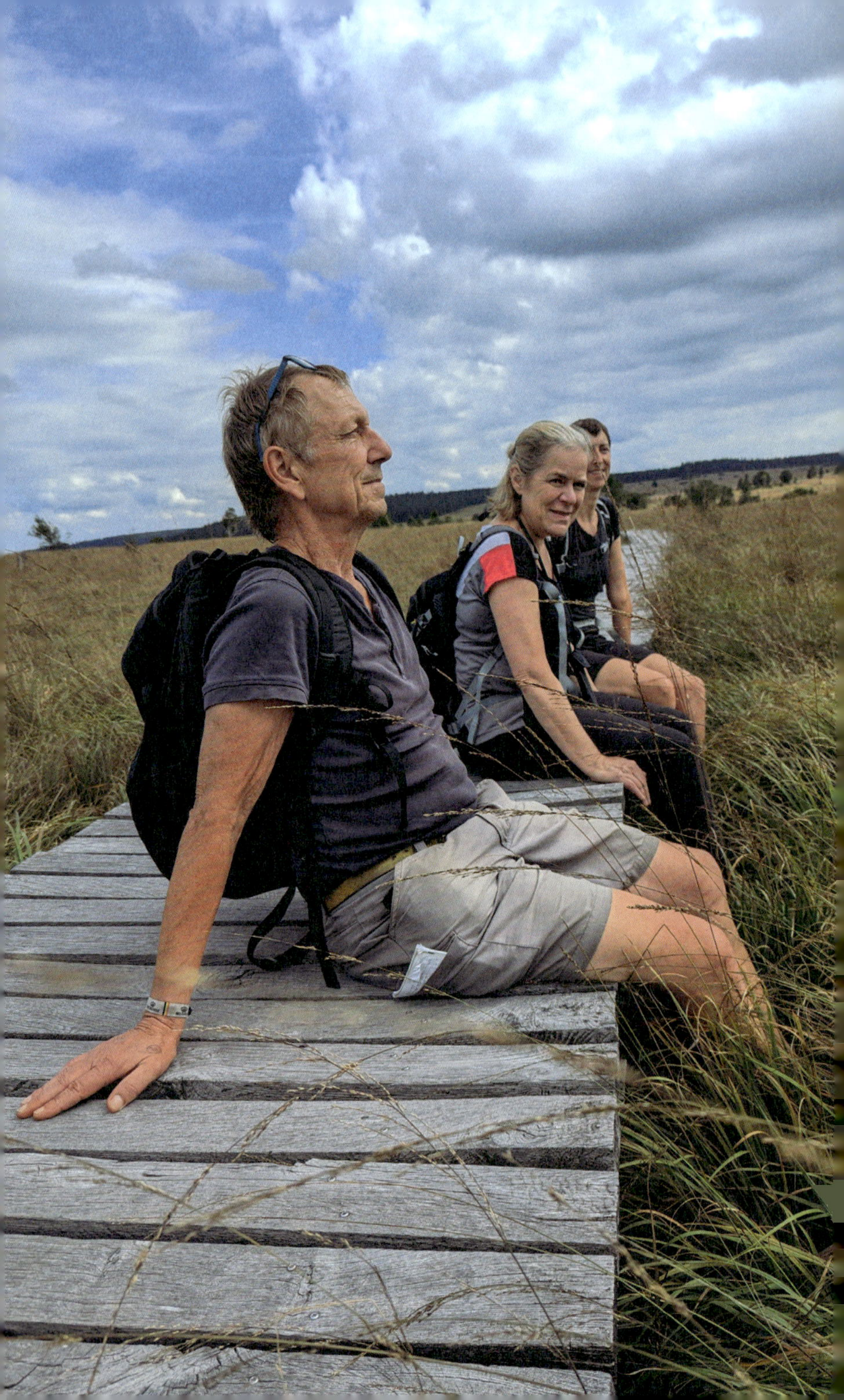

Über Stege

Um die Baraque Michel im Venn

Wir beginnen unsere Wanderung über die Wege und Stege des Hohen Venn an der ❶ **Baraque Michel** – dem für die Gegend so berühmten Gasthaus mit bester belgischer Küche. Bis 1920 befand sich hier zudem offiziell der höchste Punkt Belgiens – so groß sind die Höhendifferenzen in diesem flachen Gelände nicht. Unterwegs werden wir am neuen höchsten Punkt des Landes vorbeikommen. Zunächst gehen wir aus Richtung Eupen kommend, bis zum Ende des Parkplatzes und erblicken rechts die 1831 errichtete ❷ **Kapelle Fischbach.** Ihre Glocke wurde früher bei Nebel zur Orientierung geläutet. Ein kleiner Weg führt in Richtung der Kapelle, der mit einem **blauen Rechteck** der Gemeinde Waimes markiert ist. Dies ist die „Große Venn-Runde" auf dem „Dach Belgiens", die wir ohne nennenswerte Höhenunterschiede bewandern. Grundsätzlich könnte man diesen, etwas längeren Spaziergang auch als kulinarische Expedition bezeichnen, denn nach nur 1,5 Kilometern werden wir das frisch renovierte Restaurant Mont Rigi erreichen.

*Die **Baraque Michel**, die Michelshütte, wurde 1812 von Michel Schmitz aus Jalhay errichtet. Neben dem Gasthaus gibt es eine Friture und Übernachtungsmöglichkeiten.*

Kurz dahinter nehmen wir die Abzweigung nach links. Einige Bäume säumen den Weg und spenden im Sommer angenehmen Schatten – eine willkommene Erfrischung. Nach 200 Metern biegen wir erneut links und dann sofort wieder rechts ab. Unser Waldweg führt uns nun etwa 600 Meter geradeaus durch einen lichten Fichtenwald, eine stille Oase der Ruhe. Dann erreichen wir das ❸ **Polleur-Venn,** das sich durch seine charakteristischen Grasbüschel auszeichnet. Dieses

Kilometer: 13,3 (8,8)

Höhenmeter: 120 (80)

Stunden: 4 (2,5)

RUNDWEG

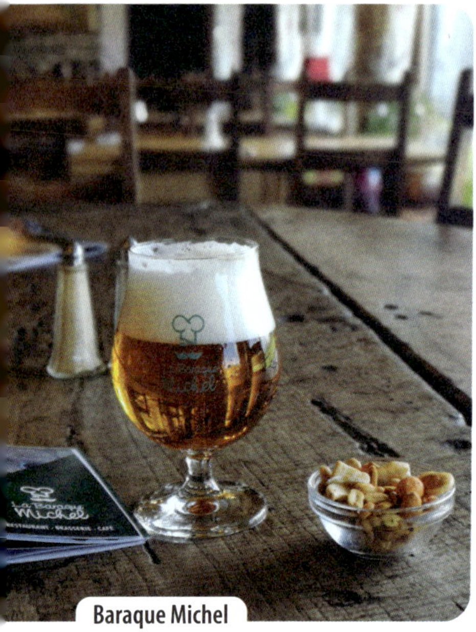

Baraque Michel

Moorland hat eine faszinierende Vergangenheit: Einst dicht bewaldet, wurde es durch menschliche Nutzung in eine offene Moorlandschaft verwandelt, bevor es trockengelegt und Fichten angepflanzt wurden. Wir folgen nun der blauen Markierung nach links, wobei das offene Polleur-Venn rechts von uns liegt. Es bietet sich ein malerischer Anblick: weites, offenes Gelände, gesäumt von einzelnen, majestätischen Bäumen, die wie Solitäre in der Landschaft stehen.

400 Meter weiter folgen wir der Markierung mit dem blauen Rechteck leicht nach rechts und entdecken schon bald eine von der Universität Lüttich errichtete **Wetterstation.** Eine nahe gelegene Tafel informiert uns über das lokale Wetter im Venn: Es ist häufig nass, mit 170 Regentagen und fast 1500 Millimetern Niederschlag jährlich. Auch Nebel ist oft unser Begleiter – fast an jedem zweiten Tag – und es ist durchschnittlich 3,2 Grad kälter als im 140 Kilometer entfernten Brüssel. Das Klima auf dieser Hochebene zeigt sich von seiner rauen Seite. 2023 wurden als Teil der Forschung hier Birkhühner aus Schweden ausgewildert, weil der lokale Bestand zurückgegangen war.

Seit 1924 untersucht die Universität Lüttich das Hohe Venn. Schon damals wurden Gebäude in der Nähe der heutigen ***Wetterstation*** *errichtet. Jetzt können hier bis zu 30 Studierende beherbergt und unterrichtet werden.*

Für die, die bereits eine Pause einlegen möchten, lädt gleich hinter der Wetterstation das ❹ **Restaurant Le Mont Rigi** zum Verweilen ein. Dieses wurde erst kürzlich nach einer Renovierungsphase wiedereröffnet. Es lohnt sich, im Voraus zu planen, wo und wann wir eine ausgedehnte Mahlzeit einlegen möchten.

Wenn wir unseren ursprünglichen Weg am Moor fortsetzen, stoßen wir zügig auf einen etwa 600 Meter langen ❺ **Holzsteg.** Diese Bohlenwege durch das Hochmoor sind besonders beliebt und auch für Kinderwagen mit großen Rädern geeignet, sofern der Weg trocken ist. Das Wandern über die Stege ist ein Vergnügen und unterstreicht die Leichtigkeit, mit der wir uns durch die Landschaft bewegen. Da es auf unserer Route keine Bänke gibt, bieten die Stege mit ihrer Bodenfreiheit eine willkommene Gelegenheit für eine Pause. Bald darauf erreichen wir einen Abzweig nach links – wieder ein Steg, dem wir der Markierung folgend nachgehen.

Für die Seele
Es geht über Bohlenwege und Pfade durch das Hohe Venn – ein kleines Abenteuer ohne Anstrengung.

Nachdem der Steg endet, müssen wir die N 68, die **Route de la Baraque Michel,** überqueren. Gegenüber beginnt ein Weg, der bei Trockenheit auf einem wunderbar weichen Torfuntergrund verläuft. Dieses Gehgefühl ist so angenehm, dass wir am liebsten unentwegt weitergehen würden – weich und federnd, eine nicht enden wollende Beschwingtheit. Dieser Wegabschnitt ist etwas ganz Besonderes und Seltenes. Bei Feuchtigkeit kann der Weg allerdings recht matschig werden. Manchmal wirken große Pfützen wie unüberwind-

Kapelle Fischbach

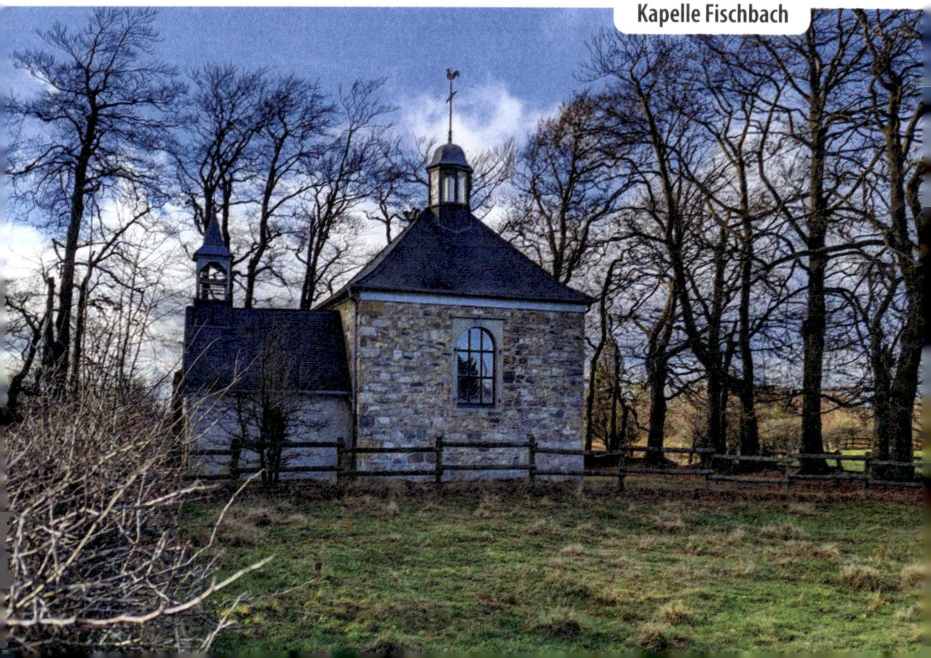

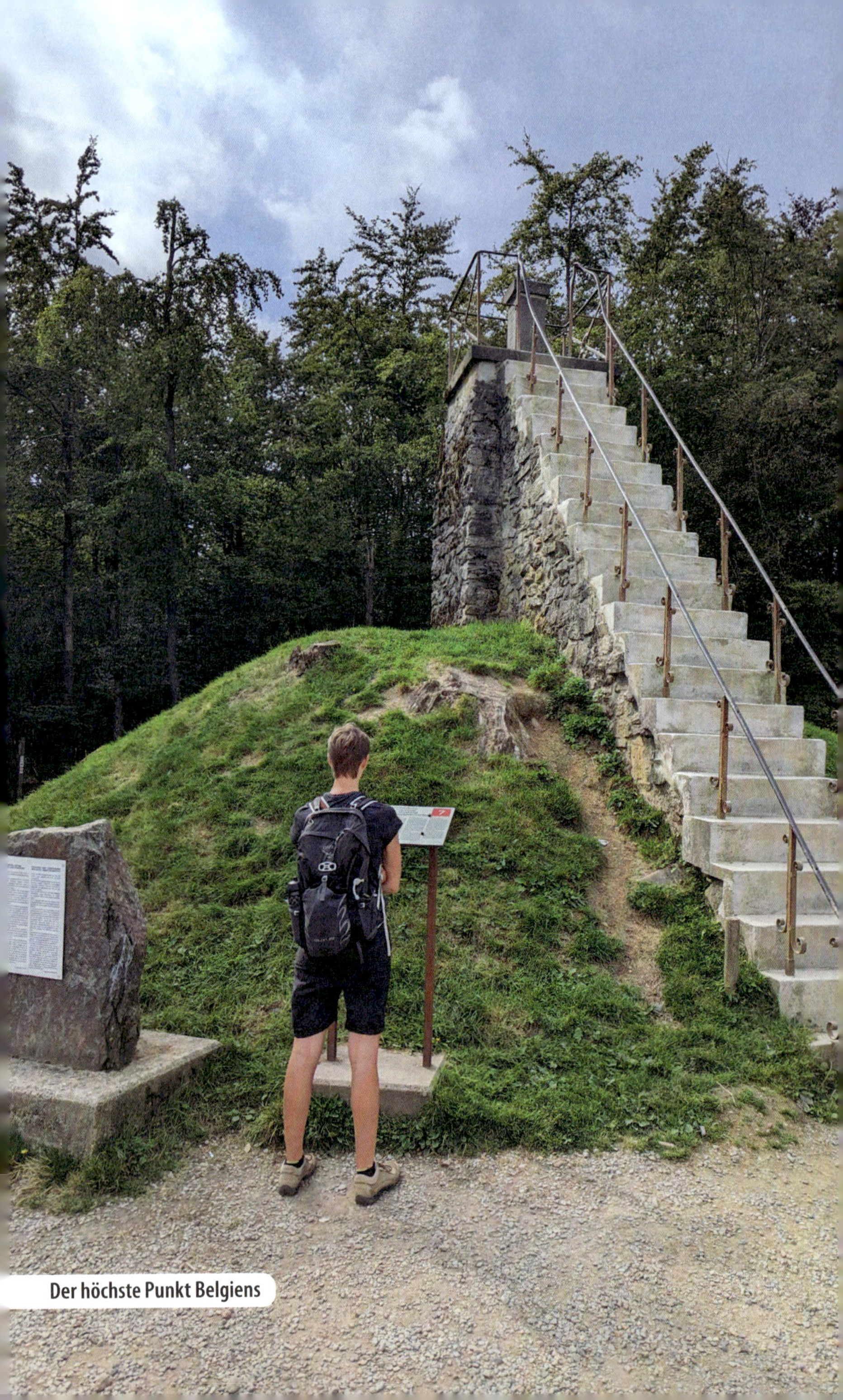

Der höchste Punkt Belgiens

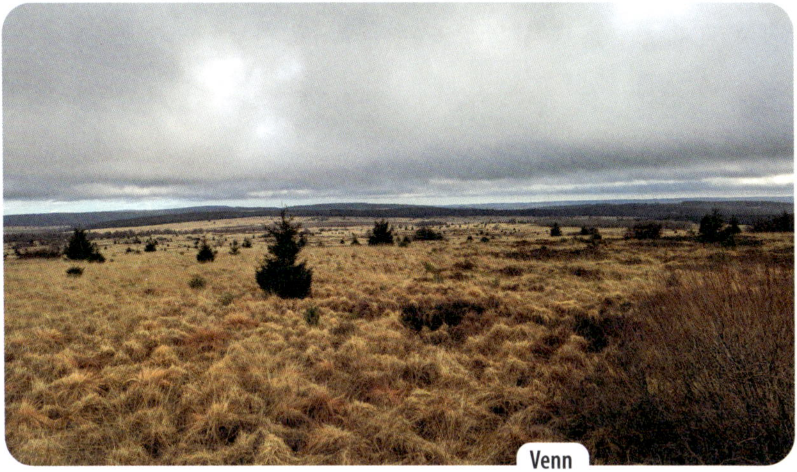

Venn

bare Hindernisse, in denen sich bei Windstille die flache Moorlandschaft spiegelt. Früher verliefen hier Stege, und genau dort, wo jetzt große Pfützen auftreten, finden sich oft noch alte Stegreste neben dem Weg, auf denen wir den Pfützen ausweichen können.

Bei windigem Wetter im Winter freuen wir uns bereits auf ein heißes Getränk im nächsten Gasthaus. Ab der Straße wandern wir den geraden Weg etwa 700 Meter weiter, bevor wir an einer Kreuzung der Markierung folgend nach links abbiegen. Der leichte Anstieg auf dem weichen Untergrund ist etwas anstrengender, aber das federnde Gefühl bleibt wunderbar. Fast bedauerlich ist es, nach nur 600 Metern vor dem Wald nach rechts abbiegen zu müssen und auf festerem Boden weiter zu schlendern. Nur 200 Meter weiter leitet uns die Markierung nach links, und kurz dahinter erblicken wir den **6 höchsten Punkt Belgiens –** einen Erdhügel am **Signal de Botrange,** der 1923 zu Ehren des zuständigen Hochkommissars, Generalleutnant Baron Baltia, aufgeschüttet wurde. Mit 700 Metern über Meeresspiegel übertrifft er knapp die vorherige Höhe von 694 Metern. Abseits der Route, etwa 2,5 Kilometer weiter die N 676 in Richtung Sourbrodt, liegt die **Peak-Brauerei.** Dort

*Mit der **Baraque Michel,** dem **Restaurant Le Mont Rigi** und der **Peak-Brauerei** haben wir eine hervorragende Auswahl an Lokalitäten. Erstere hat die längste Tradition, zweitere ist neu mit sehr guter Logis und die Brauerei offeriert ein besonderes Bier.*

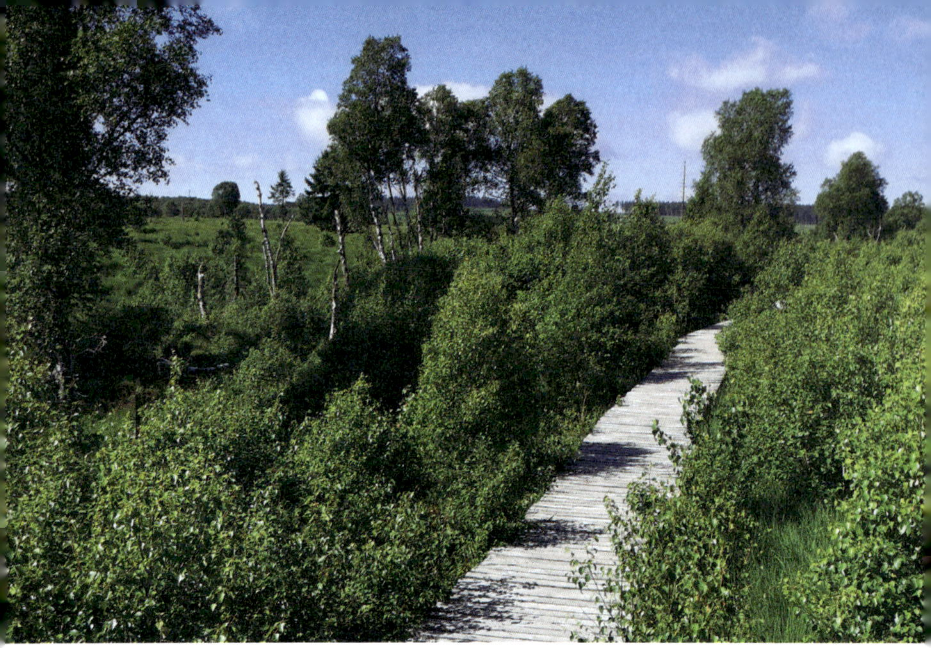

wird das belgische Gipfel-Bier gebraut, das bei durchgängiger Gastronomie genossen werden kann.

An der N 676 angekommen, gehen wir etwas nach links und danach rechts über den Zebrastreifen. Sofort erblicken wir vor uns ein 7 **Aussichtspodest,** auf das wir unbedingt gehen sollten. Von dort haben wir einen wunderschönen Blick über das Venn nach Nordosten. Einzelne Nadelbäume stehen in der begrasten Moorlandschaft und am Horizont schließt sich der Wald an. Auch wenn wir wissen, dass Menschen für diese so erstaunliche Flora verantwortlich sind: Es fühlt sich nach einem Stück unberührter Natur an, das wir auch noch auf den nächsten Kilometern erkunden dürfen. Wir folgen der Markierung mit dem blauen Rechteck nach links und schlendern etwa 400 Meter weiter, um an einer Kreuzung wieder nach links abzubiegen. Es sind nur 100 Meter, bis wir nach rechts abbiegen müssen und weiter der blauen Markierung folgen. Wir wandern nun insgesamt knappe 2 Kilometer mit leichtem Gefälle geradeaus. Etwa nach der Hälfte dieser Strecke geht der Forstweg wieder in einen **Bohlenweg** über, auf dem wir wunderbar entlangspazieren können, bis wir zu einer T-Kreuzung kommen.

Wer sich schon unbändig auf ein Mahl in der Baraque Michel freut, biegt an der T-Kreuzung links ab, folgt der ***blauen Markierung*** *für 1,7 Kilometer und darf ungefähr die Hälfte davon noch über Bohlen wandeln.*

Wer an dieser Stelle noch Lust auf ein kleines Abenteuer hat, kann sich auf eine etwa 4,5 Kilometer lange Schleife durch das kaum begangene Torfmoor der **8 Fagne des Deux-Séries** begeben. Seit dem Signal de Botrange folgen wir nicht nur der Venn-Runde, sondern auch dem Weg der Venntrilogie, einem neuen 109 Kilometer langen Fernwanderweg durch Ostbelgien. Wir biegen rechts ab und folgen dem Bohlenweg, der etwa 1,5 Kilometer entlang des **Hill-Bachs** abwärtsführt. Zuerst passieren wir einen historischen **Grenzstein,** während das Wasser stets neben uns plätschert und der Wind über die Hochebene weht – windstill ist es hier selten und im Winter kann er unangenehm pfeifen. Etwa 560 Meter weiter gelangen wir an eine Gabelung an einer großen Pfütze. Glücklicherweise führt die Venntrilogie entlang dieser Route, was zur Reparatur des Stegs führte. Es geht links weiter auf einem deutlich erkennbaren, aber **unmarkierten Pfad,** der leicht ansteigt und regelmäßig begangen wird. Hier sind deutlich weniger Wanderer unterwegs als auf der Venn-Runde. Wir wandern über das schwingende Torfmoor, im Juni und Juli vorbei an blühendem Wollgras. Ab und zu sehen wir einen einsamen Baum in der Landschaft. Nach 1 Kilometer erreichen wir eine Kreuzung, an der wir links abbiegen. Geradeaus würde es in die **Zone C** des Venn gehen, die nur mit einem Führer betreten werden darf. Der Pfad führt uns an Baumgerippen vorbei, die im

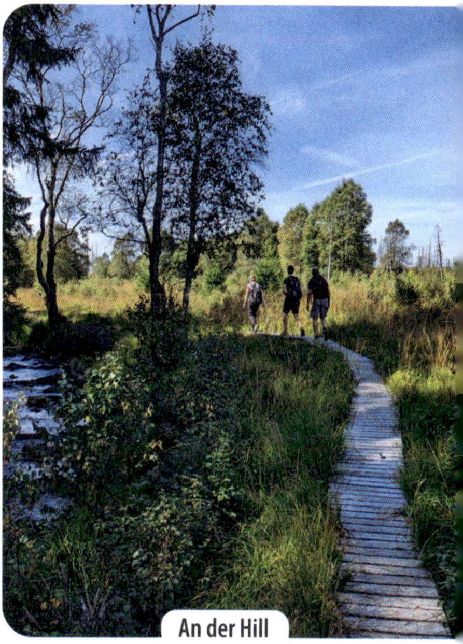

An der Hill

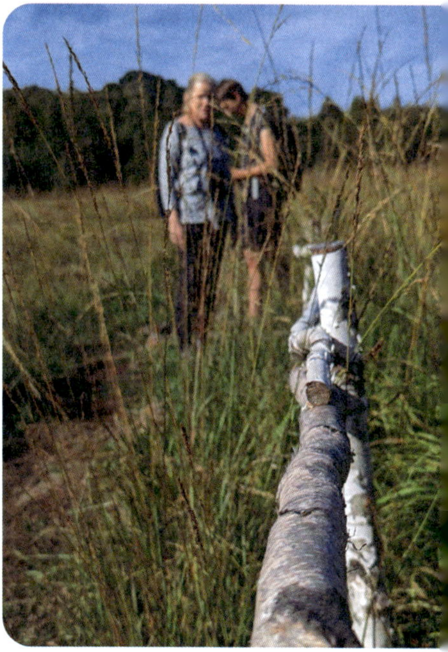

Nebel gespenstisch, bei Sonnenschein jedoch faszinierend wirken. Gelegentlich kommt es hier zu Bränden, die fast zeichnerisch anmutende Gehölze hinterlassen. Wir folgen dem Pfad und orientieren uns bei Unklarheiten an in den Boden eingeschlagenen Pfosten, um den richtigen Weg zu finden. Nach 500 Metern biegt der Pfad links ab und führt nach weniger als 1 Kilometer zurück auf den Bohlenweg. Hier gehen wir nach rechts und folgen dem Weg zurück zur Baraque Michel. Nach etwa 300 Metern passieren wir die Stelle, an der wir zu der Abenteuerschleife abgebogen sind. Nun gehen wir geradeaus weiter und folgen der blauen Markierung bis zum etwa 1,7 Kilometer entfernten Restaurant.

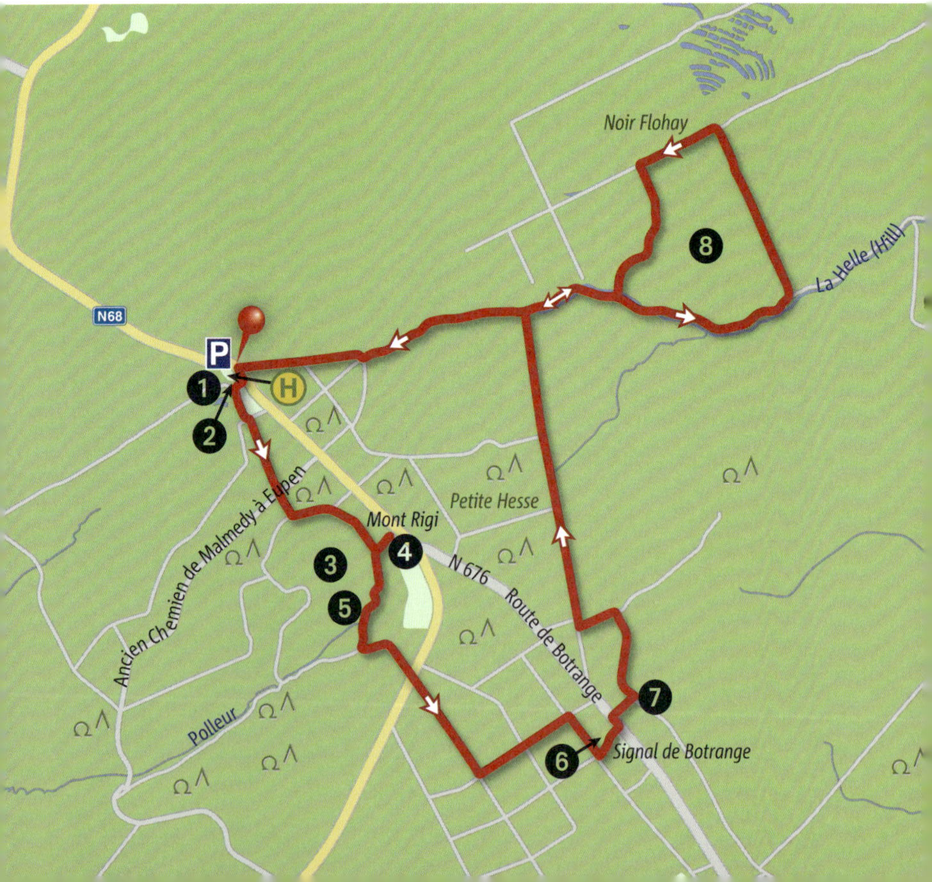

ALLES AUF EINEN BLICK

Entspannung ●●●●●
Abenteuer ●●●●○
Vielfalt ●●●●○

WIE & WANN

Meist weiche Wald- und Moorwege, längere Abschnitte auf Bohlen und Stegen. Ganzjährig möglich, aber von April bis Ende Oktober am schönsten, wenn auch viel begangen. Bei längeren Trockenzeiten werden einige Bereiche gesperrt. Hunde sind nicht erlaubt.

HIN & WEG

Auto: Parkmöglichkeiten an der Baraque Michel an der N 68 zwischen Eupen und Malmedy
ÖPNV: Bushaltestelle Baraque Michel

ESSEN & ENTSPANNEN

1. **La Baraque Michel,** Baraque Michel 36, 4845 Jalhay, Tel. +32 (80) 44 48 01, www.baraquemichel.com
4. **Le Mont Rigi,** Rue de Botrange 135, 4950 Waimes, Tel. +32 (80) 60 20 20, www.mrigi.be

Abseits der Route empfehlenswert:
Brasserie Belgium Peak Beer, Route de Botrange 123, 4950 Waimes, Tel. +32 (80) 21 48 76, www.peakbeer.be

ENTDECKEN & ERLEBEN

2. **Kapelle Fischbach**
3. **Polleur-Venn**
5. **Holzstege durch das Venn**
6. **Höchster Punkt Belgiens**
7. **Aussichtspodest**
8. **Fagne des Deux-Séries**

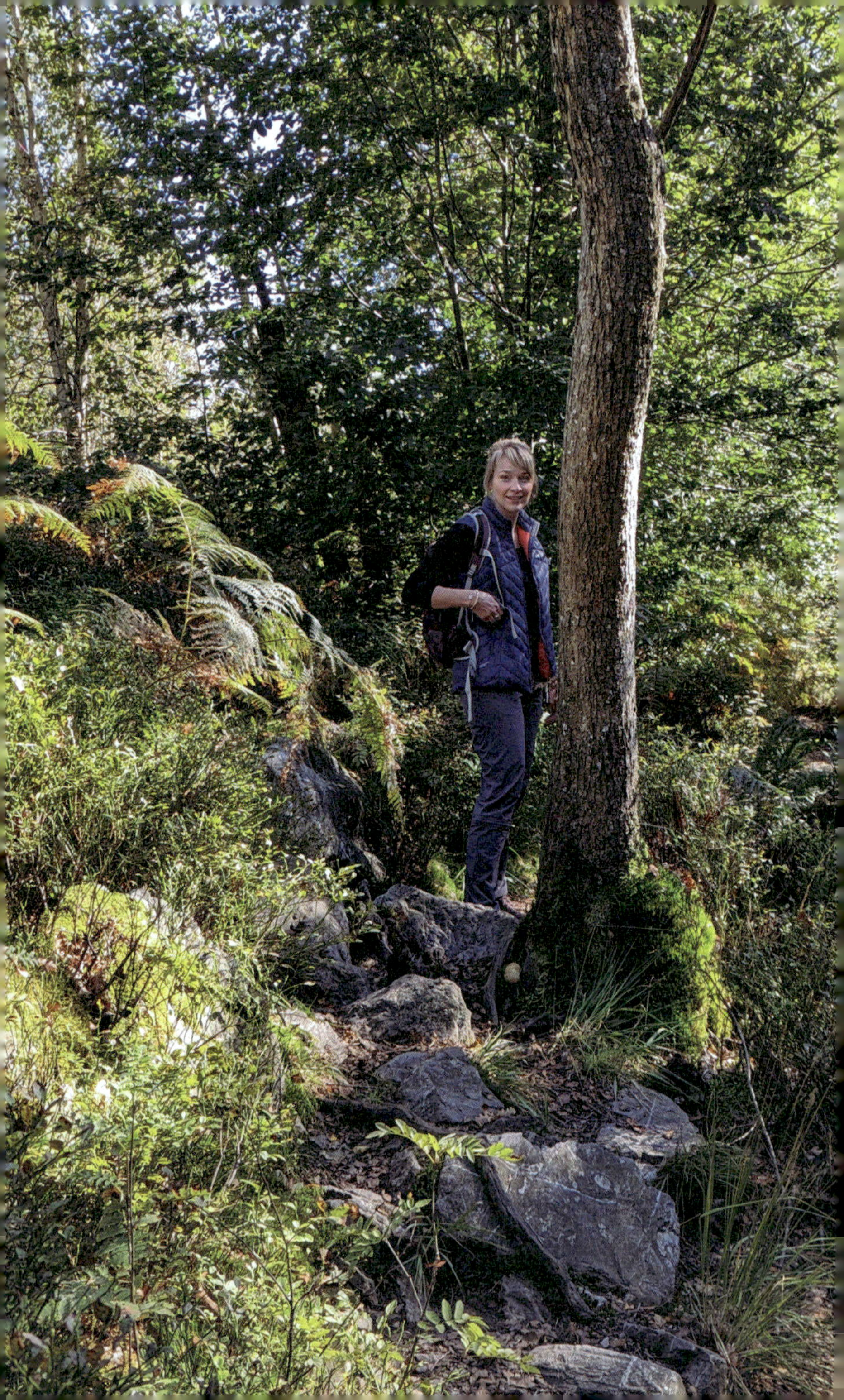

Alpine Pfade

Die Trôs-Marets-Schlucht

Von der Ferme Libert aus starten wir unsere Wanderung in Gegenrichtung und folgen dem sanft geschwungenen Weg, gekennzeichnet durch die graubeige Markierung des ❶ **Fernwanderwegs Venntrilogie.** Schon vom ersten Schritt an fühlen wir den weichen Boden des Nadelwalds unter unseren Füßen, eine perfekte Einladung, sich inmitten der leicht bewaldeten Landschaft einzulaufen. Das Zwitschern der Vögel und das Spiel des Sonnenlichts zwischen den Ästen erwecken unsere Sinne. Nach knapp 500 Metern neigt sich der Weg sanft nach unten und führt uns zu einer Kreuzung. Wir folgen der Markierung der Venntrilogie sowie einem **blauen Rechteck** nach links. Bald lichtet sich der Wald und das Gelände öffnet sich vor uns. Während wir freudig den Pfad entlangschlendern, begleitet uns das leise Rauschen des ❷ **Trôs-Marets-Bachs** erst von weiter unten, dann immer näher bei uns.

*Im Venn fließen rötlich schimmernde Bäche wie der **Trôs-Marets-Bach,** denen Huminsäuren eine fast magische, rostige Farbe verleihen. Diese Säuerlinge zeugen von der tiefen Verbindung zwischen Erde und Wasser, eine Symphonie aus Farbe und Natur.*

Nach weiteren 500 Metern verwandelt sich der Weg in einen schmalen Pfad, der uns tiefer in den Wald führt. Auf diesem verwurzelten Weg zu wandern, erinnert an Alpenpfade, nur überraschend flacher. Trotz der erforderlichen Konzentration genießen wir die Leichtigkeit dieser Strecke. An den wenigen anspruchsvolleren Stellen helfen uns kleine Brücken über Bächlein oder in Fels verankerte Kabel, stets ein Gefühl von Sicherheit zu bewahren. Nach insgesamt weniger als 2 Kilometern erreichen wir einen der Höhepunkte unserer Wanderung: eine ❸ **große Brücke über den Bach.** Wir verweilen, um den Anblick des

Kilometer: 9,5
Höhenmeter: 200
Stunden: 4
RUNDWEG

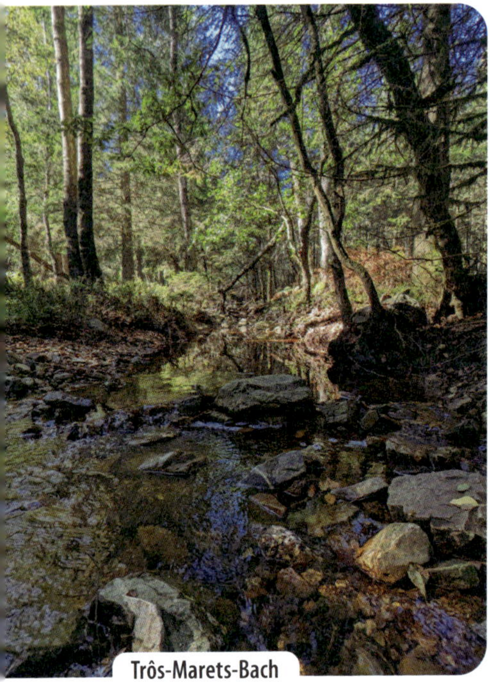
Trôs-Marets-Bach

bräunlichen Wassers zu genießen, und fragen uns scherzhaft, ob die Belgier ihr berühmtes Brune-Bier vielleicht wegen der Farbe des Wassers brauen, die durch das Venn und den hohen Eisenanteil beeinflusst wird. Nach diesem Moment der Ruhe setzen wir unsere Wanderung fort und durchqueren 1,5 Kilometer des wildromantischen Tals der **Trôs-Marets-Schlucht.**

Ein kleines Abenteuer erwartet uns bald. Keine 200 Meter hinter der Brücke erblicken wir Kabel, die sicher in der Wand verankert sind. Dank der sorgfältigen Wegführung des **Fernwanderwegs der Venntrilogie** können wir entspannt über frisch renovierte Stege schreiten. Selbst wenn der Boden einmal rutschig wird, gibt uns ein Kabel zur Rechten ein beruhigendes Gefühl der Sicherheit. Der Pfad, deutlich besser gepflegt als noch vor einigen Jahren, führt uns entlang des gurgelnden und spritzenden Wassers. Die Umgebung wirkt urwüchsig, fast unberührt, wie das Tal selbst; eine Reise durch Zeit und Natur. Langsam erklimmen wir 100 Höhenmeter auf einem 1,5 Kilometer langen Anstieg und werden dabei stets mit neuen Eindrücken belohnt. Mal ist es das Sonnenlicht, das sich im Bach spiegelt, mal die Vielfalt an Pilzen im Herbst. Über den Weg liegende, dicke Baumstämme bieten ein leichtes Hindernis, das wir mühelos überwinden. Die Route bleibt abwechslungsreich; wir folgen weiter der blauen Markierung, bis eine Wiese durch die großen Fichten hindurch rechts von uns sichtbar wird und uns die Markierung nach links leitet.

*Der **Premium-Fernwanderweg Venntrilogie** verbindet über 109 Kilometer drei Regionen in sechs Etappen. Er führt durch Wiesen, Wälder und das Hohe Venn. Unterwegs erlebt man natürliche Wunder, historische Orte wie das Hill-Tal und Schloss Reinhardstein.*

Wir kommen über eine **kleine Brücke** auf einen Wirtschaftsweg und bald fließt der Trôs-Marets-Bach wieder zu unserer Linken. Der Weg führt uns zunächst leicht bergab und dann wieder bergauf, bis wir nach weniger als 1 Kilometer eine ❹ **Bank direkt am Bach** erreichen – ein wahrhaft idyllischer Ort für ein Picknick auf halber Strecke unserer Wanderung. Lasst uns also hier entspannen, die Ruhe genießen und in Genussmomenten schwelgen.

Wir folgen weiter der blauen Markierung, überqueren eine kleine Brücke und biegen dahinter links in einen Waldweg ein. Hier eröffnet sich uns ein völlig neues Bild: Ein Waldstück mit beeindruckend hohen Nadelbäumen breitet sich vor uns aus. Entspannt schlendern wir auf dem flachen Pfad, der sich nach den intensiven Eindrücken des Trôs-Marets-Tals wohltuend ruhig anfühlt. Etwa 500 Meter nach unserer Bank weist uns die blaue Markierung nach links auf den direkten Weg zurück zur

Für die Seele

In flachem, doch alpin wirkendem Gelände bieten Wälder, Bäche und renaturiertes Moor vielfältige Erlebnisse.

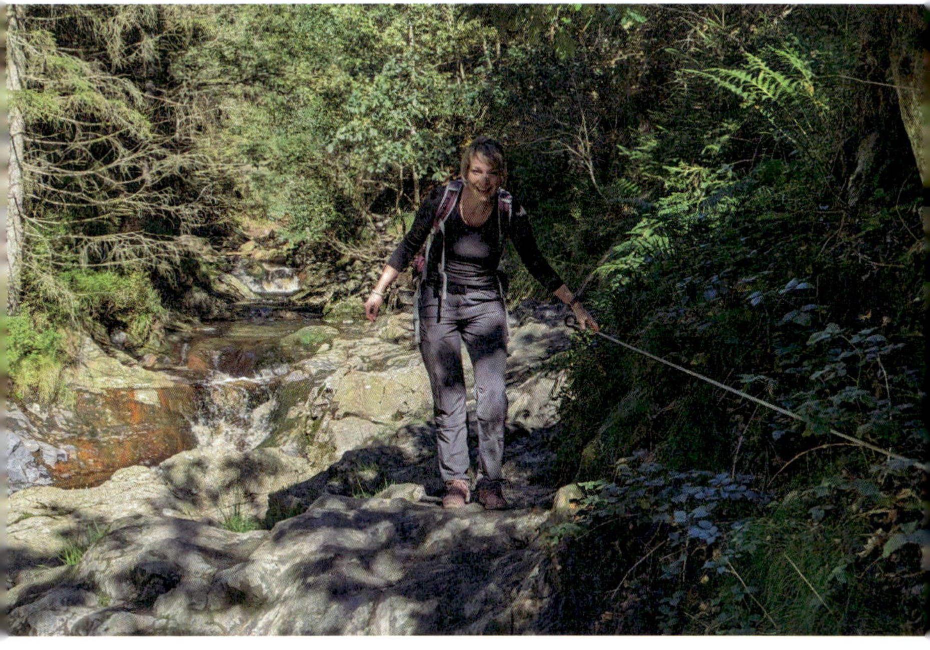

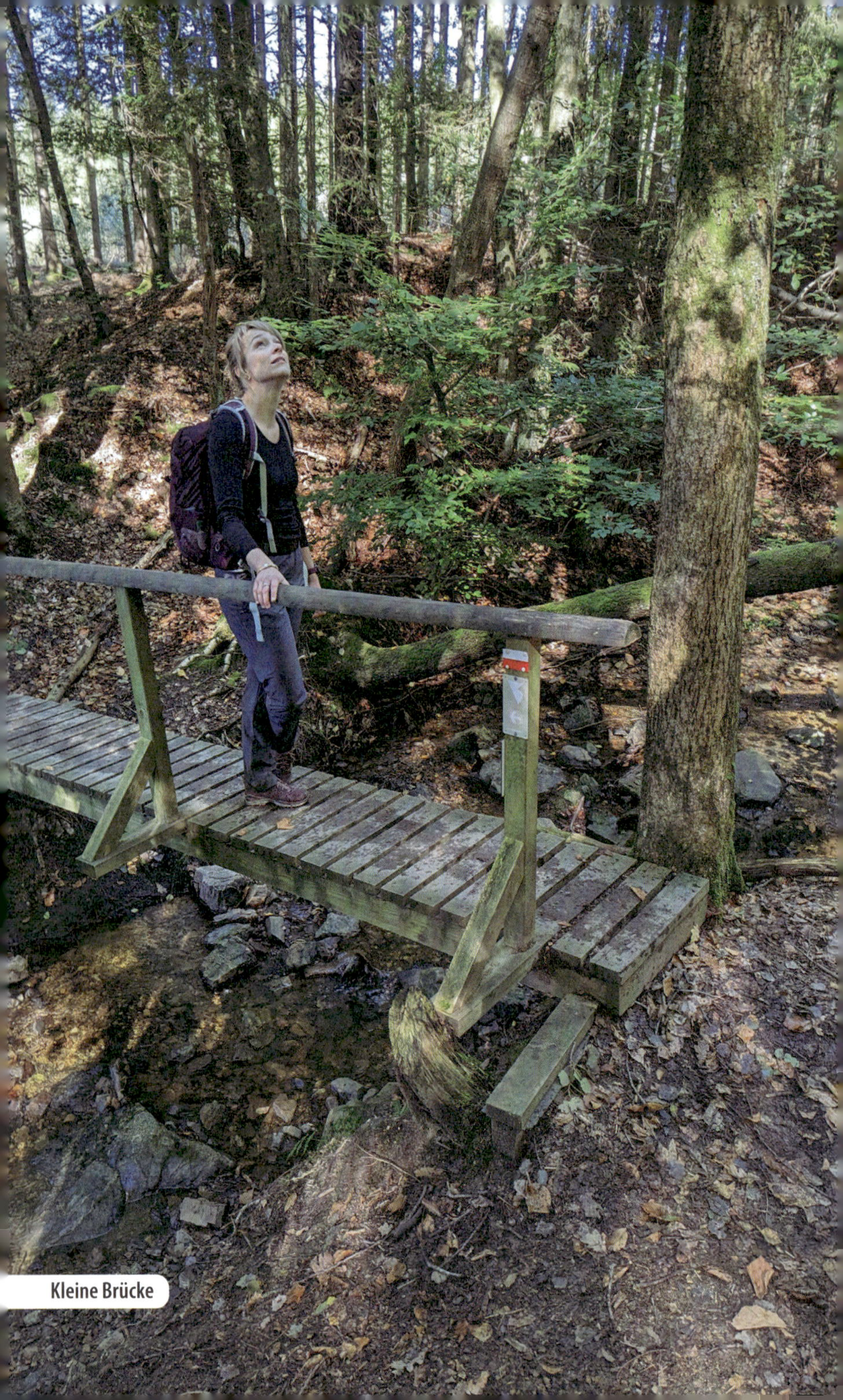

Kleine Brücke

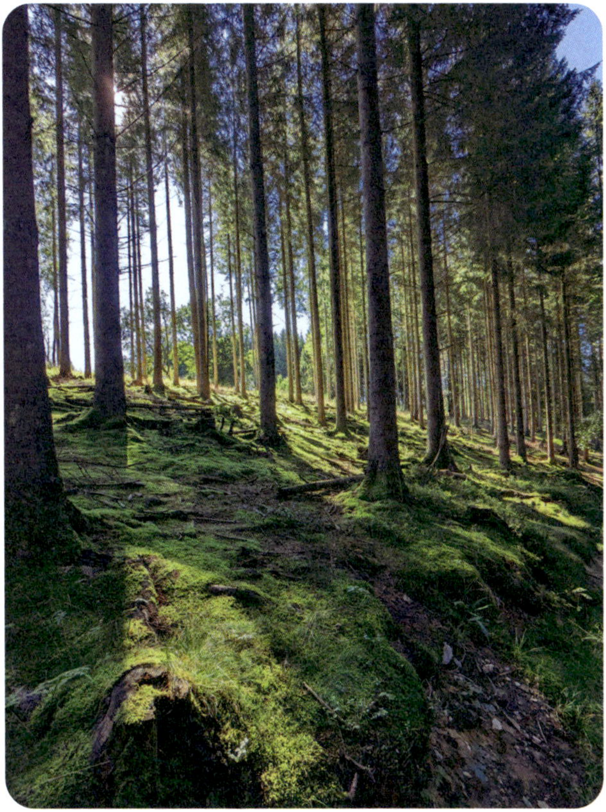

Ferme. Doch wir wählen den geraden Weg, der leicht abfallend durch den Wald führt. Nach weiteren 300 Metern öffnet sich das Gelände wieder. Im Mai und Juni leuchtet hier der Ginster, und am Wegesrand zeugen die Schnittkanten großer Fichten von früherer Aktivität. Hier finden wir, falls die Bank belegt war, einen gemütlichen Rastplatz – doch eine Überraschung wartet noch auf uns.

Der Fichtenwald wurde im Rahmen eines großen ❺ **Renaturierungsprojekts** gerodet. An der nächsten Kreuzung, an der eine Infotafel das Projekt näher erklärt, folgen wir einem **grünen Rechteck** geradeaus. Dieser Abschnitt ist besonders lohnend: Der Weg wird

*Im 19. Jahrhundert pflanzte man im Hohen Venn Fichten und entwässerte das Moor. Heute ersetzt man sie im Rahmen eines **Renaturierungsprojekts** durch heimischen Laubwald wie Moorbirken und Buchen. Diese Bäume dienen künftig als Saatgutquellen.*

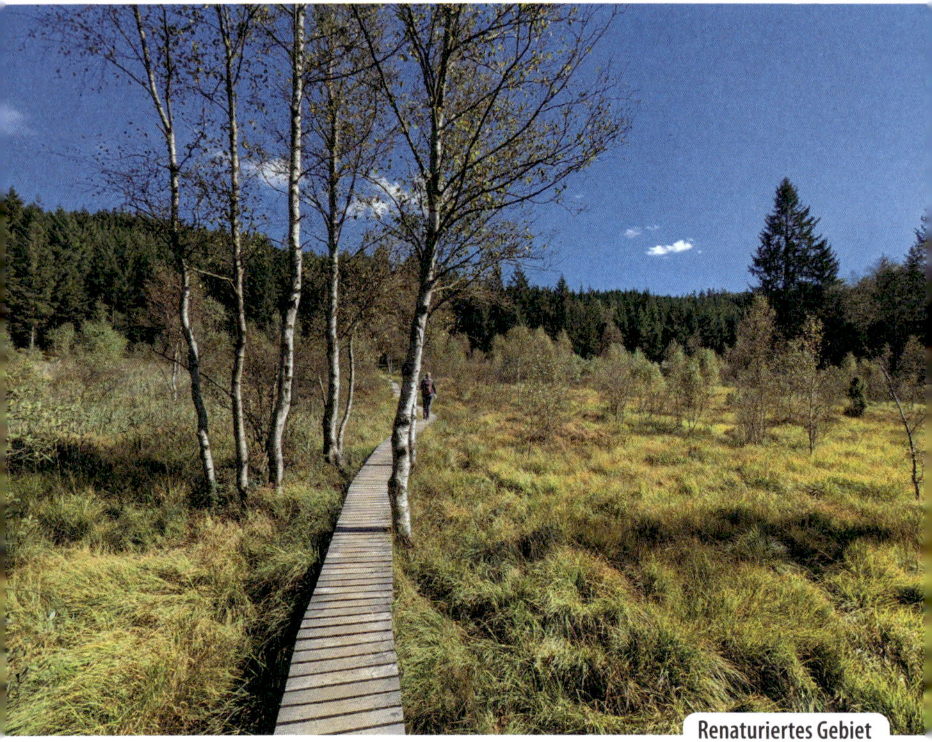

Renaturiertes Gebiet

bald zu einem romantischen Pfad durch lichtes Laubgehölz, ideal auch an heißen Sommertagen. Wir wandern auf weichen Pfaden, bis wir ein **Schutzhäuschen** erblicken – ein perfekter Unterschlupf, falls wider Erwarten Regen einsetzt.

Nun wenden wir uns nach links und folgen dem Lauf eines Baches. Der Pfad wird hier etwas abenteuerlicher: Wir klettern über Wurzeln und kleine Felsen, begleitet vom stetigen Rauschen, Gurgeln und Plätschern des bräunlichen Wassers. In fast jeder Jahreszeit sind die Stimmen der Vögel zu hören. Im Spätsommer und Frühherbst sind die Waldböden gesprenkelt mit Pilzen wie den Birkenröhrlingen. Vielleicht lockt uns einer der Felsen zu einer kleinen Rast. Das Gelände öffnet sich nun und weitet sich zu einem Moor.

Hinter dem Schutzhäuschen folgen wir etwa 500 Meter weit dem unebenen Pfad, bis wir auf einen schmalen, etwa 100 Meter langen ❻ **Bohlenweg** stoßen. Hier säumen Birken den Weg – Zeugen der Renaturierungsmaßnahmen. Nach diesem kurzen Abschnitt biegen wir links auf einen Waldweg ab, der zunächst am Waldrand entlangführt. Sollte er matschig sein, können wir einfach in den Wald ausweichen. Nach 400 Metern zweigt links ein weiterer Bohlenweg ab. Es lohnt sich, hier einen Abstecher zu machen, denn dies ist ein wahrhaft idyllischer Ort! Besonders beeindruckend ist eine dicke Eiche. Übrigens: Das Foto der blonden Dame entstand etwa 400 Meter nach dem Einbiegen in diesen Waldweg, links auf einem weiteren Bohlenweg.

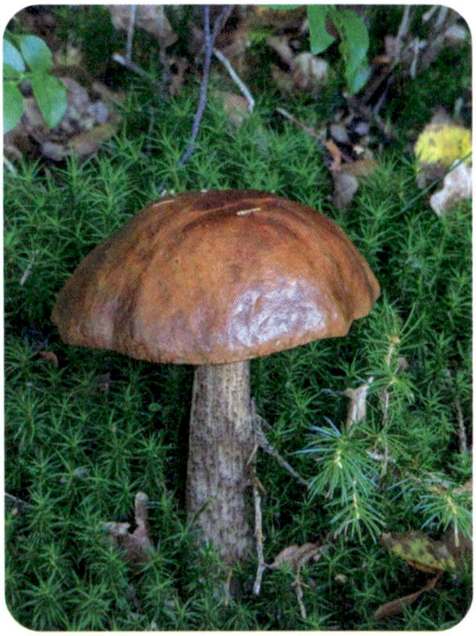

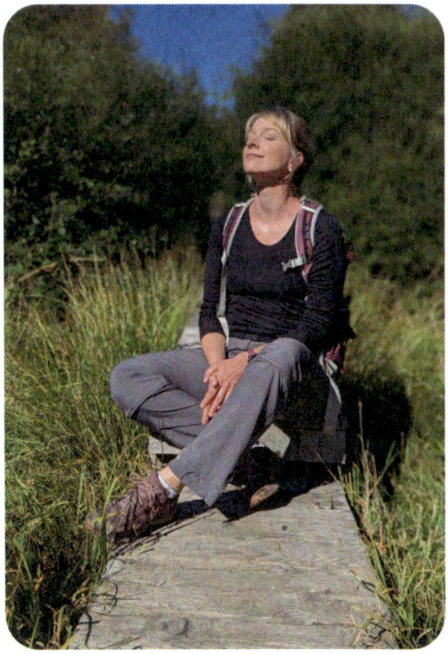

Nach dem Abstecher auf dem Bohlenweg erwarten uns noch rund 2 Kilometer bis zum Ziel. Zunächst führt uns der Weg durch den Wald, der mal von weichem Boden, mal von verwurzelten Pfaden geprägt ist. Wir genießen entspannt die leichte Steigung. Bald öffnet sich das Gelände, und nach etwa 500 Metern stößt von links ein Weg hinzu, gekennzeichnet mit dem uns bekannten blauen Rechteck der kurzen Trôs-Marets-Runde. Gemütlich nähern wir uns dem Ende unserer Wanderung und erreichen nach weiteren 500 Metern eine Kreuzung mit einem Wegekreuz. Hier folgen wir halb links der blauen Markierung zwischen Wiesen und Wald bergab. Je nach Jahreszeit begrüßen uns weidende Kühe und kurz vor der Ferme Libert begegnet uns links ein Hirschgehege. Die Vielfalt der Eindrücke auf dieser Wanderung ist einfach überwältigend.

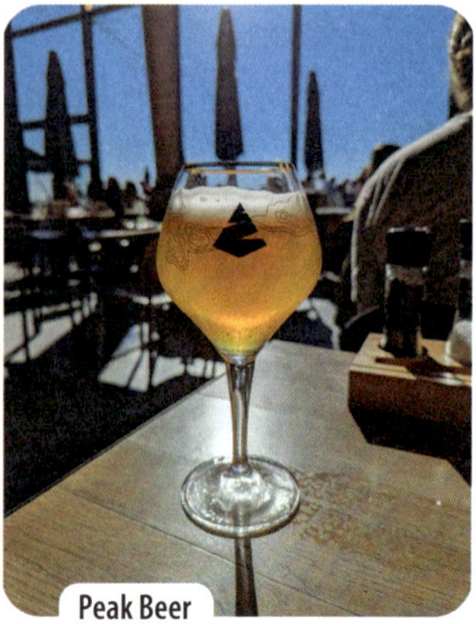

Den perfekten Abschluss dieser Tour bietet eine Einkehr im Restaurant der **7 Ferme Libert,** dem **Marie-Catherine,** die zur Mittagszeit und am Wochenende empfehlenswert ist. Für weitere kulinarische Entdeckungen bietet Malmedy zahlreiche Restaurants. Schokoladenliebhaber sollten unbedingt **MChocolate** besuchen – ein Paradies für süße Gaumenfreuden. Wem der Sinn nach Bier und einem Panoramablick über die Region steht, findet dies in der einige Kilometer entfernten **Peak Beer,** Belgiens höchstgelegener Brauerei, ein Muss. Ihre Brasserie ist durchgehend geöffnet.

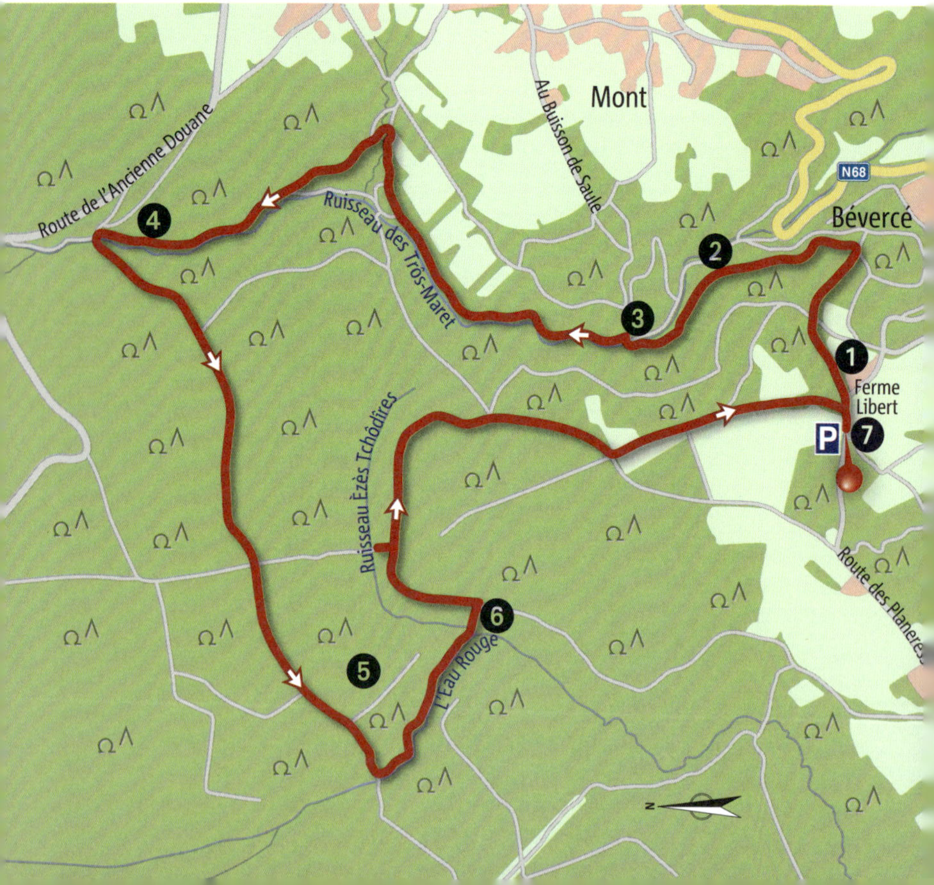

ALLES AUF EINEN BLICK

Entspannung
Abenteuer
Vielfalt

WIE & WANN

Fast ausschließlich Pfade und weiche Waldwege, eine kurze Passage auf Fels und eine auf einem Bohlenweg. Von Ostern bis in den Herbst hinein ist diese Wanderung wunderbar.

HIN & WEG

Auto: Parkplatz an der Ferme Libert, Route de la Ferme Libert 33, 4960 Malmedy
ÖPNV: Keine Anbindung an die Strecke

ESSEN & ENTSPANNEN

7 **Ferme LIbert, Le Marie-Catherine,** Route de la Ferme Libert 33, 4960 Malmedy, Tel. +32 (80) 78 51 69

Abseits der Route empfehlenswert:
MChocolate, Place Albert Ier 33, 4960 Malmedy, Tel. +32 (80) 39 93 15, www.mchocolate.be
Brasserie Belgium Peak Beer, Route de Botrange 123, 4950 Waimes, Tel. +32 (80) 21 48 76, www.peakbeer.be

ENTDECKEN & ERLEBEN

1 **Fernwanderweg Venntrilogie**
2 **Trôs-Marets-Bach**
3 **Große Brücke über den Bach**
4 **Bank direkt am Bach**
5 **Renaturierungsprojekt**
6 **Bohlenweg**

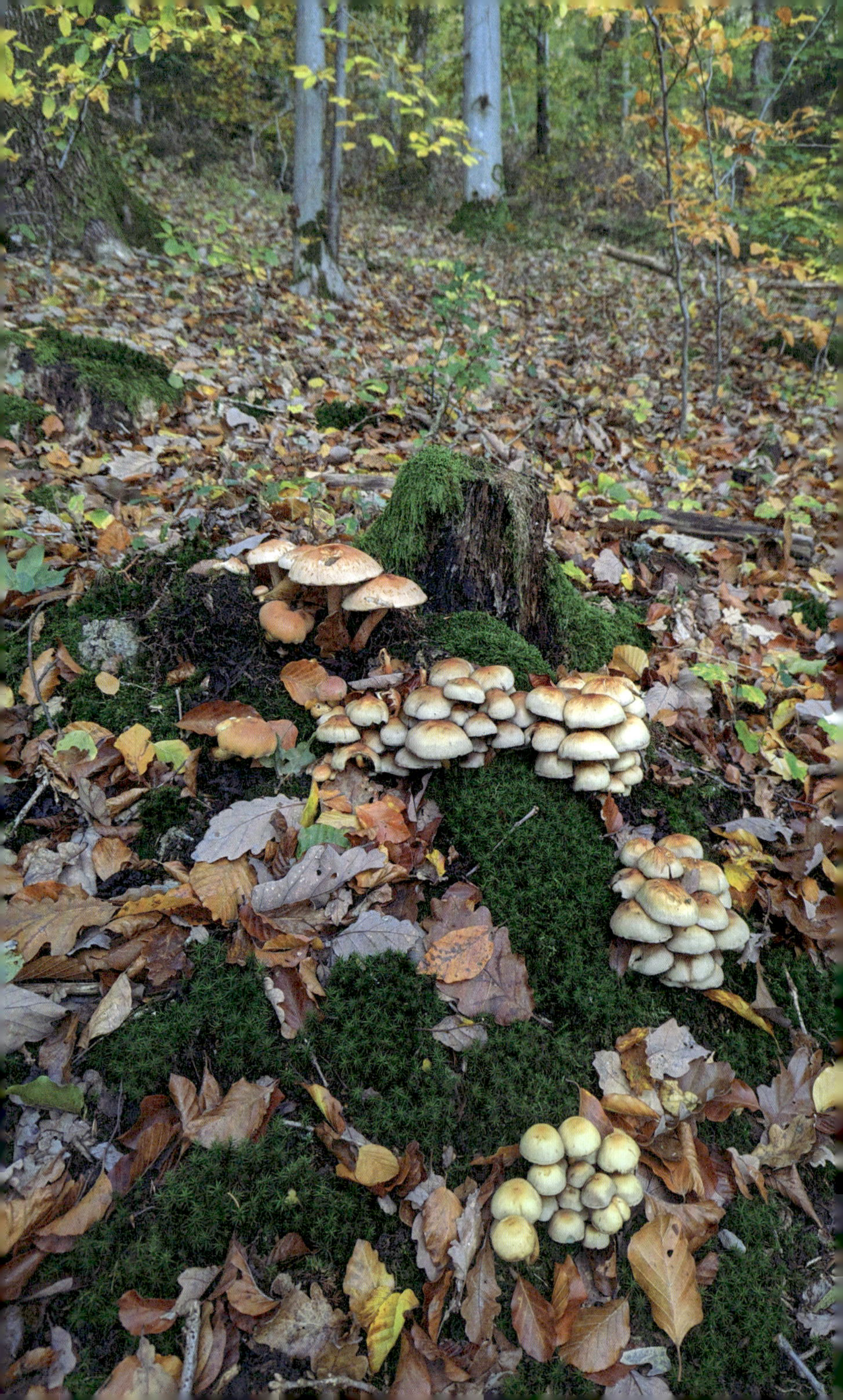

Dorfnatur

Rund um Mirwart an der Lomme

Unser Ausgangspunkt ist die idyllische Kirche des kleinen Dörfchens Mirwart unweit des ❶ **Château de Mirwart.** Von hier aus folgen wir der **Rue du Bois d'Oingt.** Bereits nach 200 Metern passieren wir ein charmantes Haus und biegen dahinter in die nach links abwärtsführende, kleine Straße **Voie de Cloyes** ein. Auf diesem Weg beobachten wir, wie der Asphalt zunehmend brüchiger wird. Unser Blick schweift über die malerische Wiesenlandschaft, gesprenkelt mit Kühen und durchsetzt von kleinen und größeren Hainen. Diese Wanderung ist immer schön: Im Frühjahr lockt das frische Grün des Laubwalds, im Sommer spenden die Baumkronen Schatten und Erfrischung, der Herbst bietet sein grandioses Farbspiel.

Das ursprünglich im 11. Jahrhundert erbaute ***Château de Mirwart*** *ist heute ein Luxushotel und besticht durch sein historisches Flair und seine grandiose Lage. Zur gehobenen Gastronomie gehört ein edles Ambiente, perfekt für rauschende Feste.*

Nach etwa 800 Metern müssen wir in einem Waldstück scharf nach links auf einen schmalen Pfad abbiegen. Hier ist Aufmerksamkeit geboten, denn es gibt keinen Wegweiser als Führung: Wenn wir einen Bach überqueren, sind wir bereits knappe 60 Meter zu weit gegangen und müssen umkehren.

Der Pfad, der scheinbar häufig begangen wird, führt uns zunächst durch offenes Gelände, bevor er in einen dichten Mischwald mündet. Bald begleitet uns das Rauschen der ❷ **Lomme,** die sich rechts zu uns gesellt. Gelegentlich ermöglicht uns das Blattwerk einen kurzen Blick auf eine Bahnlinie, die sich auf der anderen Flussseite durch das Tal zieht. Dann entdecken wir kleine, auf Pfählen montierte Schilder mit lateinischen Namen – ein Hinweis darauf, dass wir uns gerade auf dem

Kilometer: 7,5
Höhenmeter: 160
Stunden: 3
RUNDWEG

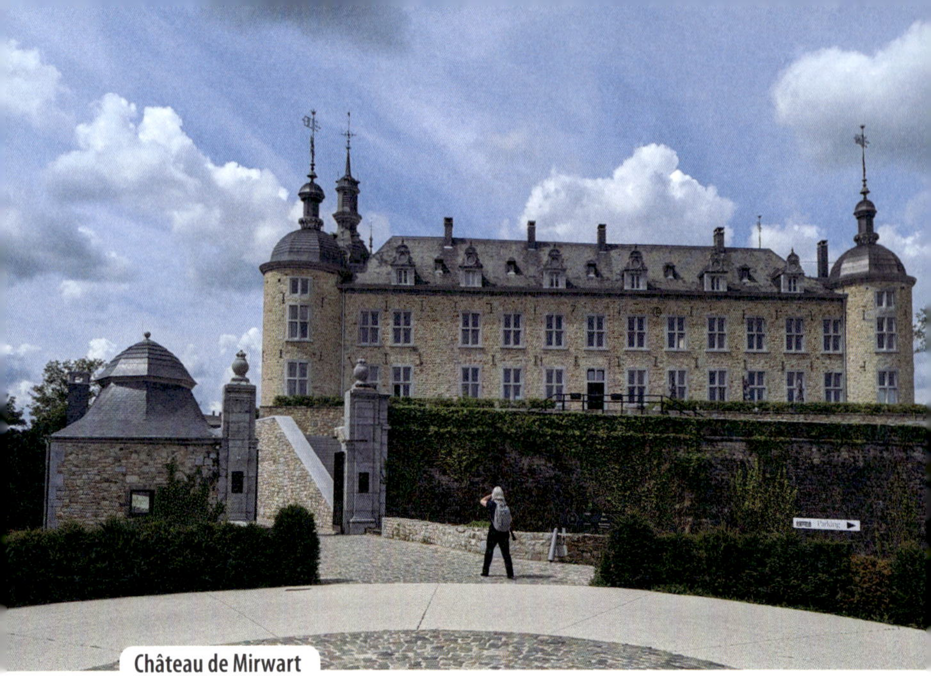

Château de Mirwart

③ **botanischen Lehrpfad** der Domaine Provincial de Mirwart befinden, der in die entgegengesetzte Richtung beschildert ist. Vermutlich ist der Pfad deshalb so beliebt und wohl begangen.

Nach etwa 1,4 Kilometern auf diesem ebenso entspannenden wie lehrreichen Pfad erreichen wir eine Gabelung und halten uns rechts, um nahe am Wasser zu bleiben. Auffällig sind die zahlreichen Bäume, die quer über den Fluss gefallen sind. Einige liegen schon so lange, dass sie stark von Moos überwachsen sind. Kajakfahren ist hier folglich nicht möglich – und übrigens auch nicht erlaubt. Im Tal der Lomme kommen wir aus dem Staunen kaum heraus. So entdecken wir hin und wieder Pilze, die mitten im Fluss auf Baumstämmen wachsen, Bäume mit einer marmorierten natürlichen Oberfläche oder mal eine Holzhütte auf der anderen Flussseite.

Der Weg lädt zum gemütlichen Schlendern ein, und etwa 500 Meter hinter der Gabelung erreichen wir die ④ **Domaine Provin-**

Botanischer Lehrpfad

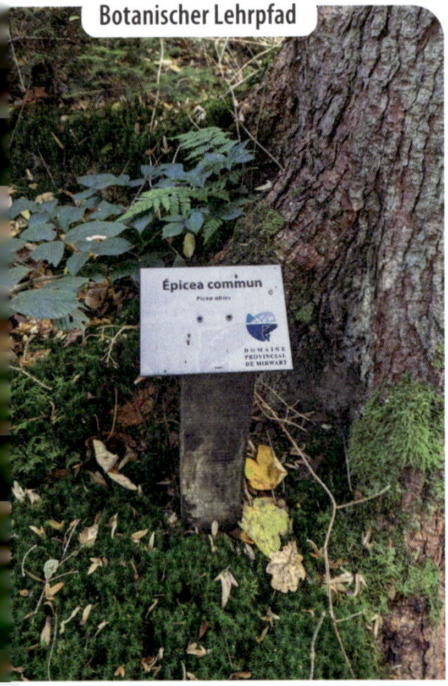

cial de Mirwart. Hinter einem Fachwerkhaus gelangen wir auf die Straße **Rue de Moulin,** der wir nach rechts folgen, um unter einer Eisenbahnbrücke hindurchzugehen. Auf einem der Brückenpfeiler ist ein überdimensionaler Fisch zu sehen. Dann überqueren wir die Lomme und biegen direkt hinter der Brücke links auf einen **grasbewachsenen Damm** ein. Links fließt der Fluss, rechts liegt ein **5 großer Teich.** Im Sommer ist das Gelände ideal zum Abkühlen und Sonnenbaden. Ein Stückchen weiter die Straße entlang liegen die Teiche der Fischzucht der Domaine. Am großen Teich gibt es Rastbänke. Vielleicht machen wir hier eine Pause, genießen die Umgebung und setzen dann unsere wunderbare Tour fort.

Für die Seele

Ein Schlosshotel, Restaurants, ein malerischer Fluss und glitzernde Teiche: Entspannung für Genießer.

Am Ende des Weihers biegen wir links ab und folgen dem rauschenden, gurgelnden Wasserlauf der Lomme. Etwa 200 Meter weiter unterqueren wir, diesmal zusammen mit dem Fluss, eine weitere Eisenbahnbrücke. Für die sichere Überquerung bei höherem Wasserstand ist ein Seil zum Festhalten gespannt. Wir

Badeweiher

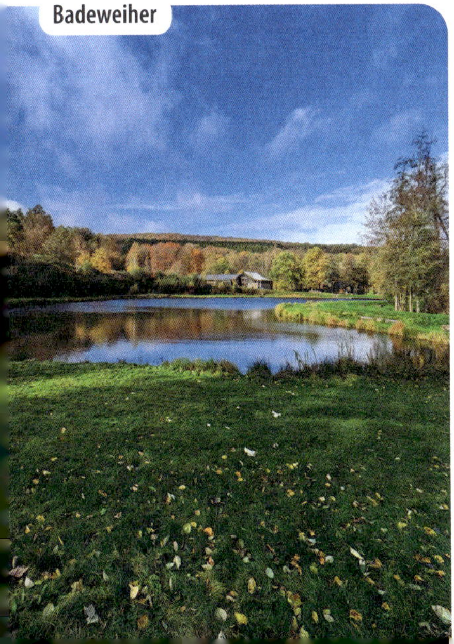

Brücke

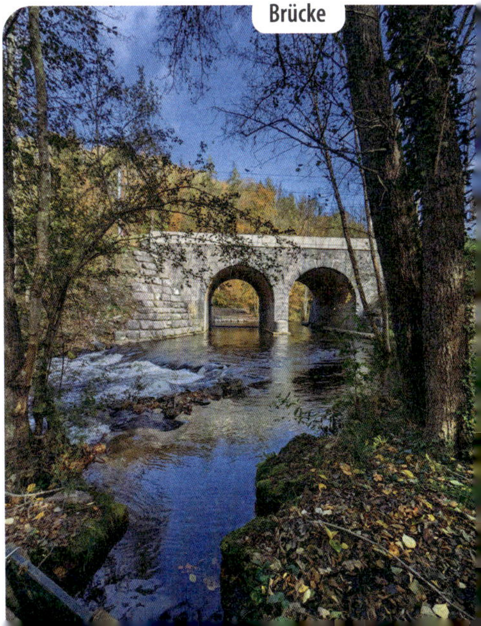

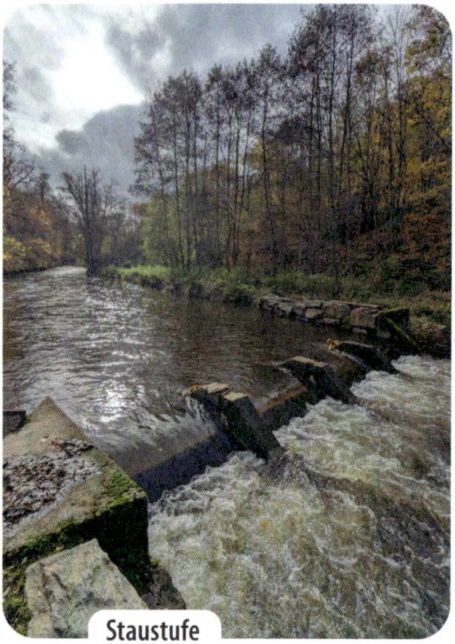
Staustufe

schlendern weiter, vorbei am majestätischen Château, und folgen dem Fluss, bis wir nach 400 Metern auf einen breiteren Weg stoßen und links eine Brücke sehen, die wir überqueren. Dahinter biegen wir gleich rechts auf einen Pfad mit **gelb-roter Markierung** ab, der uns bald vom Wasser wegführt. Nach 600 Metern erreichen wir eine Gabelung, an der wir rechts abbiegen. Weniger als 100 Meter weiter erreichen wir den **6 Étangs Saint-Roch,** einen malerisch in die Landschaft eingebetteten See. Eine kleine Plattform mit Bänken lädt zum Verweilen ein. Egal, ob wir hier eine Pause einlegen oder weiterwandern, die Ruhe und Gelassenheit sind unverkennbar. Die Natur umfängt

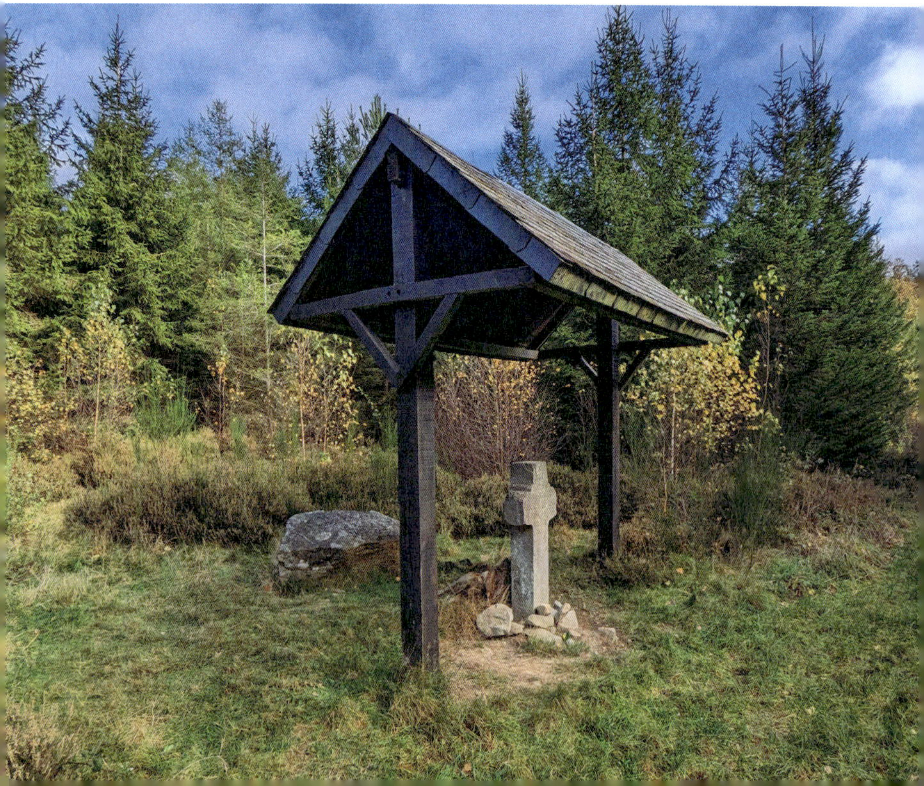

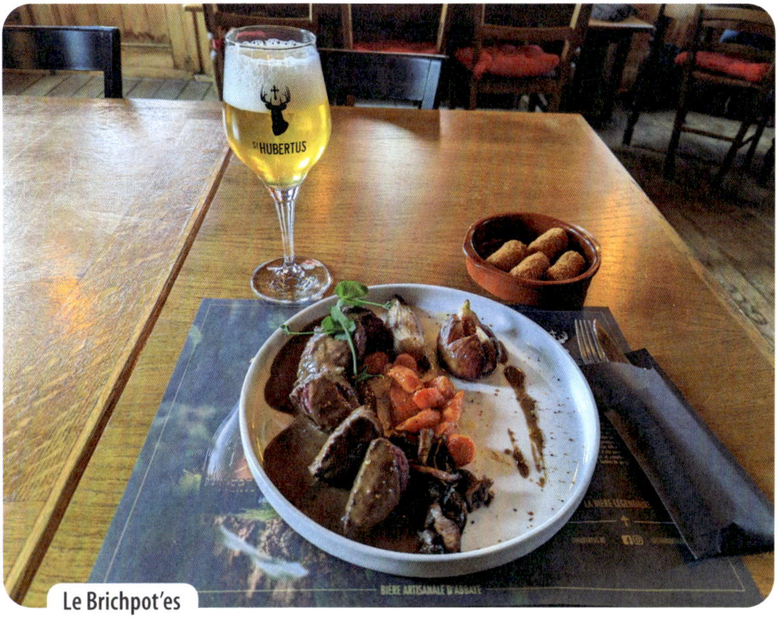

Le Brichpot'es

uns, während wir den See zu unserer Linken weitergehen. Von hier an folgen wir der Wegmarkierung eines **blauen Kreuzes.** Am Ende des Sees führt rechts eine Brücke über den Fluss. Wenn wir diese überqueren, erreichen wir nach nur wenigen Metern die **7 Glacière von Mirwart –** einen historischen Eiskeller, der 1860 gegraben und 1973 restauriert wurde. Dort begegnet uns zunächst nur eine verschlossene Holztür.

Zurück auf unserem Weg folgen wir weiter dem blauen Kreuz. Der See Étangs Saint-Roch ist durch einen Damm in zwei Teile gespalten. Am Ende des zweiten Seeteils biegen wir rechts ab und nähern uns einer unübersichtlichen Kreuzung. Wir folgen zunächst der Straße, ignorieren den Abzweig zur Eisenbahnunterführung und nehmen wenige Meter dahinter einen links abzweigenden Forstweg. Rechts von uns plätschert nun der **Parfondry-Bach**, dem wir etwa 1 Kilometer weit folgen. Bald erkennen wir links einen Hochsitz. An dieser Stelle, gekennzeichnet durch das blaue Kreuz

*Der historische Eiskeller, die **Glacière von Mirwart,** ist ein überraschend großer Kühlraum von etwa 80 Quadratmetern. Hier wurde im Winter Eis, das aus dem nahe gelegenen See entnommen wurde, eingelagert, um Lebensmittel länger frisch halten zu können.*

*Das holzgetäfelte Restaurant **Le Brichpot'es** verwöhnt mit exzellenten Wildgerichten und leckeren Desserts. Lokales Saint-Hubert-Bier, eine vielfältige Weinauswahl, hausgemachte Wurst und Schinken als Amuse-Gueule runden das Angebot ab.*

der Promenade de Glacière, biegen wir scharf nach links ab. Nach rund 500 Metern erreichen wir den höchsten Punkt unserer Wanderung. Das Gelände öffnet sich hier etwas und wird von Birken gesäumt, wodurch sich ein herrlicher Blick über die bewaldeten, sanften Hügel der Wälder von Saint Hubertus bietet. An einem rechts abzweigenden Weg steht ein **8 steinernes Kreuz** mit einer erstaunlichen Holzüberdachung – eine ideale Stelle für ein letztes Picknick, bevor wir wieder den nur noch knapp 1 Kilometer entfernten Ort Mirwart erreichen. Dort lohnt sich ein Besuch im **9 Le Brichpot'es,** einem außergewöhnlichen Restaurant mit lokalen Spezialitäten, in dem auch Vegetarier Leckeres finden.

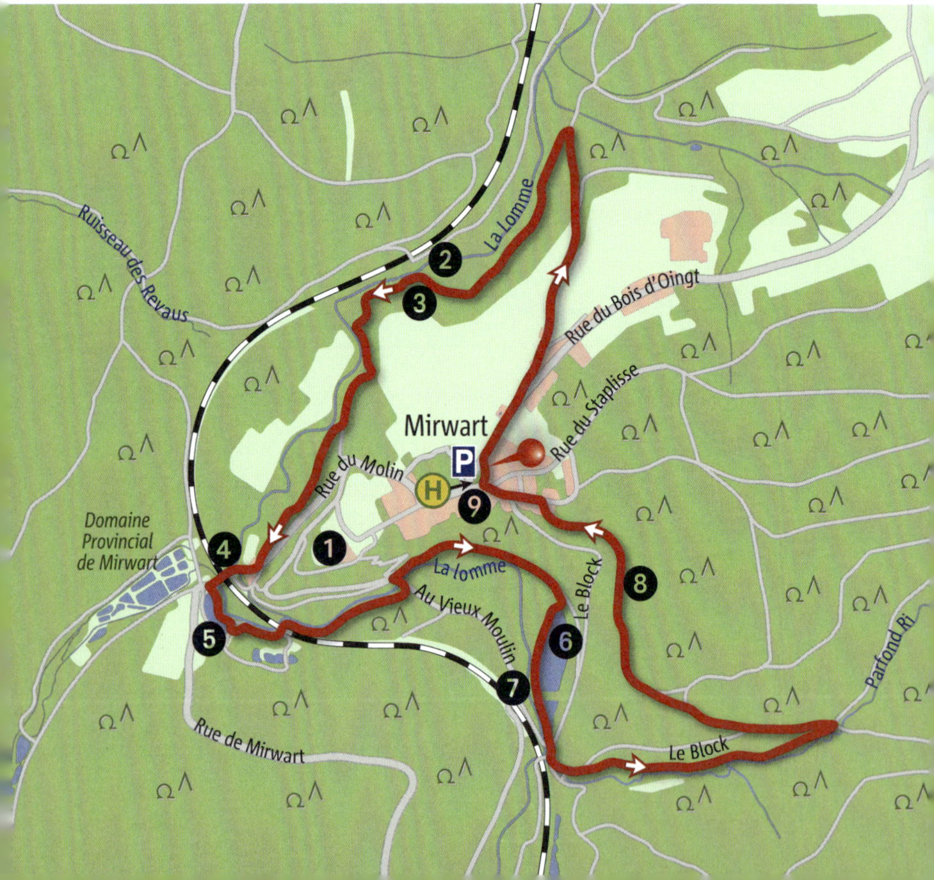

ALLES AUF EINEN BLICK

Entspannung 4/5
Abenteuer 3/5
Vielfalt 4/5

WIE & WANN

Gepflegte Forstwege und Pfade, die selten matschig sind, in den Dörfern Asphalt. Ganzjährig möglich, ab Oktober Jagdbetrieb (Infos gibt es unter www.foretdesainthubert-tourisme.be, zusätzlich Warnhinweise an den Wegen).

HIN & WEG

Auto: Parkmöglichkeiten an der Mirwart Eglise, 6870 Saint-Hubert
ÖPNV: Bushaltestelle Mirwart Eglise

ESSEN & ENTSPANNEN

1 **Château de Mirwart,** Rue du Château 29, 6870 Mirwart (Saint-Hubert), Tel. +32 (84) 45 00 20, de.chateaudemirwart.com
9 **Le Brichpot'es,** Place Communale 35, 6870 Mirwart (Saint-Hubert), Tel. +32 (84) 21 36 85, www.brichpotes.be

ENTDECKEN & ERLEBEN

2 **Lomme**
3 **Botanischer Lehrpfad**
4 **Domaine Provincial de Mirwart**
5 **Großer Teich**
6 **Étangs Saint-Roch**
7 **Glacière von Mirwart**
8 **Steinernes Kreuz**

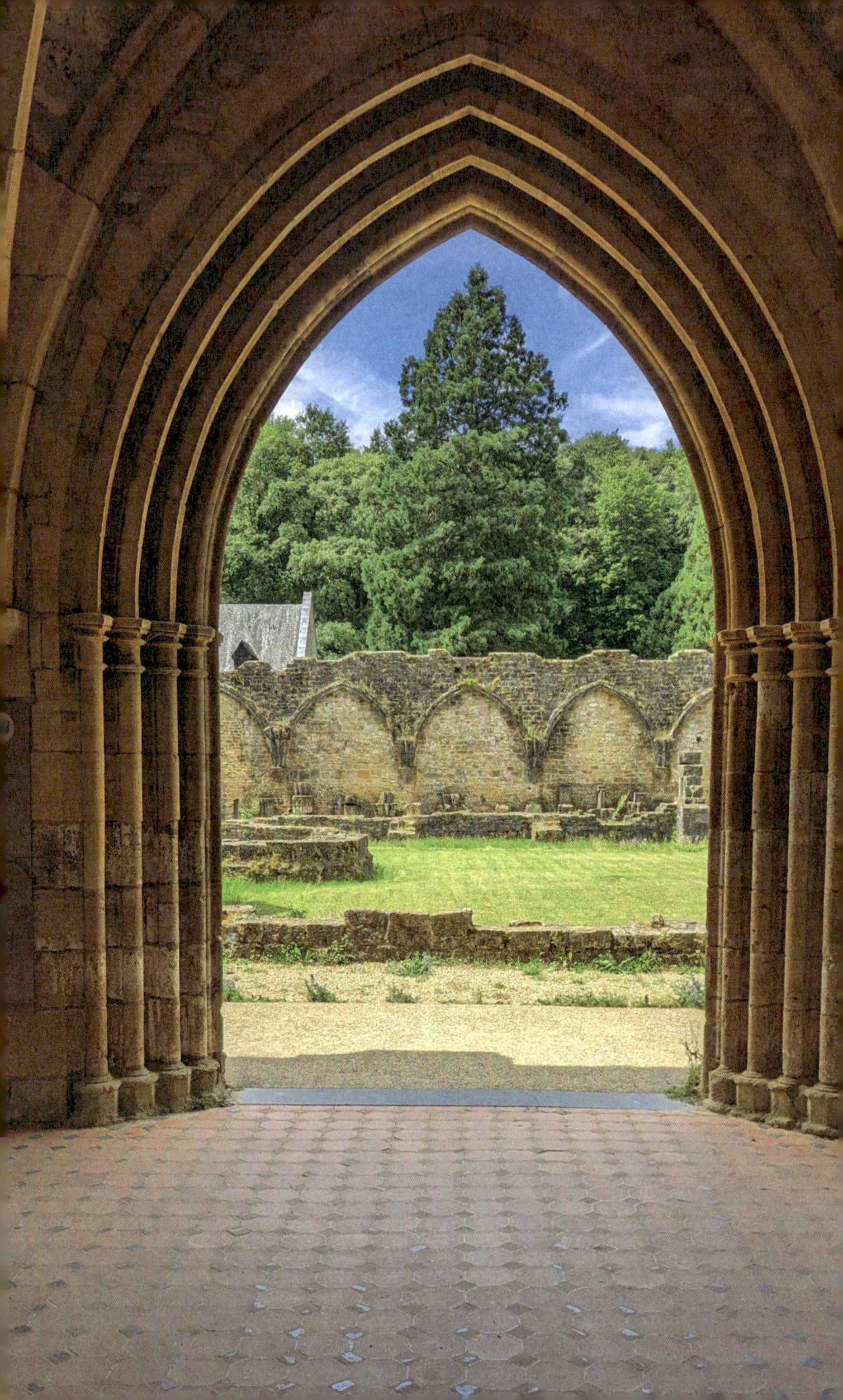

Kloster & Römer

Vom Kloster Orval nach Chameleux

Wir starten bei den ❶ **Klosterruinen von Orval,** deren Besichtigung wie die des Museums ein unverzichtbarer Programmpunkt sein sollte. Wir gehen in Richtung der N 88 und passieren auf unserer Linken einen Teich, auf dem manchmal Schwäne zu beobachten sind und auf dessen gegenüberliegender Seite das idyllische **Château d'Abbaye** liegt. Jenseits einer Kreuzung befindet sich die ❷ **A la nouvelle Hostellerie d'Orval.** Hier ergibt sich die Möglichkeit zu einer kürzeren Tour.

*Für eine **kürzere Tour** von 10 Kilometern biegen wir vor der A la nouvelle Hostellerie d'Orval rechts ab und folgen der ausgeschilderten Wanderung bis zum Restaurant Le Chameleux. Dabei bleiben wir stets auf derselben Seite des Baches.*

Um uns auf die große Runde zu begeben, gehen wir geradeaus am Restaurant vorbei und nehmen den Weg, der rechts vor dem nächsten Haus in den Wald führt. Nach 200 Metern auf dem leicht ansteigenden Waldweg erreichen wir eine Gabelung, an der wir uns für den linken Weg entscheiden. Unser Ziel ist es, zu entschleunigen und zur Besinnung zu kommen. Wir steigen daher langsam und achtsam durch den hochgewachsenen **Laubwald** auf. Links am Weg entdecken wir einen **kleinen Schrein** mit Kruzifix und Marienstatue, umgeben von langsam von Moos überwachsenen Wurzeln – ein Anblick, der zum Nachdenken anregt. Weiter durch den Wald wandernd, stoßen wir nach einem knappen Kilometer unter dem Blätterdach auf eine T-Kreuzung, an der wir rechts auf einen Forstweg abbiegen. Auf den nächsten etwa 1,3 Kilometern ignorieren wir zwei Abzweigungen nach links und biegen bei der dritten leicht nach links führenden auf einen Grasweg ab – etwa 300 Meter nachdem wir an einer Lichtung vorbeigekommen sind. Dem Grasweg folgen

Kilometer: 13,5 (10)
Höhenmeter: 200 (80)
Stunden: 4 (2,5)
RUNDWEG

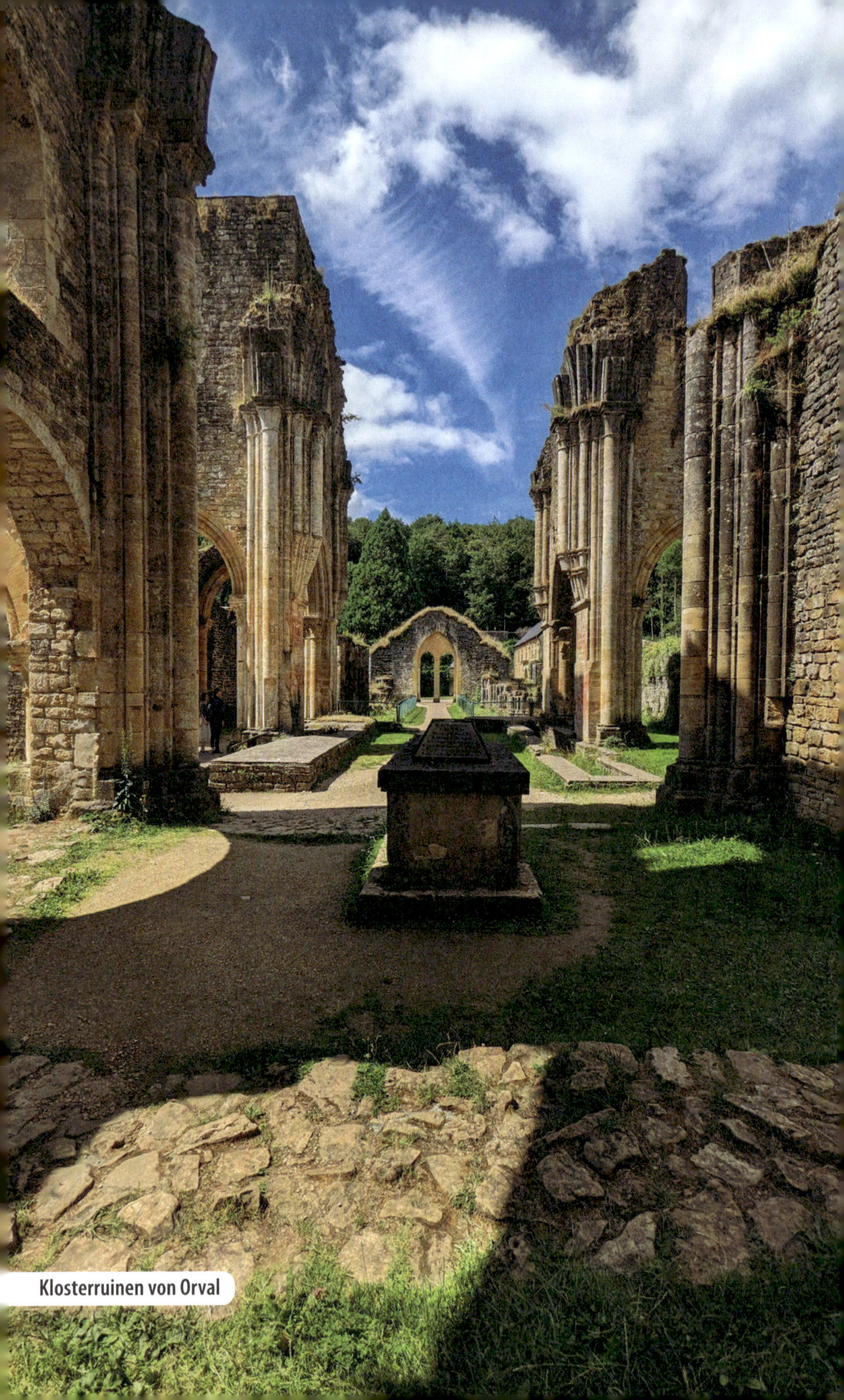

Klosterruinen von Orval

wir etwa 800 Meter bergab in Richtung der französischen Grenze. Der Weg verengt sich zunehmend zu einem Pfad und wird erst unmittelbar vor der Grenze wieder breiter. Wir schwenken scharf rechts auf den **Grenzpfad** ein und erreichen nach rund 100 Metern einen moosbewachsenen **3 Grenzstein**, der die Grenze zwischen Belgien und Frankreich anzeigt. Auf einem Damm geht es weiter die Grenze entlang. Bald beschreibt der Grenzverlauf einen Knick nach rechts, wir aber wandern nahezu geradeaus weiter auf einem leicht ansteigenden Weg. Die nächsten 1,5 Kilometer wandern wir immer geradeaus durch den Wald. Nach etwa der Hälfte dieser Strecke, vor einem stärkeren Anstieg, ignorieren wir zwei abzweigende Wege und gehen geradeaus weiter. Dann führt uns unser Weg durch eine scharfe Rechtskurve und 300 Meter dahinter stoßen wir auf eine Kreuzung, an der wir in einem spitzen Winkel nach links abbiegen. Das Gelände öffnet sich rasch, und nach weiteren 250 Metern

Für die Seele

Vom Kloster geht es durch den Wald im Grenzland nach Chameleux. Zurück wandern wir an einem malerischen Bach.

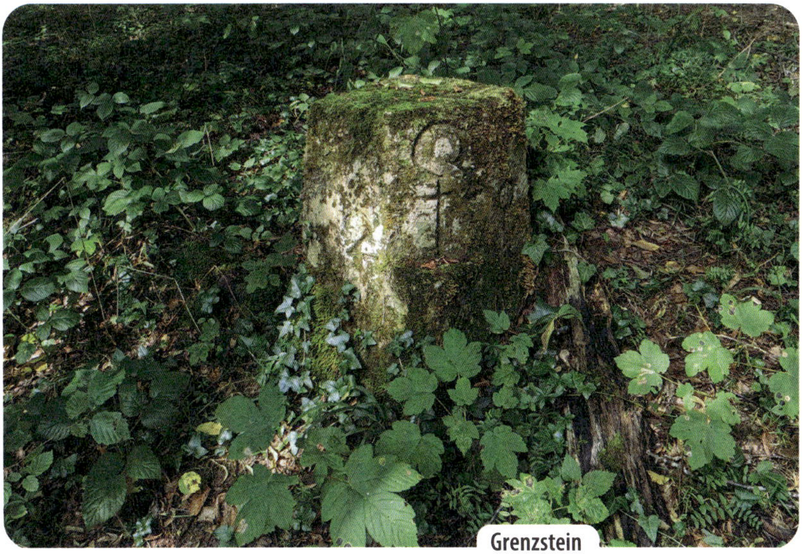

Grenzstein

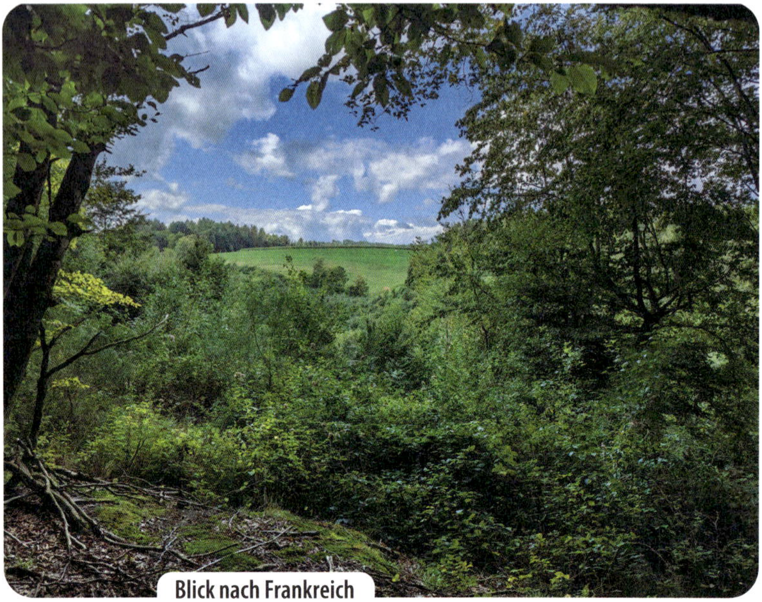

Blick nach Frankreich

*Im **Le Chameleux** trägt ein wallonisches Mittagessen aus lokalen Produkten zur Entschleunigung bei. Die Forellen sind köstlich und die Omeletts ebenso empfehlenswert wie die Dame Blanche. Natürlich gibt es auch das Bier der nahe gelegenen Abtei.*

*Das gallo-römische **Relais Chameleux,** einst eine Poststation an der Römerstraße von Reims nach Trier, diente als Rastplatz für Boten und Reisende. Erste Ausgrabungen erfolgten zwischen 1893 und 1896.*

biegen wir ebenso spitz nach rechts ab. Zum ersten Mal auf dieser Tour befinden wir uns auf einem ausführlich markierten Weg – die Wegzeichen **03** und ein **gelber Balken** leiten uns zum Restaurant ❹ **Le Chameleux.** Links von uns erstreckt sich hügeliges französisches Weideland, fast wie in den belgischen Ardennen. Nachdem alle Steigungen bewältigt sind, ist es nicht mehr weit bis zum Restaurant.

Nachdem wir uns gestärkt haben, lohnt sich ein Besuch des gallo-römischen ❺ **Relais Chameleux,** das kurz hinter dem Restaurant gelegen ist. Wir erfahren von den Hinweistafeln, dass es hier bereits vor über 2000 Jahren eine Verpflegungsstation gab – eine beeindruckende Vorstellung! Anschließend machen wir uns auf den Rückweg zur Abtei Orval. Wir gehen zwischen dem Weiher und dem Restaurant hindurch zurück auf den Weg, den wir gekommen sind, und folgen nach etwa 200 Metern der Beschilderung mit dem **blauen Rechteck** nach links. Hier sind wir zuvor von

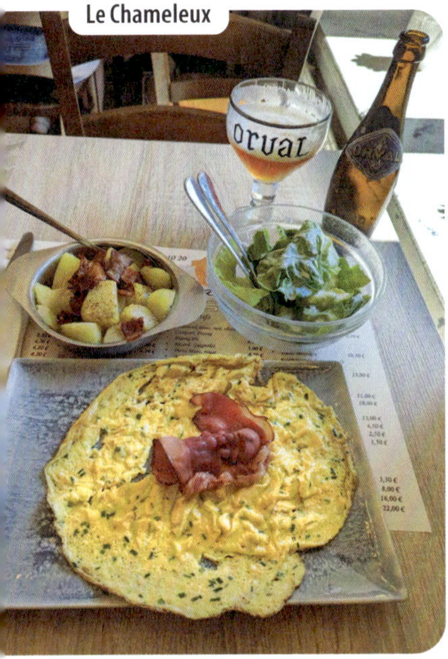

Le Chameleux

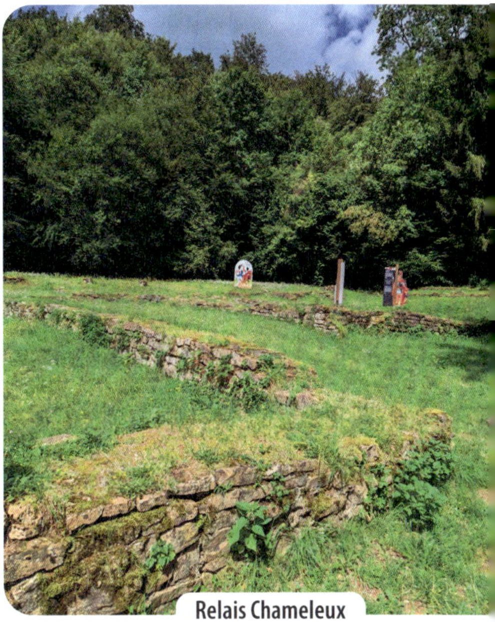
Relais Chameleux

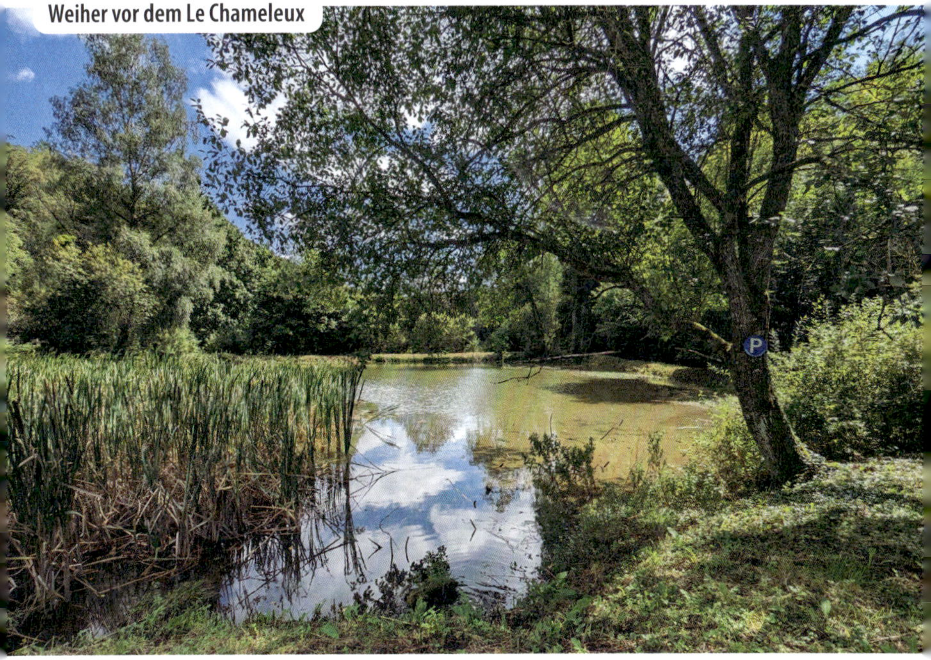
Weiher vor dem Le Chameleux

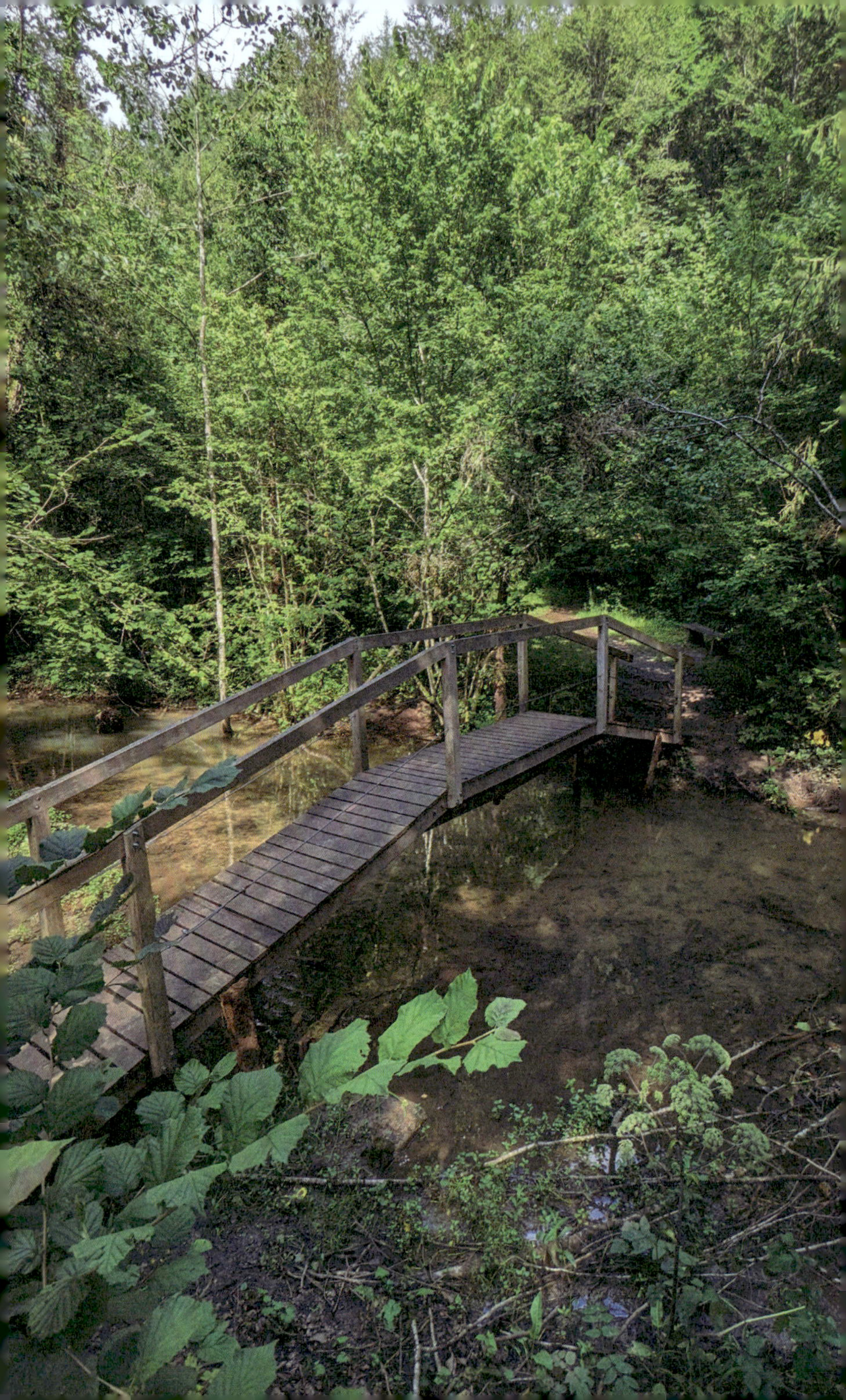

rechts gekommen. Auch die Muschelmarkierung des Jakobswegs ist zu sehen. Bemerkenswert ist, dass wir uns nun wieder in Frankreich befinden – die einfachen Grenzübertritte ohne jegliche Kontrollen sind etwas verwirrend. Unser Weg führt rechts des Baches leicht bergab zurück zur Abtei Orval, zunächst auf der französischen Seite. Der anfängliche Waldweg wird bald zu einem Pfad, der nun auch hin und wieder von Bänken zum Ausruhen gesäumt wird, die auf den ersten 7 Kilometern unserer Tour fehlten. Das Gelände öffnet sich und nach etwa 2,5 Kilometern erreichen wir einen Rastplatz mit Hinweistafeln zum ❻ **Réserve Naturelle des Prés d'Orval.** Hier gibt es auch eine Brücke, die uns ermöglicht, zum Spaß einmal den Bach zu überqueren und die typischen Stegwege der Ardennen zu nutzen, die auch bei Überschwemmungen begehbar sind. Entspannt folgen wir weiter der Markierung. Das Tal bietet ständig etwas zu sehen und zu hören: das Rauschen des Baches, das Zwitschern der Vögel und hin und wieder ❼ **ausgedehnte Weiden,** auf denen mit etwas Glück grasende **Hochlandrinder** zwischen Bäumen und Sträuchern zu sehen sind. Die Kälber sind niedlich anzusehen, während ihre Mütter mit ihren langen Hörnern Respekt einflößen.

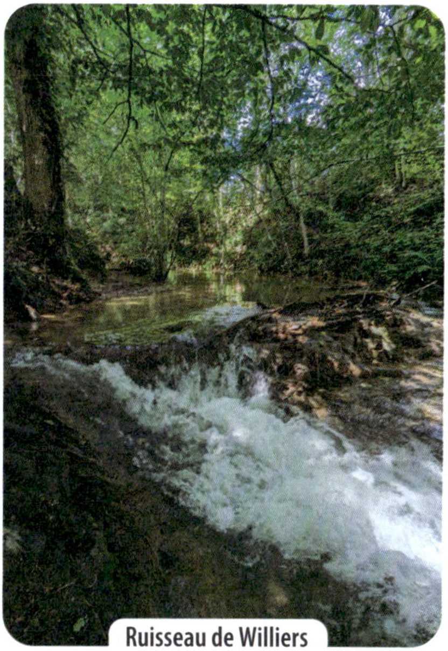
Ruisseau de Williers

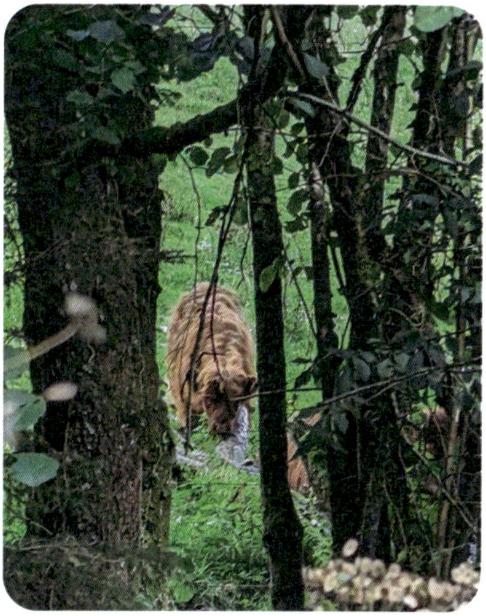

Auf unserem weiteren Weg zur Abtei nutzen wir die nächste Möglichkeit, links abzubiegen und überqueren eine charmant gebogene Brücke auf die andere Talseite. Nun befinden wir uns auf dem kür-

Die im 12. Jahrhundert gegründete ***Abtei von Orval*** *wurde 1793 zerstört und ab 1926 von Trappisten wieder aufgebaut. Seit 1931 finanziert durch das berühmte Orval-Bier, sind die Ruinen des Klosters heute eine faszinierende Sehenswürdigkeit.*

zeren Rundweg durch das Reservat, der auch von vielen Besuchern des Klosters genutzt wird. Wer die kürzere Runde geht, kommt auf dem Hinweg schon hier entlang und bleibt auf dieser Seite des Baches. Gelegentlich hören wir italienische Stimmen, was vielleicht an der römischen Vergangenheit der Region liegt. Bald erreichen wir wieder die **A la nouvelle Hostellerie d'Orval.** Nach der Besichtigung des **Klosters Orval** können wir hier weitere Stärkung finden. In den Ruinen der ursprünglichen Abtei gibt es zahlreiche Orte zur Entschleunigung und Besinnung, sei es das zerfallene Gemäuer, der Kräutergarten, das kleine Museum zur Geschichte des Klosters oder andere historische Gebäude.

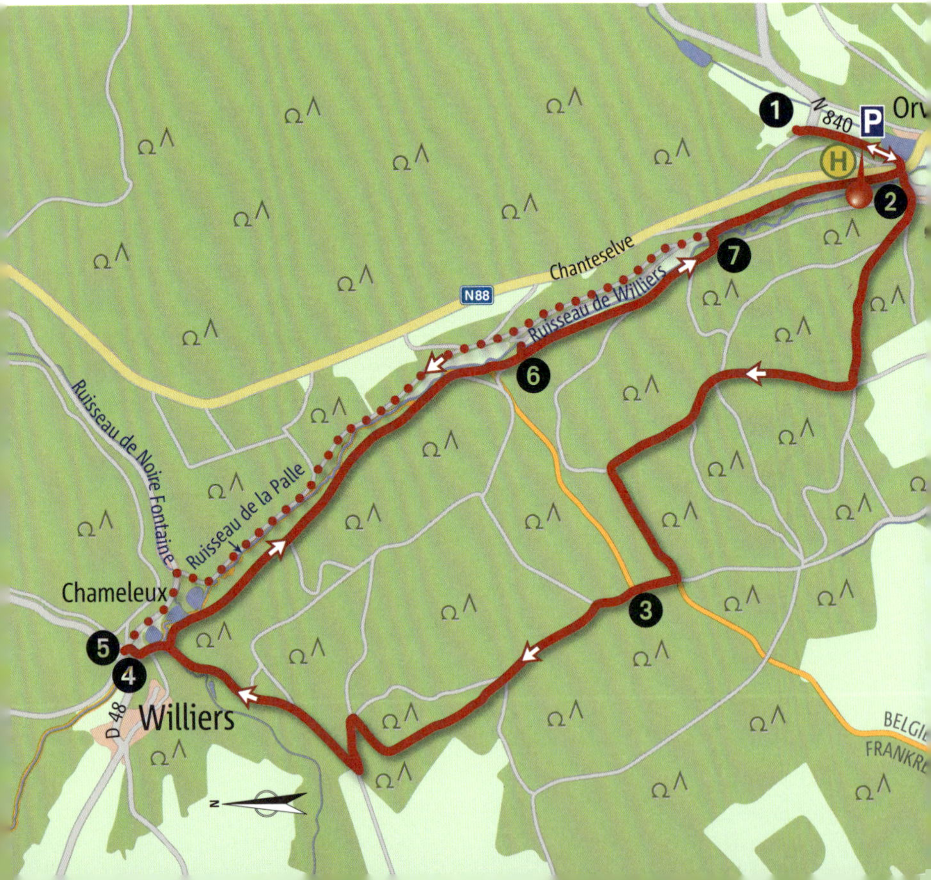

ALLES AUF EINEN BLICK

Entspannung 4/5
Abenteuer 3/5
Vielfalt 4/5

WIE & WANN

Meist Waldwege und einige flache Pfade, die einfach zu begehen sind. Der erste Teil bis Chameleux ist kaum markiert. April, Juni und Oktober sind die besten Monate. Im Mai sollte die kürzere Variante durch das Naturschutzgebiet gegangen werden, da dann im Wald oft gejagt wird.

HIN & WEG

Auto: Parkmöglichkeiten an der Abbaye d'Orval, 6823 Villiers-devant-Orval
ÖPNV: Bushaltestelle Orval Carrefour

ESSEN & ENTSPANNEN

2 **A la nouvelle Hostellerie d'Orval,** Orval 14, 6823 Orval, Tel. +32 (61) 31 43 65
4 **Le Chameleux,** Chameleux 5, 6820 Florenville, Tel. +32 (61) 31 10 20, www.lechameleux.be

ENTDECKEN & ERLEBEN

1 **Abbaye d'Orval,** Orval 1, 6823 Villiers-devant-Orval, Tel. +32 (61) 31 10 60, www.orval.be
3 **Grenzstein**
5 **Relais Chameleux**
6 **Réserve Naturelle des Prés d'Orval**
7 **Weiden mit Hochlandrindern**

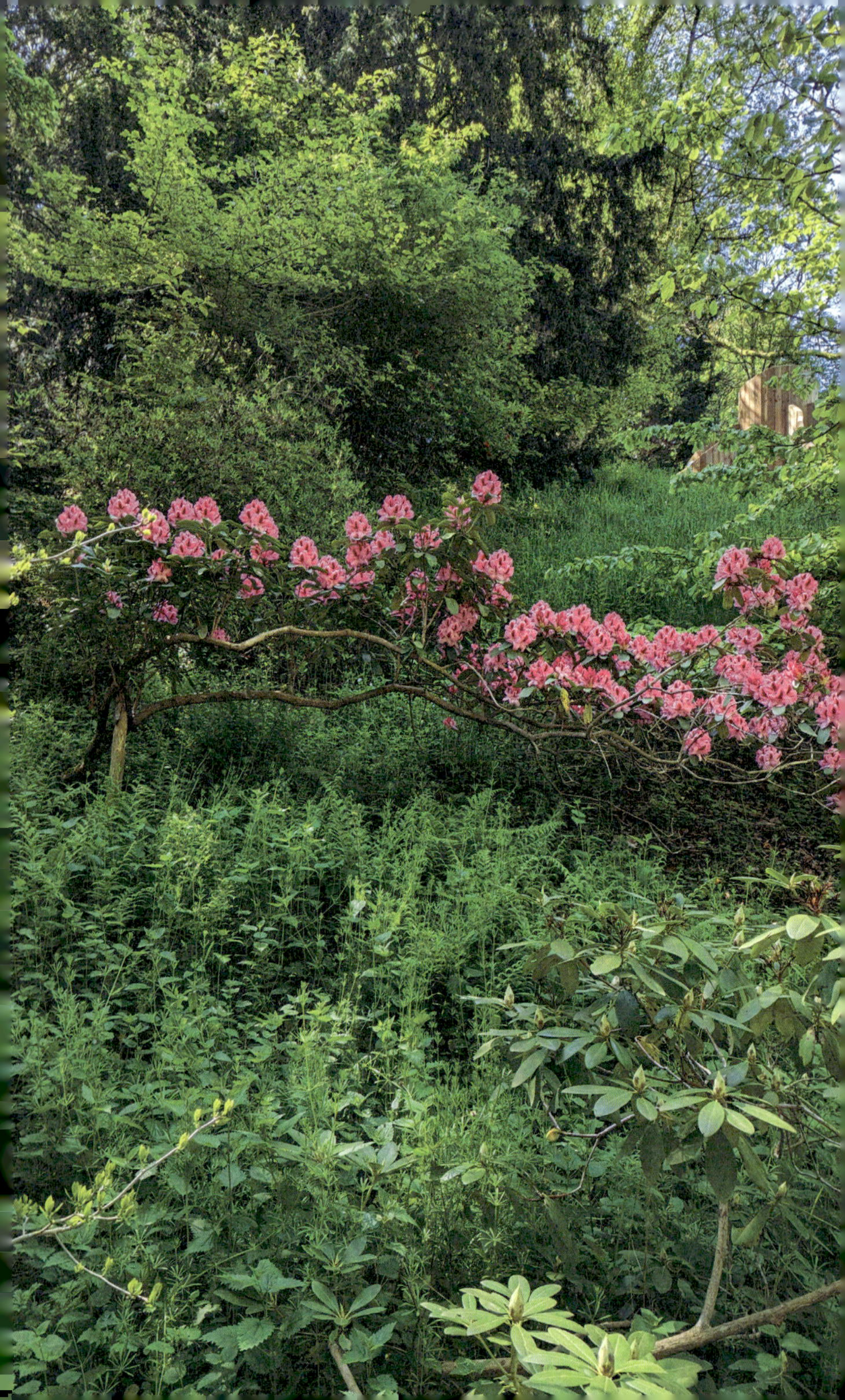

Pflanzenvielfalt

Am Arboretum Robert Lenoir

Wir folgen der Straße **Bardonwez** bis zu einer hölzernen Skulptur in Form eines Blattes – ein Symbol, das uns im Arboretum ständig begleiten wird. Selbst die Bänke hier haben die Gestalt gefalteter Blätter. Kurz darauf erreichen wir eine Brücke, die sich malerisch über die Ourthe spannt. Am gegenüberliegenden Ufer betreten wir das ❶ **Arboretum Robert Lenoir.** Zu jeder Jahreszeit empfängt uns das Arboretum mit anderen Eindrücken, hervorgerufen durch den natürlichen Wandel der Vegetation. Den Beginn machen Zwiebelpflanzen im Februar und März, gefolgt von der prächtigen Blüte der japanischen Zierkirsche. Ein besonderes Highlight ist die Blütezeit der ❷ **Rhododendren** im Mai und Juni. Wir sollten Robert Lenoir für seine Sammelleidenschaft dankbar sein, denn ohne sie wäre unser Staunen über die Farbenvielfalt der Rhododendren und die beeindruckende Größe und Pracht der Bäume nicht möglich. Während des ganzen Herbstes verzaubert uns das Arboretum mit seiner atemberaubenden Farbenpracht. Links befinden sich die Wirtschaftsgebäude des Parks, der heute vom belgischen Staat betrieben wird. Dort ist auch ein Lageplan des Arboretums erhältlich.

Wir passieren links eine Überdachung und folgen dem Weg, der mit einem **blauen Rechteck** (RD1) markiert ist – unserer Wegmarkierung für heute. Schon die ersten Meter der Tour regen den Appetit für eine Einkehr zum würdigen Abschluss an. Es geht gemächlich bergauf, vorbei an majestätischen Bäumen. Unter ihnen befinden sich amerikani-

*1937 erwarb Robert Lenoir die Moulin de Bardonwez sowie 60 Hektar Waldland. Seitdem wurden mehr als 5000 holzige Arten gepflanzt, die im lokalen Klima erstaunlich prächtig gedeihen. Heute erstreckt sich das **Arboretum** über eine Fläche von 29 Hektar.*

Kilometer: 9
Höhenmeter: 250
Stunden: 3
RUNDWEG

Eine Quelle nahe der ***Ermitage et Chapelle de Saint-Thibaut*** *wird für ihre wunderwirkenden Kräfte verehrt. Gläubige suchen seit Jahrhunderten diese heilige Stätte auf, angezogen von Legenden um das heilende Wasser.*

sche Kastanien oder Sauerbäume und dazu gesellen sich einige Rhododendren, die im Frühsommer blühen. Etwa 300 Meter hinter den Wirtschaftsgebäuden erreichen wir eine Kreuzung und halten uns rechts, wie es die Markierung vorgibt. Ein gewaltiger Nadelbaum beeindruckt uns auf unserem Weg. Wir folgen diesem Pfad für etwa 1,5 Kilometer, in freudiger Erwartung, dass unsere Auszeit in einer so wundervollen Parkanlage ihren Höhepunkt finden wird. Wir schlendern gemütlich durch den Mischwald und kommen an einer Lichtung vorbei. Dort erblicken wir auf der gegenüberliegenden Hügelkette einen kleinen weißen Punkt, der sich bald als Kirchlein entpuppt. Immer wieder gewährt uns der Wald eine schöne ③ **Aussicht auf die Ermitage et Chapelle de Saint-Thibaut.** Schließlich

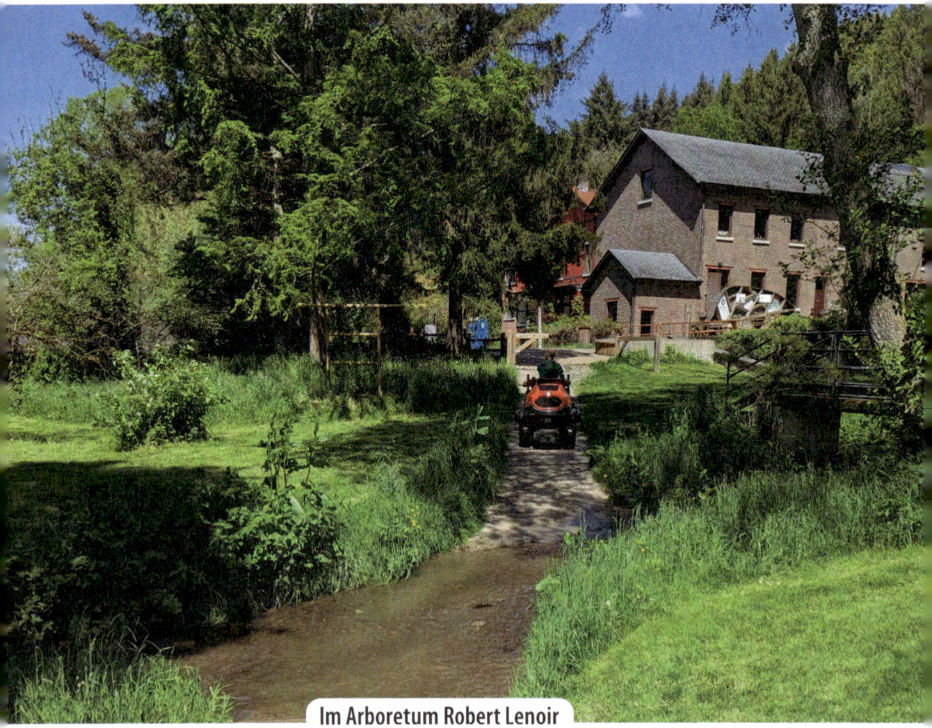

Im Arboretum Robert Lenoir

erreichen wir den Weiler **Bois d'Arlogne.** Dort werden wir darum gebeten, Hunde angeleint zu halten, um das Vieh nicht zu stören – eine wichtige Rücksichtnahme. Auf den Wiesen weiden, wie in vielen Teilen der Ardennen, Kühe, die uns oft freundlich und etwas verdutzt nachblicken.

Gleich am Ortseingang biegen wir rechts ab und folgen weiter der **blauen Wegmarkierung**. Der Pfad führt uns zunächst durch dichten Wald, den wir bald hinter uns lassen. Die Landschaft öffnet sich, und erneut kommt die Kapelle der Einsiedelei in Sicht. Wir passieren einen Funkmast und erreichen nach etwa 1 Kilometer eine etwas unübersichtliche Kreuzung. Hier halten wir uns, leicht nach links versetzt, nahezu geradeaus und biegen auf einen Grasweg ein, auf dem uns die blaue Markierung weiterhin den Weg weist. Nach rund 500 Metern bergab, mit einem herrlichen Blick über die offene Landschaft und begleitet vom Zwitschern der Vögel und dem gelegentlichen Muhen einer Kuh, treffen wir auf einen geteerten Wirtschaftsweg. Eine Biegung führt uns in einen Nadelwald, und nach weiteren 600 Metern auf einem Feldweg weist uns die Markierung hinter einer Linkskurze nach rechts auf einen Pfad. Bald darauf erblicken wir die ersten Gebäude des Dorfes ④ **Marcourt.** Es sind nur noch etwa 700 Meter, bis wir unten an der Ourthe und einer Brücke ankommen. Vor dem Fluss weist uns die Markierung nach rechts auf einen Radweg. Obwohl es verlockend ist, diesem Weg sofort zu folgen, lohnt es sich, etwas Zeit im Dorf zu verbringen. Wir unternehmen also zunächst einen Abstecher nach rechts und erkunden die Sehenswürdigkeiten des Dorfes.

Für die Seele

Ein wundervoller botanischer Garten, ein beschauliches Dörflein und eine vergnügliche Einkehr.

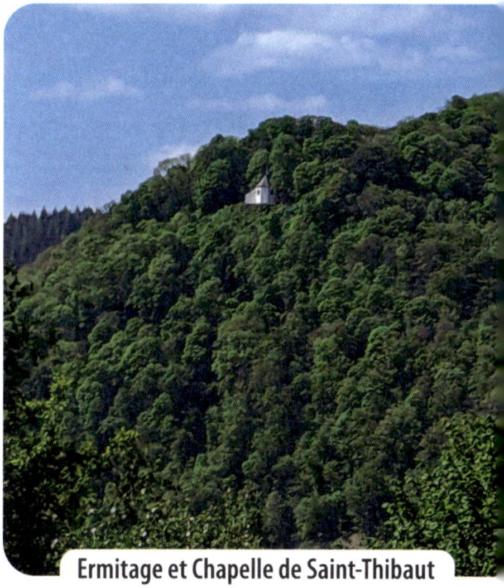

Ermitage et Chapelle de Saint-Thibaut

*Das Dorf **Marcourt** hat während der Ardennenschlacht von 1944 arg gelitten. Viele Gebäude wurden wiederaufgebaut oder renoviert, so die im 14. Jahrhundert erbaute Kirche Saint-Martin de Marcourt und das Spanische Haus im Fachwerkstil.*

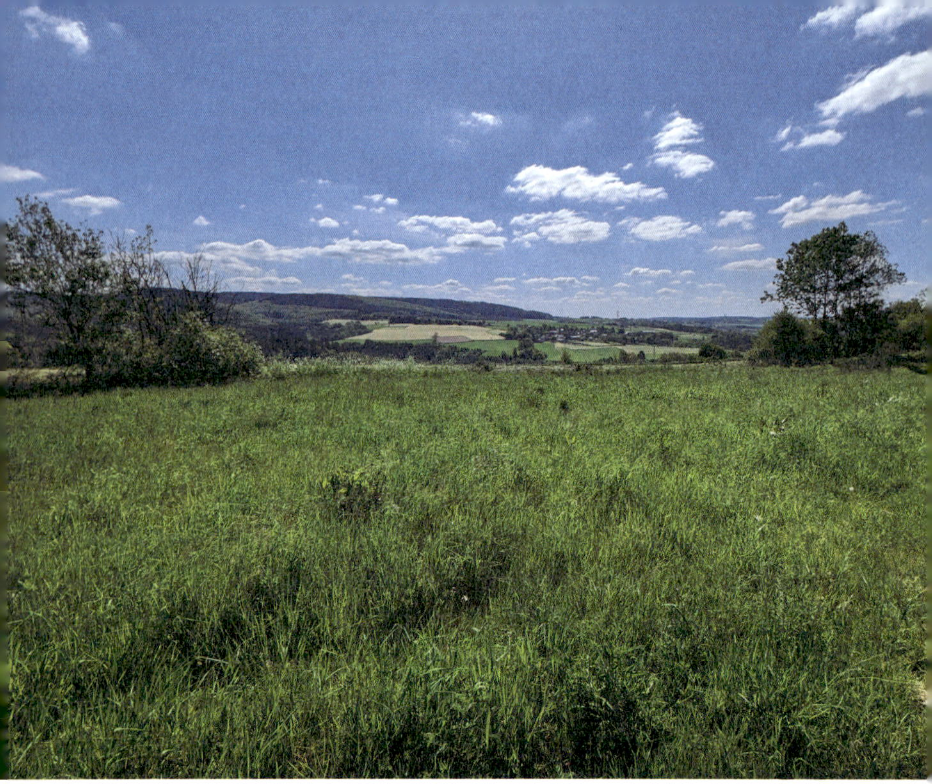

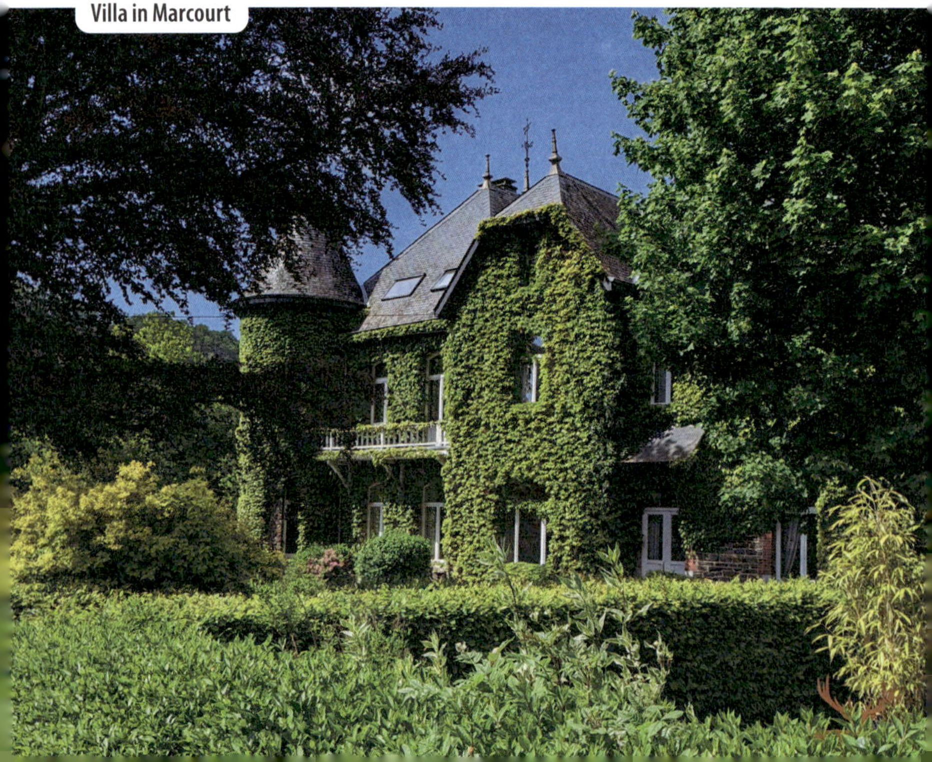

Villa in Marcourt

Ein wesentlicher Bestandteil einer Entschleunigungstour sind ausgedehnte Pausen. Nachdem wir das Dorf erkundet haben, kehren wir zurück zur Brücke, die wir nun links liegen lassen, und folgen dem Fahrradweg für etwa 200 Meter bis zum einladenden Gartenlokal 5 **Plumes et Terroirs.** Dieser Ort ist ideal für eine wohlverdiente Rast.

Nach unserer erholsamen Pause setzen wir unseren Weg fort. Auf den nächsten 600 bis 700 Metern begleiten uns ab und zu Radfahrer, denn wir befinden uns auf dem Ourthe-Radweg, der bis nach Lüttich führt. Bevor wir eine imposante Holzbrückenkonstruktion erreichen, führt uns die Markierung nach rechts. Dort werden wir gleich weitergehen, zuerst aber lohnt es sich, die Brücke genauer in Augenschein zu nehmen. Im weiteren Verlauf begegnen uns möglicherweise neugierige Kühe, manchmal auch Ponys oder Esel. Nach nur 100 Metern geht es links weiter, immer der Markierung folgend, und wir bleiben für die nächsten 1,5 Kilometer in der Nähe des gurgeln-

Das Gartenlokal ***Plumes et Terroirs*** *bietet eine Vielfalt an kulinarischen Genüssen, beginnend mit einem überraschenden dreiteiligen Amuse-Bouche. Ein solches kulinarisches Erlebnis ist mehr, als man üblicherweise in einem Gartenlokal erwarten würde.*

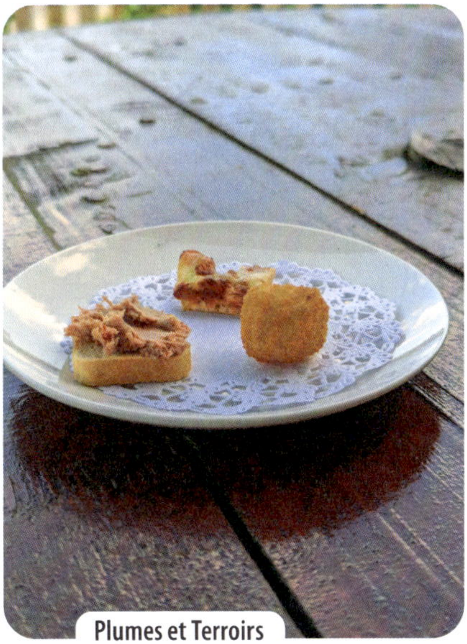

Plumes et Terroirs

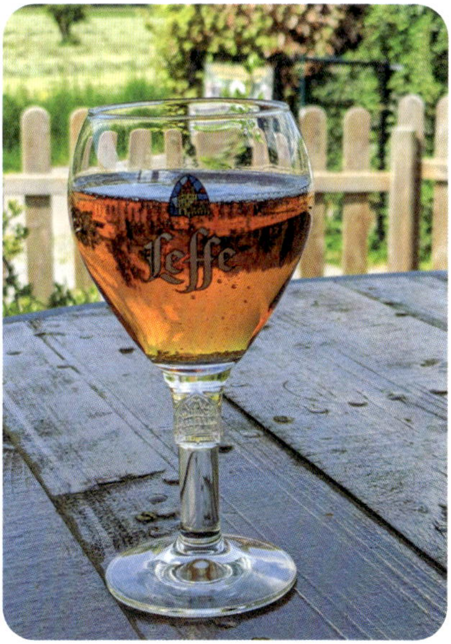

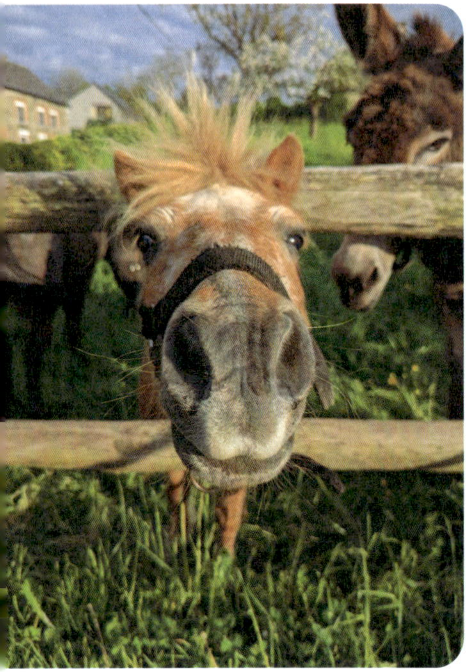

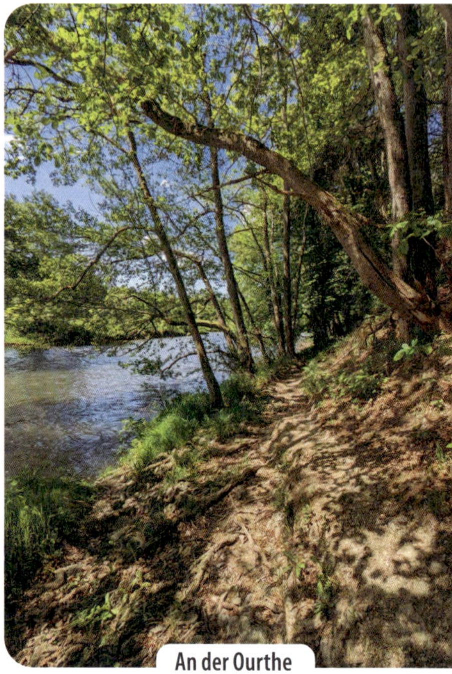

An der Ourthe

den, rauschenden Flusses 6 **Ourthe.** Unter einem Baum entdecken wir eine Reihe von 7 **Gartenzwergen** – das Zeichen, dass wir wieder das Arboretum erreicht haben, welches wir mit Freude betreten. Die ausgedehnte Parkanlage beeindruckt mit ihrer Vielfalt an Pflanzen immer wieder aufs Neue. Es gilt zu schauen, riechen, fühlen und natürlich, sich zu setzen und zu staunen. Viele Plätze laden zum Verweilen ein. Gemächlich schlendern wir durch den Park, bis wir schließlich erneut die Wirtschaftsgebäude erreichen. Falls es wider Erwarten doch einmal ein wenig schlammig sein sollte, finden wir am Arboretum eine Schuhbürste. Statt direkt zum Parkplatz oder zur Haltestelle zu gehen, nehmen wir den Weg direkt hinter einem Kanal nach links, der uns in einen noch beeindruckenderen Teil des Parks führt. Diese kleine, 8 **künstlich angelegte Landschaft** besticht mit ihren

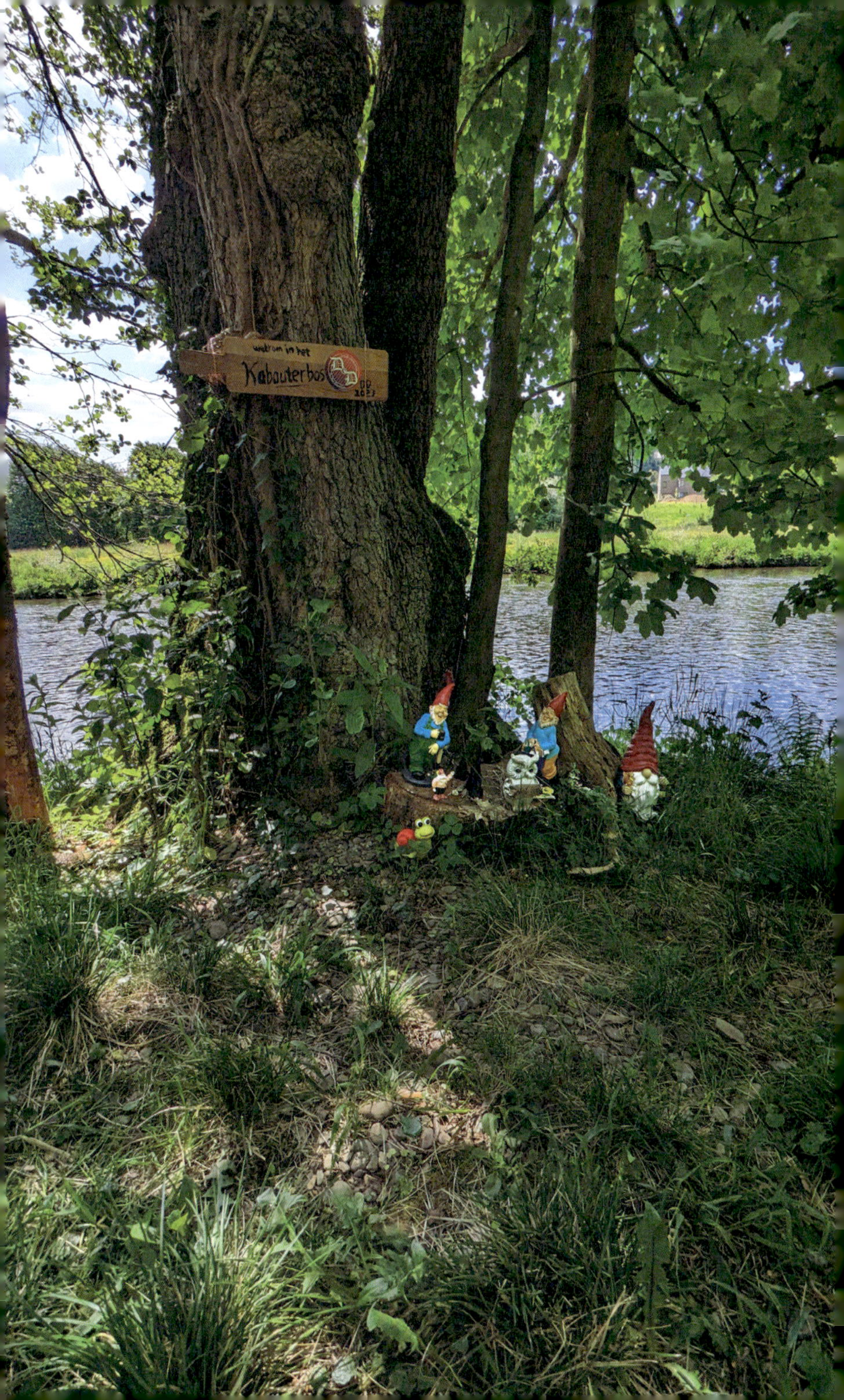
welkom in het
Kabouterbos
DD

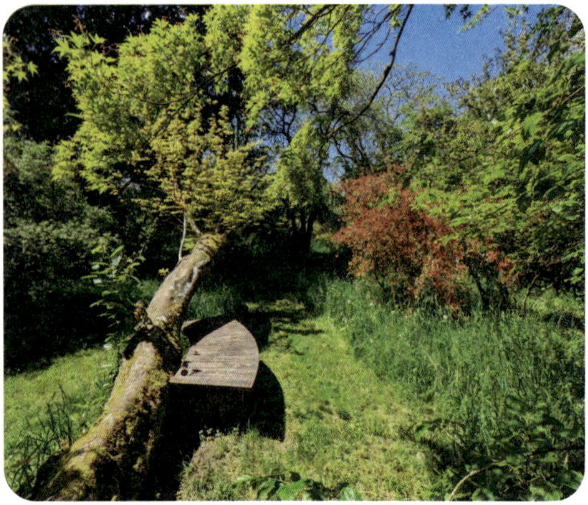

Wasserläufen, lauschigen Bänken zum Niederlassen und natürlich einer Fülle von Pflanzen. Hier werden wir uns sicherlich eine Weile aufhalten. Sollte uns später noch Hunger oder Durst überkommen, empfiehlt sich in Rendeux das **9 T'Rendeux.** Zudem lohnt sich ein kleiner Spaziergang durch den charmanten alten Ortskern von Rendeux.

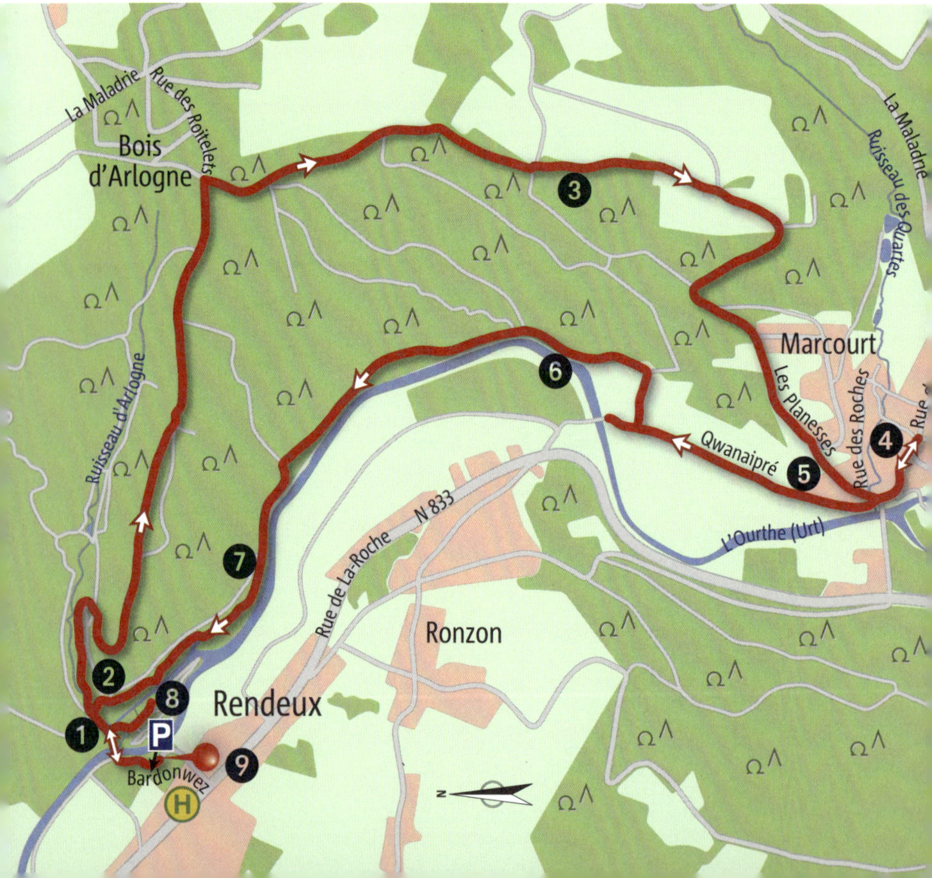

ALLES AUF EINEN BLICK

Entspannung ●●●●○
Abenteuer ●●●○○
Vielfalt ●●●●○

WIE & WANN

Es geht über gut gepflegte weiche Wege und Pfade, nur in Marcourt über Asphalt. Sobald die Natur zu gedeihen beginnt, ist die Tour schön – bis zum Ende des Herbstes.

HIN & WEG

Auto: Parkmöglichkeiten auf dem Zufahrtsweg zum Arboretum Robert Lenoir, Bardonwez 2, 6987 Rendeux
ÖPNV: Bushaltestelle Rendeux Haut École Communale, von dort etwa 20 Meter bis zum Abzweig der Straße Bardonwez

ESSEN & ENTSPANNEN

5 **Plumes et Terroirs,** Qwanaipré 6, 6987 Rendeux, Tel. +32 (4 78) 75 09 81
9 **T'Rendeux,** Rue de La-Roche 32, 6987 Rendeux, Tel. +32 (84) 41 19 57, www.32drinksandbites.be

ENTDECKEN & ERLEBEN

1 **Arboretum Robert Lenoir,** Bardonwez 2, 6987 Rendeux, Tel. +32 (4 78) 28 25 00, environnement.wallonie.be/arboretum-rendeux
2 **Rhododendren im Arboretum**
3 **Ermitage et Chapelle de Saint-Thibaut**
4 **Marcourt**
6 **Ourthe**
7 **Gartenzwerge am Arboretum**
8 **Künstlich angelegte Landschaft im Arboretum**

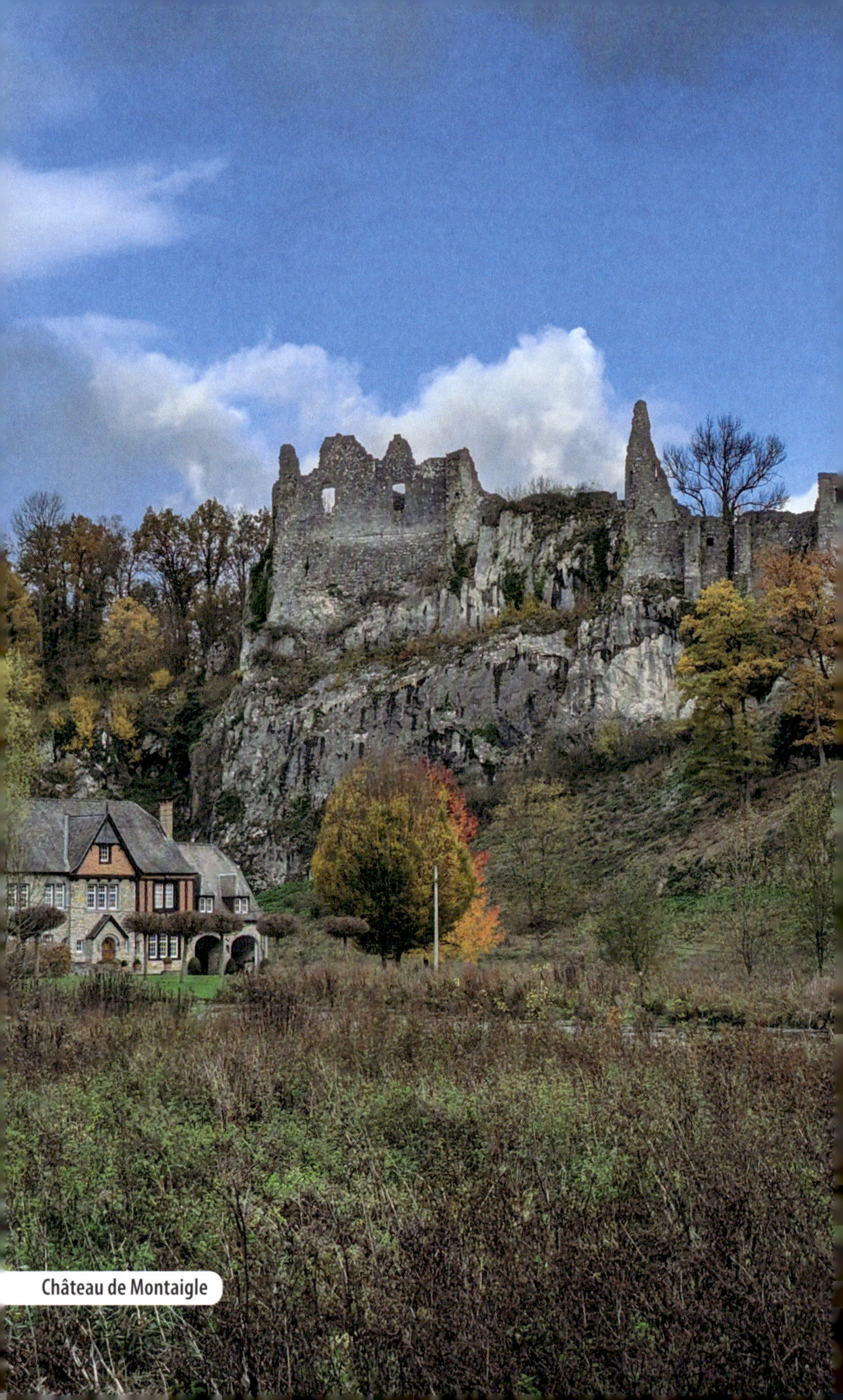

Château de Montaigle

Imposante Bauten

Falaën und Château de Montaigle

In den malerischen Dörfern der Ardennen, wo alte Kirchen oft als Startpunkte für die sogenannten „Promenades" dienen, beginnt unsere Wanderung im charmanten ❶ **Falaën.** Vielleicht haben wir in einem der gastfreundlichen Restaurants des Dorfes gespeist und sehnen uns nach einem ausgedehnten Spaziergang. Wir folgen dem Wegzeichen mit dem roten Rechteck in die **Rue de la Gare.** Die Straße führt uns nach Norden, vorbei an der heimeligen Grundschule und traditionellen Kalksteingebäuden, die mit einer ansteckenden Liebe zum Detail restauriert wurden. An manchen Wänden entdecken wir großformatige Schwarz-Weiß-Fotos, stumme Zeugen längst vergangener Tage. „Geschmackvoll" beschreibt treffend die liebevolle Gestaltung des Dorfes. Am örtlichen Gemeindezentrum Salle Les Echos de la Molignée leitet uns die Markierung nach rechts in die **Rue des Hayettes.** Nach etwa 300 Metern erreichen wir eine von zwei stolzen Linden bewachte Gabelung, zwischen denen sich ein Marienschrein verbirgt. Hier nehmen wir den linken Weg, der uns über weitläufige Felder führt, auf denen mal Rüben wachsen, mal im Mai und Juni der Raps in leuchtendem Gelb erblüht. Manchmal sind es neugierige Kühe, die uns beobachten. Zwar ist die Landschaft nicht spektakulär im herkömmlichen Sinne, doch der Blick über die sanften Hügel der nördlichen Ardennen, die scheinbar eben

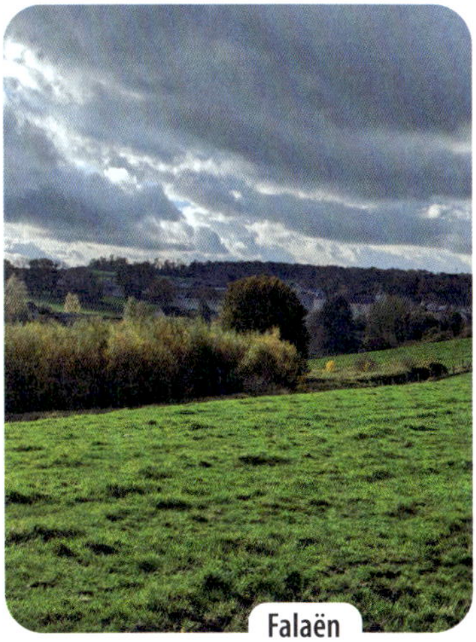

Falaën

Kilometer: 8

Höhenmeter: 190

Stunden: 3

RUNDWEG

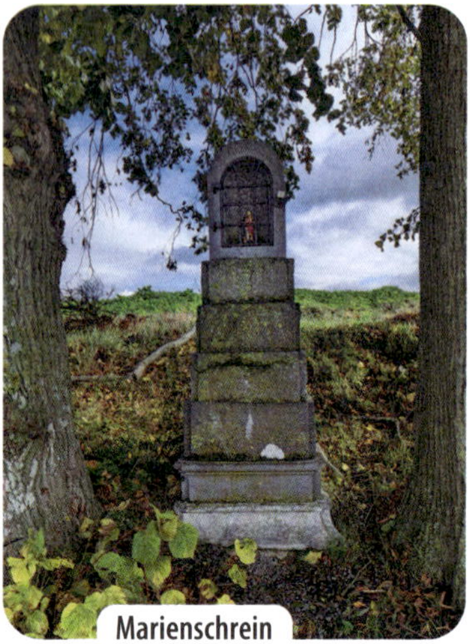
Marienschrein

daherkommen, bis sich plötzlich ein Abstieg ins Tal auftut, entführt uns in die stille Erhabenheit des Mittelgebirges.

Nach einer entspannten Wanderung von etwa 1,5 Kilometern erreichen wir eine von Bäumen umrahmte, lichtdurchflutete Wiese. Hier lenken wir unsere Schritte an der T-Kreuzung nach links und betreten ein Waldstück, das uns auf einem etwas steileren Pfad bergab führt. Besonders im Herbst, wenn das Laub in bunten Farben fällt und der Boden von der Feuchtigkeit leicht rutschig wird, ist hier Vorsicht geboten. Doch die kleine Herausforderung lohnt sich, denn schon bald öffnet sich der Wald und gibt den Blick auf einen malerischen Weiler frei. Zwischen einigen entzückenden Häusern, die im typischen Stil der Gegend erbaut sind, erhebt sich eine beeindruckende Villa, die in ihrer Umgebung thront. Ab und zu durchbricht das unverwechselbare Geräusch von ❷ **Draisinen** die Stille, die auf ihrer Strecke durch das idyllische Molignée-Tal vorbeiziehen. Die Gleise verlaufen ein paar Hundert

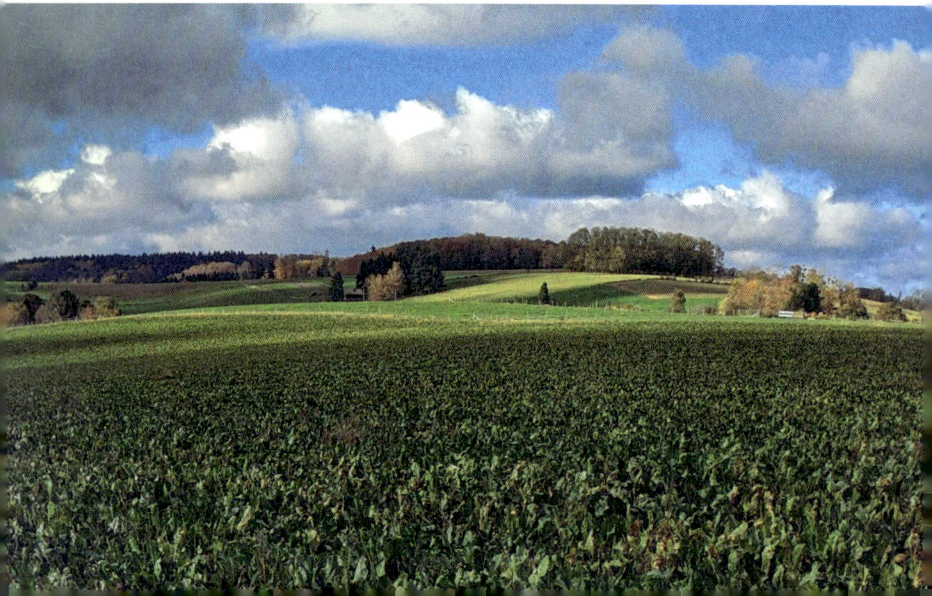

Meter weiter links. Hätten wir im Voraus reserviert, würde sich die Möglichkeit bieten aufzusteigen.

Unser Weg führt uns bei den ersten Häusern des idyllischen Weilers nach rechts, immer dem Symbol des roten Rechtecks folgend. An der malerischen T-Kreuzung entdecken wir zudem ein kleines Hinweisschild, das uns den Weg zu den durchaus beeindruckenden Ruinen des ❸ **Château de Montaigle** weist. Nach einem kurzen Weg von 400 Metern erreichen wir den Eingang, der an der ehemaligen Vorburg liegt. Dort erwartet uns nicht nur ein atemberaubender Ausblick auf die Täler von Molignée und Flavion, sondern auch ein kleines, aber feines archäologisches Museum. Es offenbart spannende Einblicke in die vorchristliche Zeit, als Menschen bereits in den nahe gelegenen Höhlen lebten. Mit einem kleinen Obolus unterstützen wir den engagierten Verein, der sich liebevoll um den Erhalt der Burganlage kümmert. Wer eine kleine Erfrischung sucht, wird hier ebenfalls fündig.

Nach dieser kulturellen Bereicherung setzen wir unsere Wanderung ins ❹ **Tal des Flavion** fort. Nur

Für die Seele

Gemütliche Wege führen uns vorbei an traditionellen Kalksteingebäuden und prächtigen Anwesen.

*Von der einstigen mittelalterlichen Festung des **Château de Montaigle** stehen nur noch die verbliebenen Mauern auf einem Felsvorsprung am Zusammenfluss von Molignée und Flavion.*

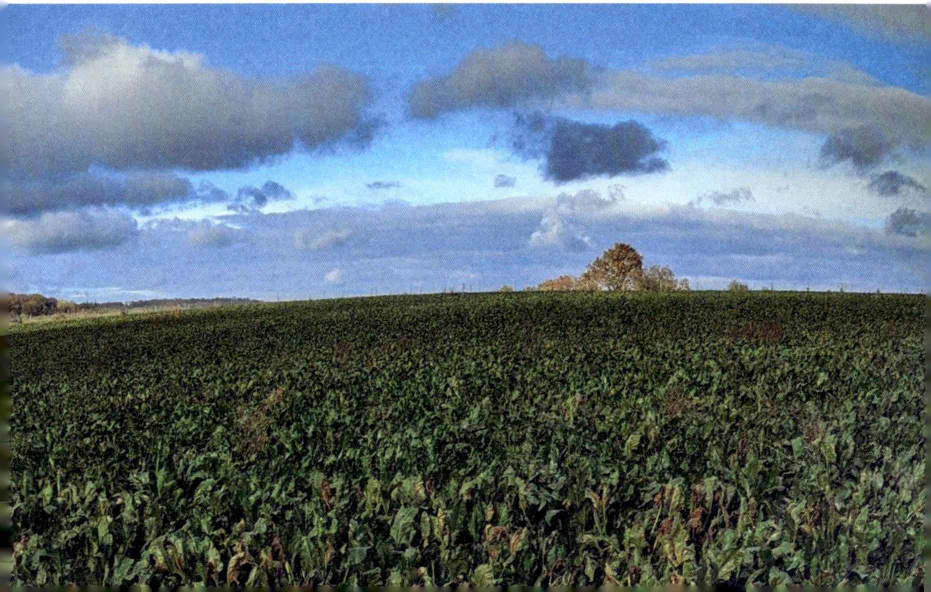

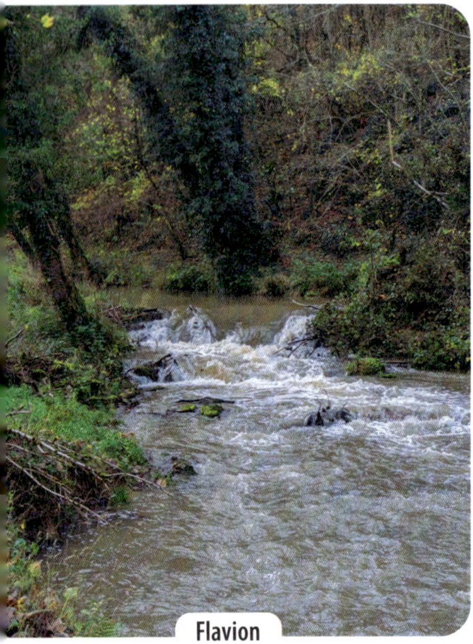

Flavion

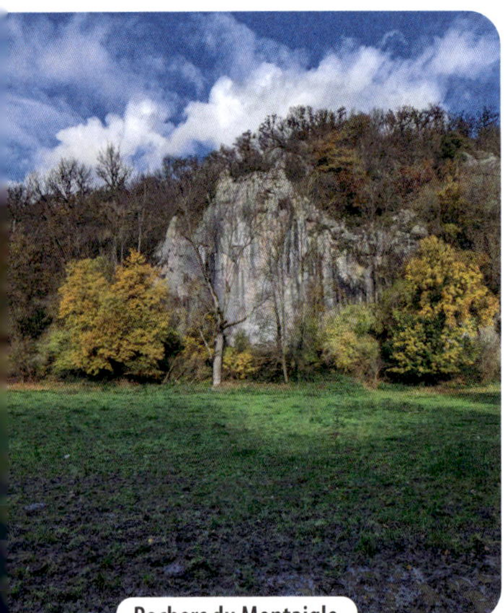

Rochers du Montaigle

100 Meter weiter begegnen wir einer Kuhweide, die als Privatbesitz gekennzeichnet ist. Der Besitzer bittet darum, Hunde an der Leine zu führen. Die Weide ist von einem Elektrozaun umgeben, den man nicht berühren sollte. Für Wanderer gibt es aber einen ungefährlichen Durchlass. Besonders nach Regenfällen ist der Boden hier matschig. Sollten uns die Bedingungen zu anspruchsvoll sein oder wenn uns der Respekt vor den Kühen zu einer winzigen Alternative bewegt, bietet sich eine Ausweichmöglichkeit: Nur 50 Meter weiter am Waldrand können wir rechts abbiegen. Dieser Pfad verläuft parallel zur Weide am Rande des Waldes und führt uns letztendlich wieder zurück auf unseren ursprünglichen Wanderweg.

Während unser Weg uns in einen locker bewaldeten Bereich unterhalb von majestätischen Felsen, den **5 Rochers du Montaigle,** führt, werden unsere Sinne von der Natur verzaubert. Das sanfte Rauschen des Wassers mischt sich mit dem lebhaften Geschnatter der Wasservögel, eine Symphonie der Natur, die uns begleitet. In der Nähe befindet sich ein recht großer Teich, dessen ruhige Oberfläche die ihn umgebende Landschaft widerspiegelt. Doch die rote Markierung weist uns einen anderen Pfad, der über 300 oder 400 Meter nach rechts bergauf an einem Bauernhof vorbeiführt. Zu unserer Rechten erstreckt sich eine typisch belgische Heckenlandschaft – statt Zäunen säumen hier Hecken die Wiesen und Felder, ein leben-

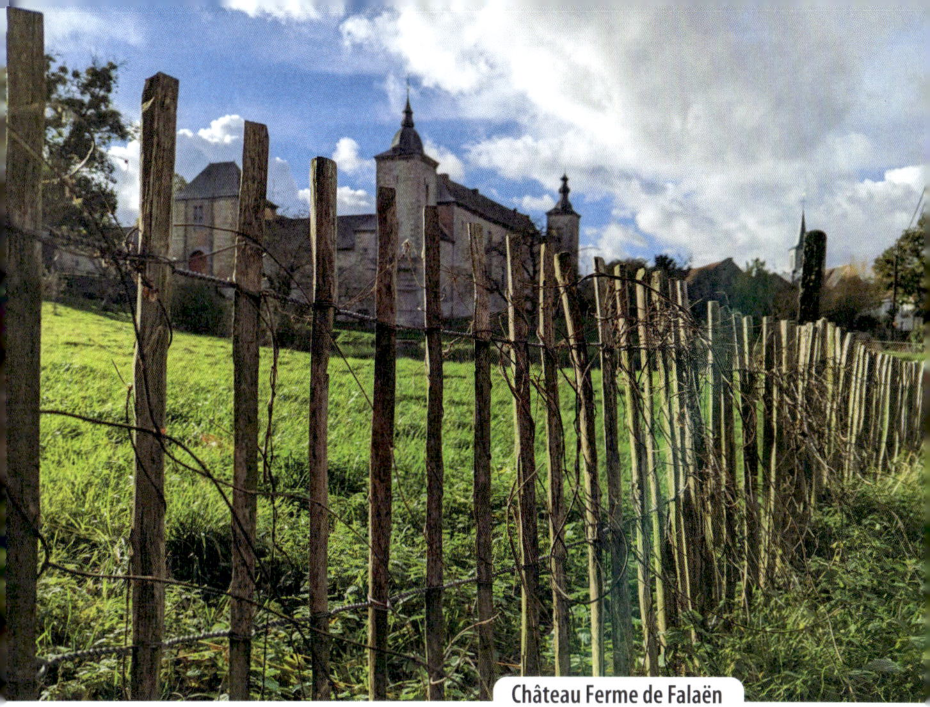

Château Ferme de Falaën

diges Mosaik aus Grün. Während wir weiter durch diese malerische Szene schlendern, öffnet sich der Blick auf eine weite Hochebene, auf der hier und da Kühe und Pferde grasen.

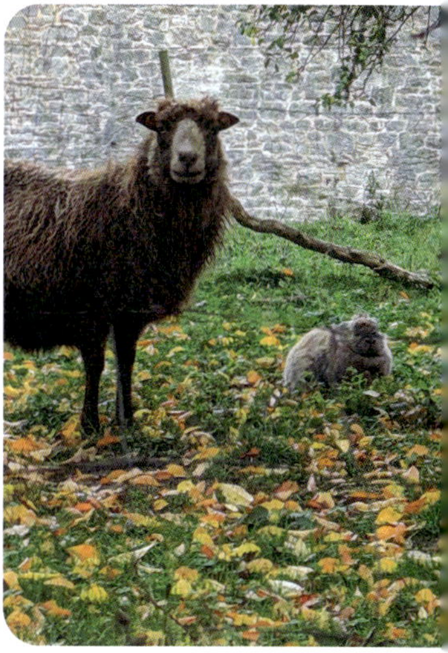

Bald erreichen wir ein rechter Hand liegendes, beeindruckendes **Gebäude,** das in seiner Größe und Eleganz weit über ein gewöhnliches Haus hinausgeht. „Anwesen" scheint die passendere Bezeichnung für diese Pracht zu sein. Es stünde relativ einsam da, gäbe es nicht ein weiteres Gebäude einige Meter entfernt. Durch das Dickicht der Büsche erhaschen wir einen Blick auf eine parkähnliche Anlage, in deren Herzen sich ein Tennisplatz älteren Datums verbirgt, ein Zeugnis noch nicht so lange vergangener Zeiten.

Etwa 500 Meter hinter dem Anwesen führt ein asphaltierter Weg rechts bergab, markiert mit dem roten Rechteck und einer „5". Für uns geht es die verbleibenden 3 Kilometer geradeaus nach Falaën zurück. Zunächst wandern wir etwas durch den Laubwald bergab bis zu einem Bauernhof. Dann geht es erneut

Es sieht aus wie ein Schloss oder eine Burg – ist es aber nicht wirklich. Beim ***Château Ferme de Falaën*** *handelt es sich um einen im 17. Jahrhundert erbauten, befestigten Bauernhof, der während der Französischen Revolution nicht zerstört wurde.*

bergauf an einem Reiterhof vorbei, bis sich die Landschaft vor uns öffnet. Immer wieder gehen wir an Kühen und Pferden vorbei. Gemütlich schlendern wir dahin, bis wir auf das malerisch gelegene Falaën blicken und dann über die uns schon bekannte **Rue des Hayettes** das Dorf wieder erreichen. Falls wir es vor unserer kleinen Tour noch nicht erkundet haben, sollten wir dies nun unbedingt nachholen. Beide Restaurants am Ort sind empfehlenswert: das 6 **Forge-Toi** mit einem günstigen Mittagsmenü sowie das 7 **La Fermette.** Auf dem etwas längeren Weg zum letzteren Restaurant passieren wir das eindrucksvolle 8 **Château Ferme de Falaën,** das dem Dorf einen besonders majestätischen Anstrich verleiht.

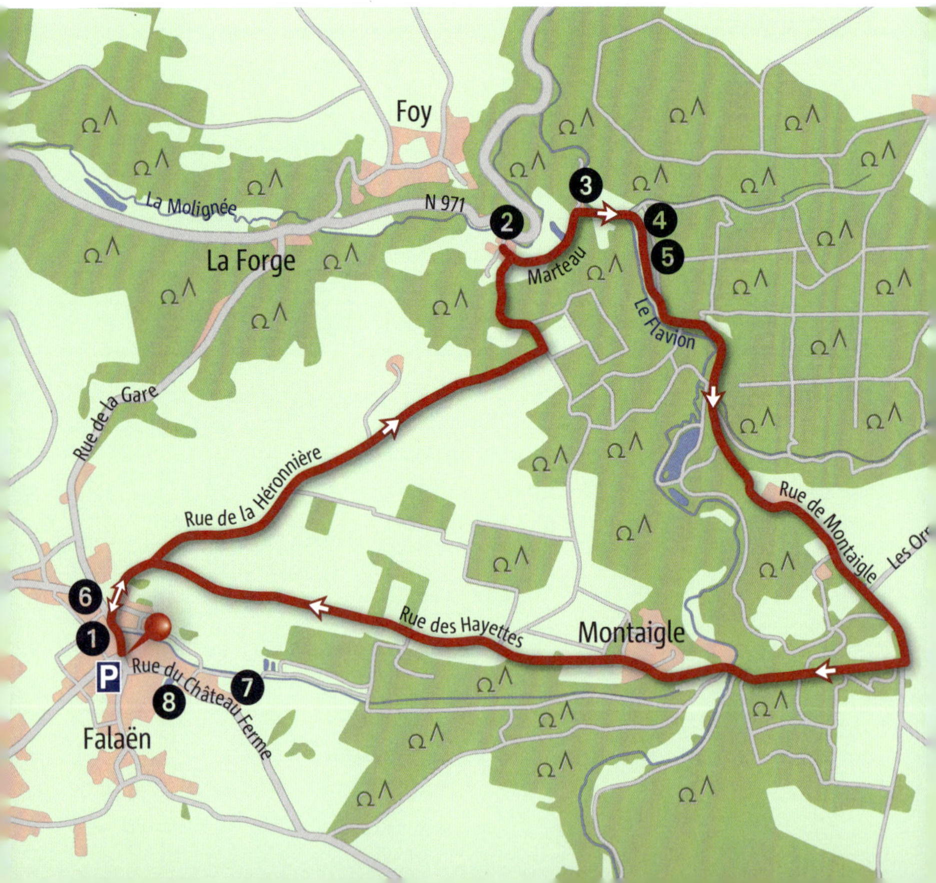

ALLES AUF EINEN BLICK

Entspannung ●●●●○
Abenteuer ●●●○○
Vielfalt ●●●○○

WIE & WANN

Teils asphaltierte Wege, teils Wald- und Wiesenwege. Letztere können bei Regen matschig sein. Vom Frühjahr bis in den Herbst hinein ist es am schönsten.

HIN & WEG

Auto: Parkmöglichkeiten an der Église Saint-Léger, Falaën, Try des Bruyères 1, 5522 Onhaye
ÖPNV: Keine Anbindung an die Strecke

ESSEN & ENTSPANNEN

Keine Einkehr direkt an der Strecke, bitte an Rucksackverpflegung für unterwegs denken.

6 **Forge-Toi,** Rue de Chertin 2, 5522 Onhaye, Tel. +32 (82) 69 92 79, www.forge-toi.be
7 **Restaurant La Fermette,** Rue du Château Ferme 30, 5522 Onhaye, Tel. +32 (82) 68 86 68, www.lafermette.be

ENTDECKEN & ERLEBEN

1 **Falaën**
2 **Draisinenstrecke durch das Molignée-Tal,** www.draisines.online
3 **Château de Montaigle,** Rue du Marteau 10, 5522 Onhaye, Tel. +32 (4 70) 46 03 62, www.chateau-fort-de-montaigle.be
4 **Tal des Flavion**
5 **Rochers du Montaigle**
8 **Château Ferme de Falaën**

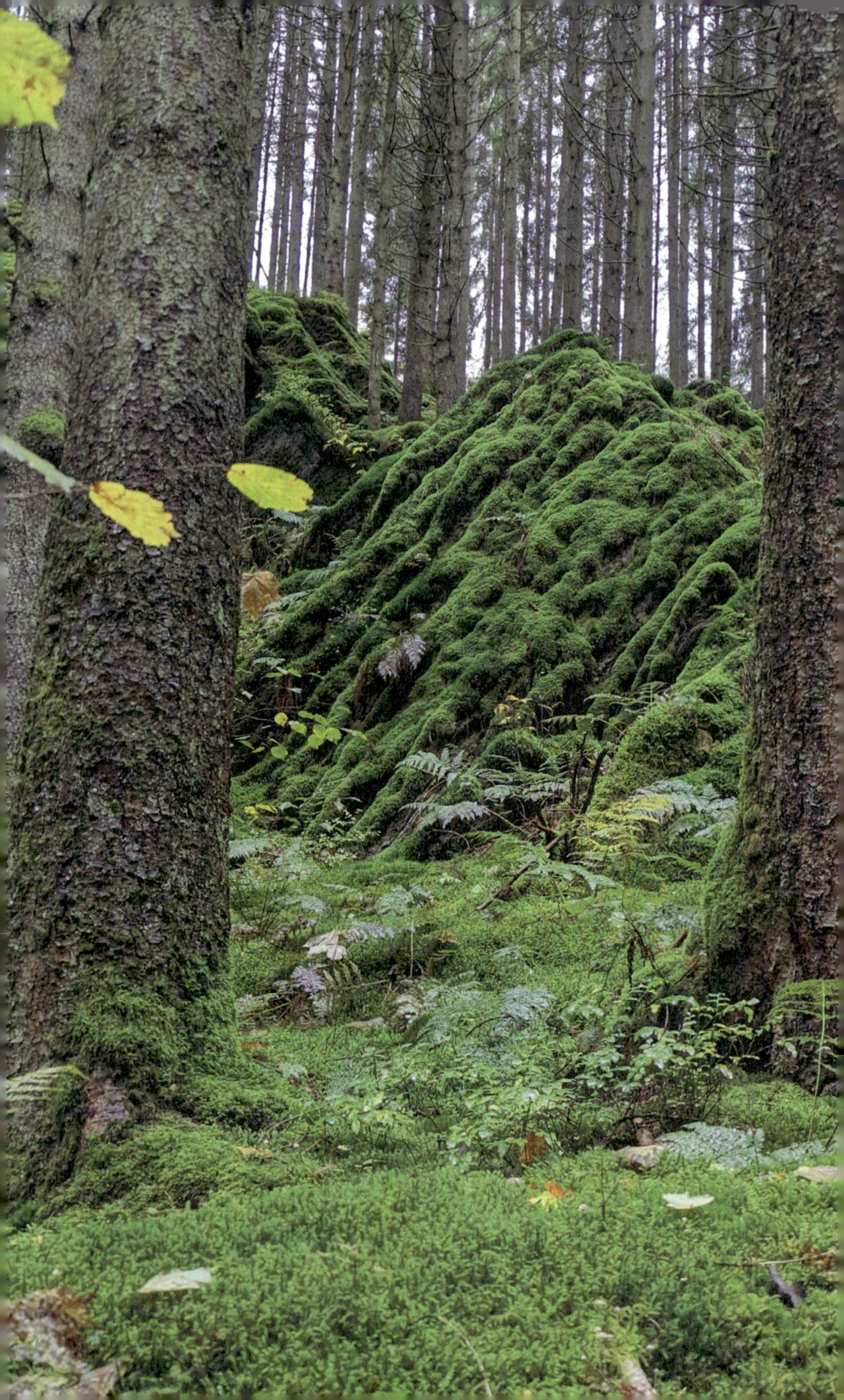

Mystisches

Um das Bierdorf Achouffe

Viele Wanderungen rund um Houffalize, insbesondere in der Gegend von Achouffe, sind ein echtes Highlight. Mit einer Länge von rund 10 Kilometern in Form einer Acht startet unsere Tour nördlich von Achouffe an der **Kreuzung Rue de la State und Wilogne,** wenige Meter neben der Straßenbrücke in Richtung Achouffe. Wir steigen gleich mit dem anspruchsvollsten Teil der Strecke ein. Der malerische **Wasserlauf des Martin-Moulin,** geprägt von zahlreichen Staustufen – teils natürlich, teils durch Biber geschaffen – ist ein einzigartiger Genuss. Feste Schuhe sind empfohlen, besonders nach Regenfällen, da der Weg matschig sein kann. Die Biberaktivitäten können gelegentlich für Überschwemmungen sorgen, was die Wanderung aber besonders reizvoll macht.

Unsere Tour besteht im Grunde aus zwei Wanderungen in der ***Form einer Acht,*** *die wir auch getrennt gehen können. Der nördliche Teil ist etwas anspruchsvoller. Wer in Achouffe startet, kann auch nur die südliche Schleife gehen.*

Der Weg, markiert mit einem **rot-weiß-roten Rechteck,** führt uns durch naturbelassene Pfade. Bei feuchter Witterung erscheint der Hang rechts vom Weg moosüberzogen, was an die abstrakten Gemälde Gerhard Richters erinnert, wären sie in Grüntönen gehalten. Nach etwa 400 Metern passieren wir die **❶ Moulin de Wilogne,** machen einen Rechts-links-Schlenker und bleiben immer in der Nähe des Flusses. Schutzgitter an Bäumen weisen auf die Nähe von Nagern hin. Ein Metallschild gibt die verbleibende Wegstrecke nach Achouffe mit etwa 2,5 Kilometern an. Der Pfad entlang des Martin-Moulin ist teilweise überschwemmt, sodass wir gelegentlich ausweichen müssen. Die beeindruckende Kraft der Biber, die das Tal mit ihren Dämmen unter

Kilometer: 10 (5)
Höhenmeter: 200 (100)
Stunden: 5 (2,5)
RUNDWEG

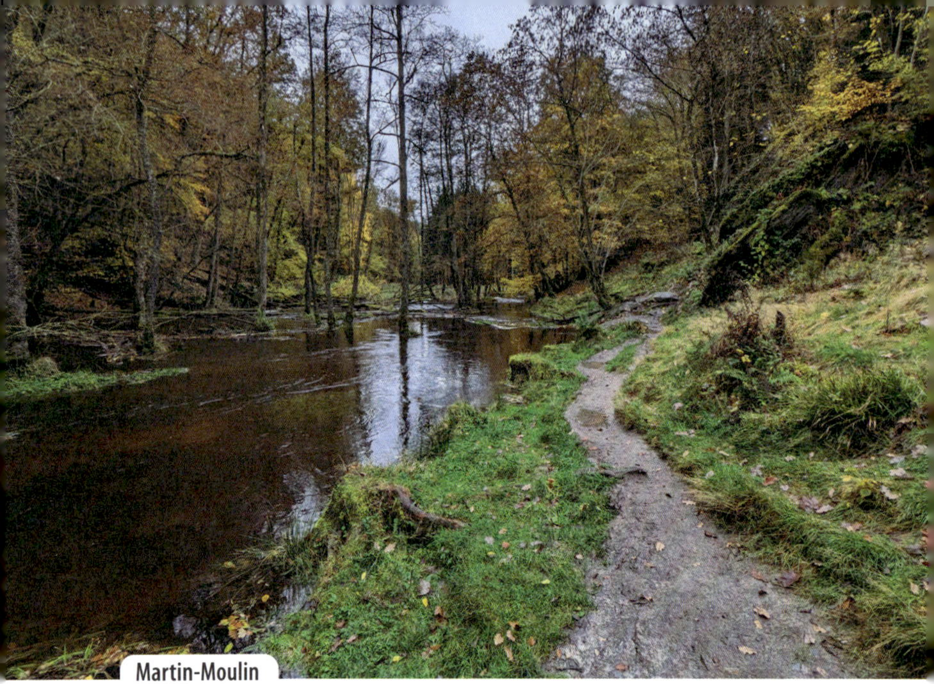

Martin-Moulin

Wasser setzen können, verblüfft immer wieder. Der Weg führt über Felsen und versumpfte Gebiete, bietet aber stets Abwechslung und Spaß, besonders für Kinder. Dieser zauberhafte Pfad schlängelt sich durch die Wälder und berührt die Seele mit seiner natürlichen Schönheit. Über Wurzeln und Steine gelangt man schließlich auf einen schmalen Betonsteg, der einst zur Wasserableitung einer Mühle diente. Bald darauf erreichen wir **Fischteiche** und Achouffe ist nicht mehr weit entfernt. Ein erlebnisreicher und naturnaher Wanderweg, der sowohl fordert als auch erfreut.

Zunächst passieren wir ein Haus, von dem aus wir später rechts ins Feental abbiegen werden. Gleich dahinter erblicken wir die ❷ **Brauerei La Chouffe** mit ihrer unverkennbaren roten Gnom-Mütze auf dem Brauturm. Wir schlendern durch den kleinen Ort Achouffe, zwischen der Kapelle Notre-Dame de Lourdes et St. Joseph und einem Teich hindurch treffen wir auf das Touristenbüro. Je nach Stimmung bietet sich eine Pause an einem der Teiche oder ein Besuch in einem der angesichts der Kleinheit des Dorfes erstaunlichen Anzahl von lokalen Restaurants an. Alle sind nah beieinander

*Während der 1970er-Jahre als Hobbyprojekt gestartet, ist das Bier mit dem Gnom auf der Flasche – **La Chouffe** – während der vergangenen 40 Jahre Kult geworden. Es gibt neun teils saisonale Sorten. Die Brauerei kann besichtigt werden.*

und haben ihre Vorzüge, sodass wir uns in Ruhe entscheiden können zwischen der ③ **Taverne de la Chouffe,** dem ④ **La Petite Fontaine** mit seinem in der kühleren Jahreszeit behaglichen offenen Feuer oder dem ⑤ **Le Melomalt** mit seiner interessanten Küche.

Vom Touristenbüro schlenkern wir leicht nach links, folgen der Straße nach 60 Metern durch eine Rechtskurve und biegen an der nächsten Kreuzung nach links ab. Ein kleines blaues Rechteck markiert die zweite Etappe unserer Acht und führt zunächst durch Wiesen und Wälder bergauf. Nach 800 Metern erreichen wir einen Wald mit flachem, lockerem Untergrund. Ein schmaler Pfad führt uns dann links abwärts zurück in die Wildnis. Als Nächstes stoßen wir auf einen steilen Hang, dessen Aufstieg herausfordernd sein mag, aber es sind nur 50 Höhenmeter zu überwinden. Oben angekommen, folgen wir weiter dem **blauen Rechteck** und durchqueren den Wald. Moosbewachsene Felsen und offene Landschaften mit

Für die Seele

Wir werden bezaubert von rauschenden Bächen, dem Tal der Feen und dem berühmten Bier La Chouffe.

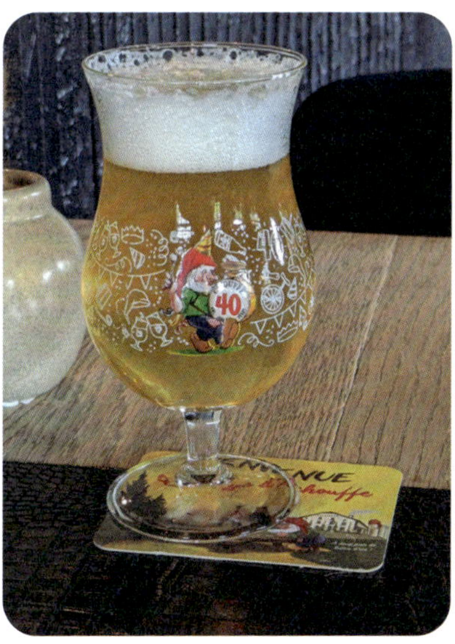

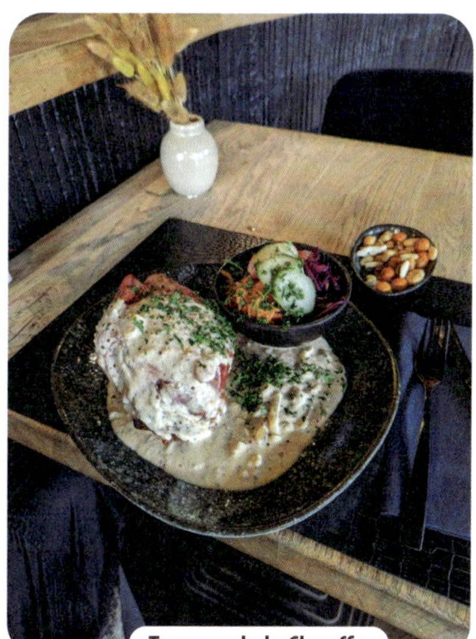

Taverne de la Chouffe

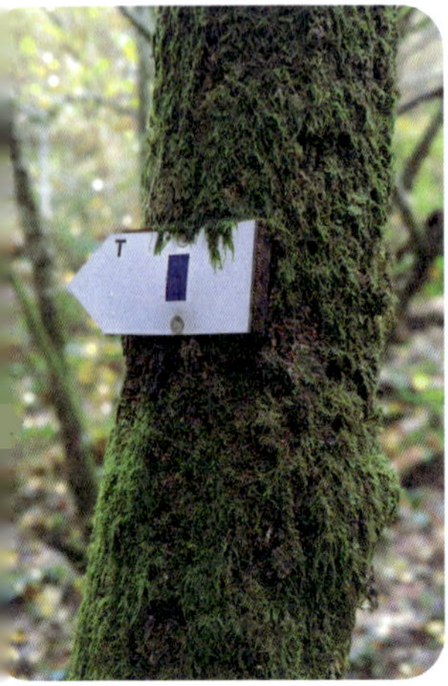

Ginsterbüschen prägen das Bild. Im Frühsommer wandern wir also durch ein Meer aus gelben Ginsterblüten, bevor der Weg abwärts über Felsen führt.

Schließlich erreichen wir wieder den Wald, wo sich der Pfad etwas im Hang verliert und wir das Rauschen des **Martin Moulin** hören. Vor dem Bach halten wir uns links und folgen ihm flussaufwärts. Auf den letzten 2 Kilometern bis Achouffe gibt es vieles zu entdecken, darunter moosbedeckte Hänge und mehrstämmige Buchen am Wasser. Über Felsen und Wurzeln führt der Weg bis zu einer Brücke, die wir überqueren und weiter dem Flusslauf folgen. Entspannt erreichen wir die Straße, biegen links ab und halten erneut in **Achouffe** Einzug. Wer nicht schon vorher ein Lokal aufgesucht hat, steht nun vor der Qual der Wahl. Auch die Brauerei La Chouffe kann besichtigt werden.

Nach unserer Erholungspause setzen wir unsere Wanderung fort, vorbei an der Brauerei bis zu dem großen Backsteingebäude, das uns schon auf dem Hinweg aufgefallen ist. Dahinter biegen wir links ab

Ruisseau de Chevral

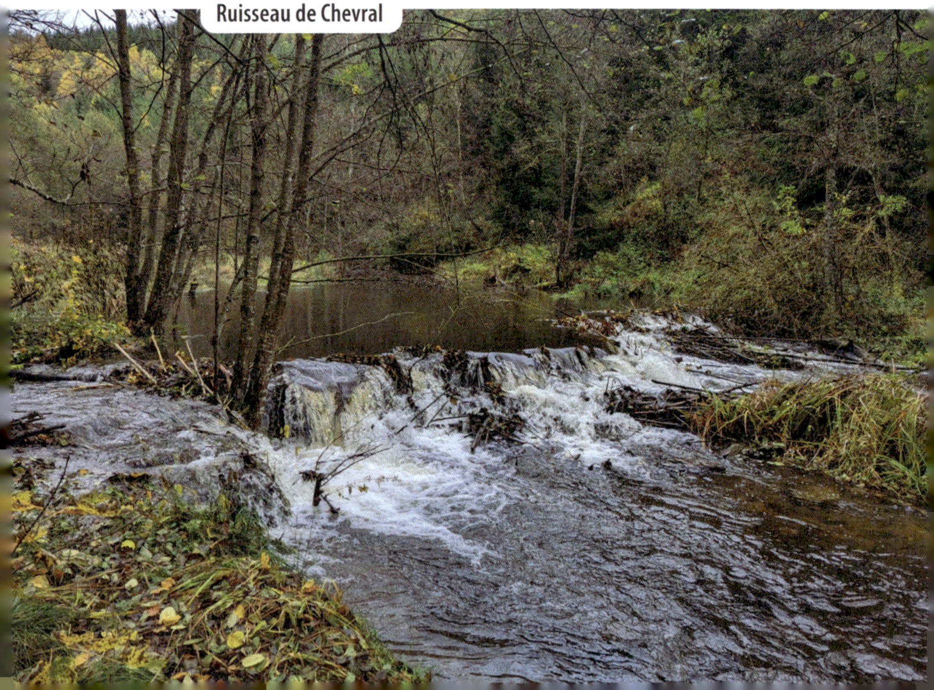

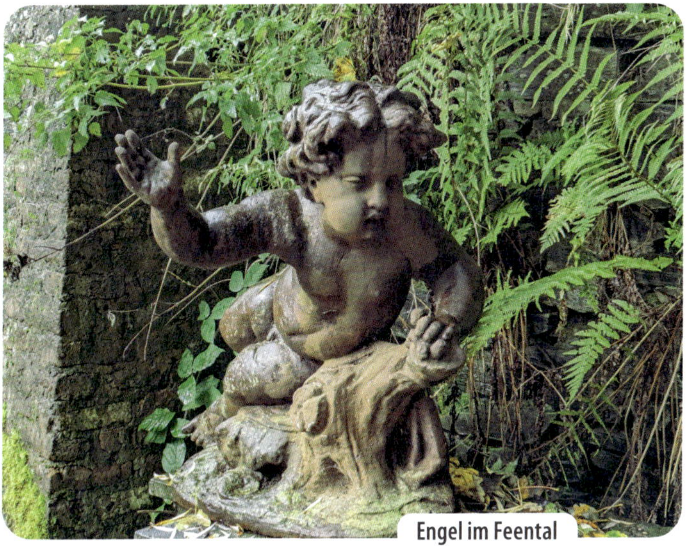

Engel im Feental

und folgen einem Pfad mit blau-weiß-blauer Markierung. Kurz darauf teilt sich der Weg erneut und wir wählen den linken Pfad, der uns ins 6 **Vallée des Fées,** das Tal der Feen, entführt. Entlang des Weges begegnen uns eine Handvoll Weiher, die teilweise mit Netzen überspannt sind, um die Fischreiher vom freien Fischfang abzuhalten. Häufig sieht man die Vögel erwartungsvoll am Ufer stehen.

Oberhalb der Fischweiher entdecken wir Staustufen im 7 **Ruisseau de Chevral,** dem Bach, der durch das Tal fließt. Hier sind Biber und möglicherweise auch Otter zu Hause, die sich vom reichhaltigen Fischangebot ernähren. Ihre Aktivitäten verleihen dem Feental einen wilden und ursprünglichen Charakter. Nach etwa 1,5 Kilometern durch das Tal erreichen wir eine Brücke, überqueren den Bach und folgen rechts der Beschilderung. Kurz darauf überqueren wir den Bach erneut und beginnen den Aufstieg auf einen Hügel. Zunächst geht es über eine kleine Rampe nach oben. Ein Blick zurück lohnt sich hier für einen herrlichen Ausblick über das Feental.

*Im abgelegenen **Tal der Feen** traf der Hirte Cornet Toussaint auf eine mysteriöse schwarze Kuh. Er folgte ihr zu einer Höhle, in der eine Fee ihm zum Dank einen Beutel schenkte. Darin entdeckte er, versteckt in Stroh, sechs Goldmünzen.*

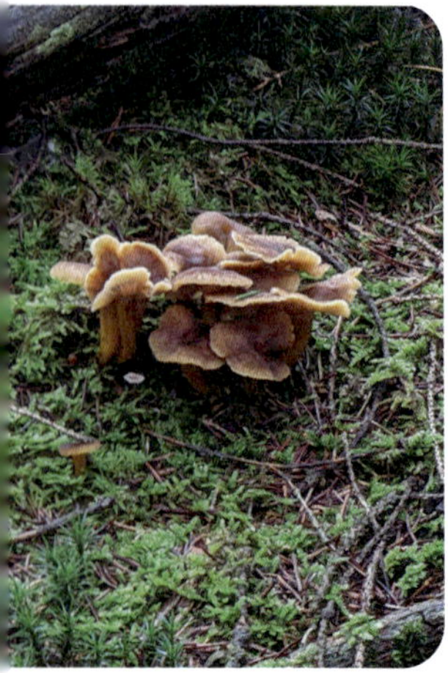

Es folgen zwei entspannende Kilometer durch den Wald. Die grünen Moosflächen und gelegentlich sichtbaren Pilze im Herbst wirken beruhigend. Manchmal lichtet sich der Wald und Sonnenstrahlen erhellen unseren Weg. Schließlich leitet uns die blau-weiß-blaue Markierung steil bergab über einen moosbedeckten Hang oberhalb der **Moulin de Wilogne,** an der wir zu Beginn unserer Wanderung vorbeikamen. Im Herbst ist dieser Hang ein Paradies für Pilzsammler. Für Kenner bietet sich hier die Möglichkeit, einige Pilze für den eigenen Verzehr zu sammeln. Nun haben wir keinen Kilometer mehr bis zu unserem Fahrzeug vor uns. Unten an der ehemaligen Mühle angekommen, biegen wir links ab und beenden unseren Weg.

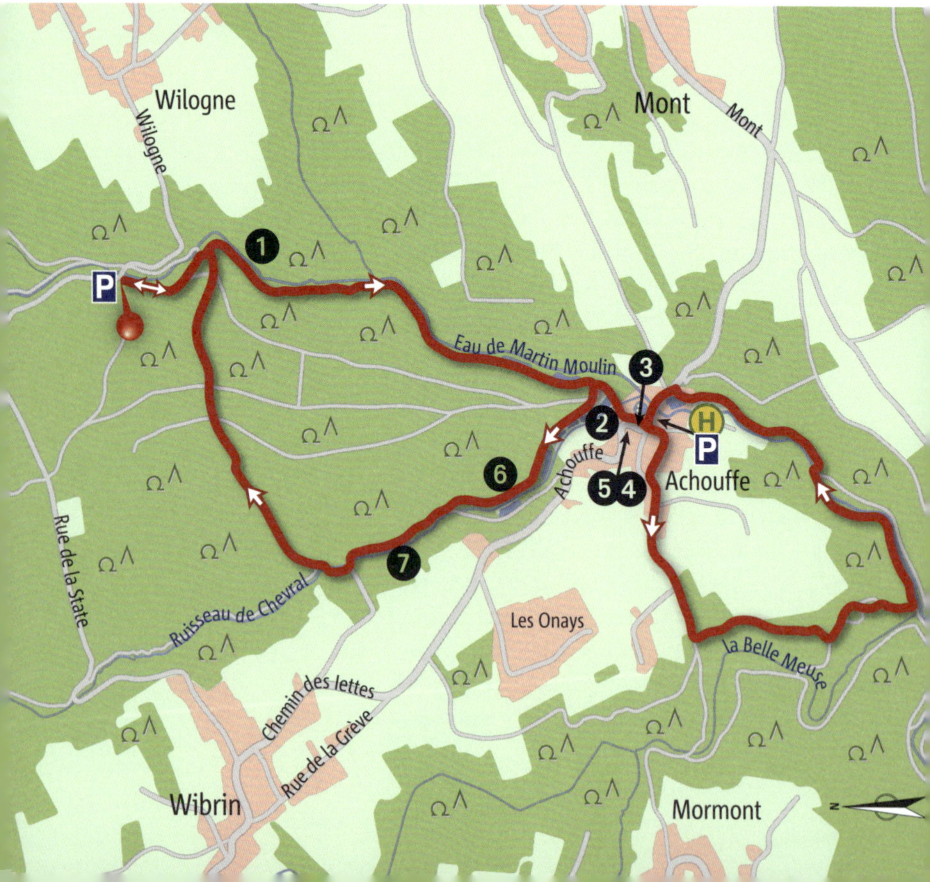

ALLES AUF EINEN BLICK

Entspannung 4/5
Abenteuer 4/5
Vielfalt 4/5

WIE & WANN

Meist Pfade, im Ort Asphalt. Die Pfade sind anspruchsvoll und verlangen Trittsicherheit und festes Schuhwerk. Ganzjährig möglich, bei Nebel und Regen ist die Gegend besonders mystisch.

HIN & WEG

Auto: Kleiner Parkplatz an der Brücke bei der Kreuzung Rue de la State/Wilogne; alternativ Parkplatz Achouffe Hôtel, 6666 Houffalize
ÖPNV: Bushaltestelle Achouffe Hôtel, die Wanderung beginnt und endet dann hier

ESSEN & ENTSPANNEN

3 **Taverne de la Chouffe**, Achouffe 9, 6666 Houffalize, Tel. +32 (61) 28 94 55
4 **La Petite Fontaine,** Achouffe 26, 6666 Houffalize, Tel. +32 (61) 51 35 53, www.lapetitefontaineachouffe.be
5 **Le Melomalt,** Achouffe 26/2, 6666 Houffalize, Tel. +32 (61) 65 55 72

ENTDECKEN & ERLEBEN

1 **Moulin de Wilogne**
2 **Brauerei La Chouffe,** Achouffe 32, 6666 Houffalize, Tel. +32 (61) 28 81 47, www.chouffe.com
6 **Vallée des Fées**
7 **Ruisseau de Chevral**

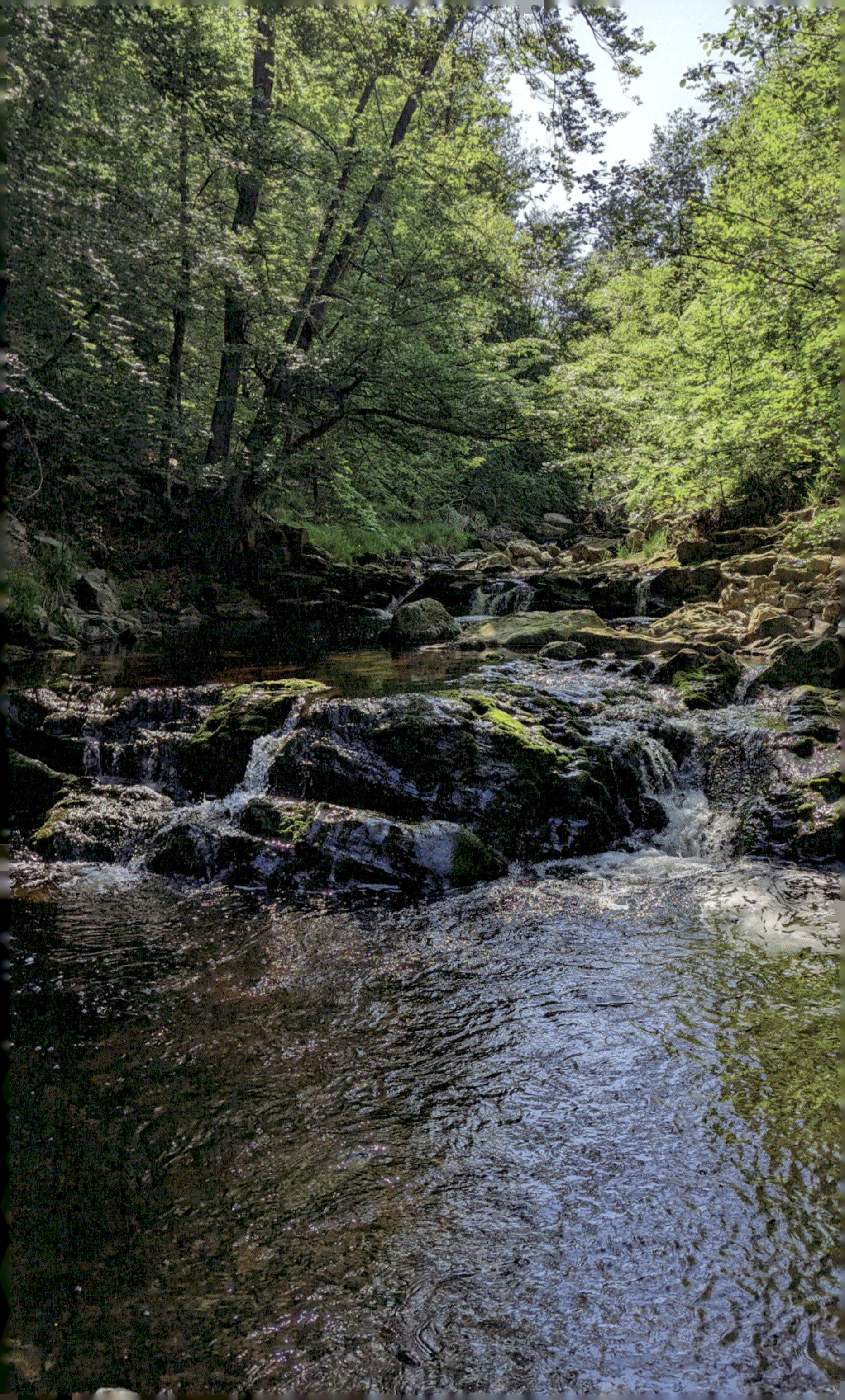

Wild & pittoresk

Kaskaden an der wilden Hoëgne

Unsere Wanderung beginnt am Parkplatz hinter dem gemütlichen Restaurant ❶ **Le Chalet du Pont de Belleheid,** das nach unserer Tour mit seiner paradiesisch entspannten Lage direkt an der **Hoëgne** lockt. Ausgestattet mit vielleicht einigen Picknickutensilien im Rucksack, starten wir motiviert in das Abenteuer. Wir folgen der Markierung mit dem **blauen Kreuz** durch das Tor der ❷ **Promenade de la Hoëgne.** Diese Wanderung, die bereits 1899 angelegt und 1999 liebevoll von der Gemeinde Jalhay restauriert wurde, führt uns durch das wildromantische Flusstal. Es ist ein Konzert der Natur: das Rauschen und Gurgeln des Wassers begleitet vom fröhlichen Gezwitscher der Vögel. Gemächlich steigen wir bergan und bestaunen den Bach, der mal spektakulär, mal ruhig seinen Weg findet. Überall sind Felsen verstreut, die Obelix entzücken würden. Das Wasser bahnt sich mal rasant, mal bedächtig seinen Weg durch Rinnen und über Steine. Der Pfad, gesäumt von Steinen und Felsen, fordert unsere Aufmerksamkeit, besonders wegen der vielen Wurzeln. Doch die Route bleibt angenehm zu gehen. Schon nach 300 Metern erreichen wir die ersten **Brücken,** die uns über den lebendigen Bach führen.

*Die **Promenade de la Hoëgne** wurde bereits 1899 eingerichtet und war vom 1880 eröffneten Bahnhof Sart Station schon damals gut erreichbar. Zwei Wasserfälle wurden nach dem belgischen Königspaar Leopold II. und Marie-Henriette benannt.*

Kilometer: 8,5

Höhenmeter: 150

Stunden: 3

RUNDWEG

Im Frühjahr präsentiert sich dieser Weg oft matschig, wie so oft in den Ardennen in der unmittelbaren Nähe von Bächen und Flüssen. Doch die Hoëgne fesselt unsere Aufmerksamkeit so sehr, dass der Untergrund kaum ins Gewicht fällt. Nach etwa 800 oder 900 Metern erreichen wir die ❸ **Cascade**

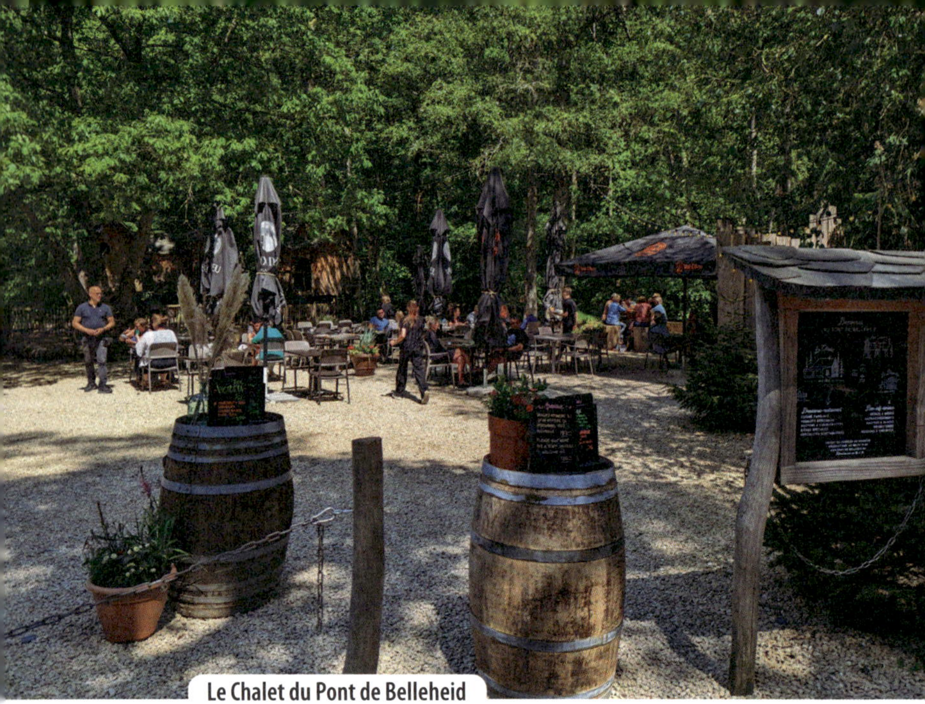

Le Chalet du Pont de Belleheid

Wenn es warm genug ist, kann man an der ***Cascade Leopold II.*** *die Füße ins herrliche Nass strecken. Bei schönem, nicht zu heißem Wetter von Mai bis Ende August wird es an Wochenenden voll, weshalb man Randzeiten bevorzugen sollte.*

Seit 1869 quert eine Eisenbrücke die Hoëgne. Anlässlich des hundertjährigen Bestehens Belgiens wurde 1930 eine neu errichtete Betonbrücke eingeweiht, die folgerichtig den Namen Jahrhundertbrücke – ***Pont de Centenaire*** *– erhielt.*

Marie-Henriette und kurze Zeit später die nach ihrem Ehemann benannte ④ **Cascade Leopold II.** Statt hoher Wasserfälle finden wir hier mehrere 1 bis 3 Meter hohe Felsstufen, über die das Wasser plätschert und uns mit seiner rauschenden Wassermusik erfreut, vor allem wenn die Hoëgne ausreichend Wasser führt. Hier steigen wir rechts zum ⑤ **Rastplatz Léonard Legras** auf, den es seit der Einweihung des Weges im Jahr 1899 gibt. Einst stand hier eine gleichnamige Hütte. Heute findet man in etwa 100 Metern Entfernung eine Plakette, die an Legras erinnert.

Obwohl wir erst kurz unterwegs sind und eine Rast nicht zwingend notwendig ist, wirkt der Ort sehr einladend. Dennoch, im weiteren Verlauf des Aufstiegs werden wir noch viele wunderbare Plätze zum Verweilen finden. Im Sommer ist das Naschen an den unzähligen ⑥ **Blaubeerbüschen** eine reizende kleine Beschäftigung. Wir folgen weiter der Markierung mit dem blauen Kreuz, überqueren Bohlenwege, Stege und kleine Brücken – eine entspannende Abwechslung. Auf den etwa 4 Kilometern flussaufwärts steigen wir knapp 150 Höhenmeter auf, bis das Gelände flacher wird. Unterwegs legen wir sicherlich eine Pause auf einem der großen Felsen ein, die das Tal prägen. Möglicherweise ist der Boden weich und schlammig, ein Phänomen der letzten Jahre, in denen sich Biber angesiedelt und einen beeindruckenden Damm erbaut haben. Zumeist ehrenamtliche Helfer kümmern sich um die Instandhaltung des Weges und errichten an manchen Stellen Bohlenwege. Bald nähern wir uns der 7 **Pont de Centenaire.** Hier ist das Wasser flach und ruhig – ideal für eine erfrischende Abkühlung!

Für die Seele

Ein Wildbach rauscht und gurgelt beständig, während wir auf Pfaden und über Brücken wandern.

An der Pont de Centenaire biegen wir nach links ab und folgen etwa 150 Meter weiter dem blauen Kreuz erneut nach links. Nach 400 Metern nehmen wir an einer Gabelung den linken Weg bergab. Etwa einen

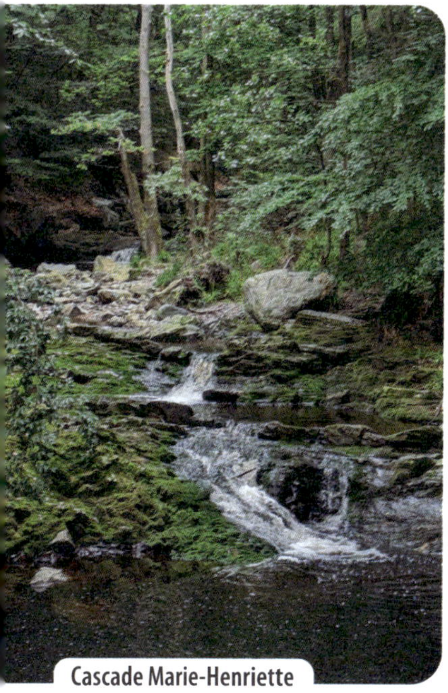

Cascade Marie-Henriette

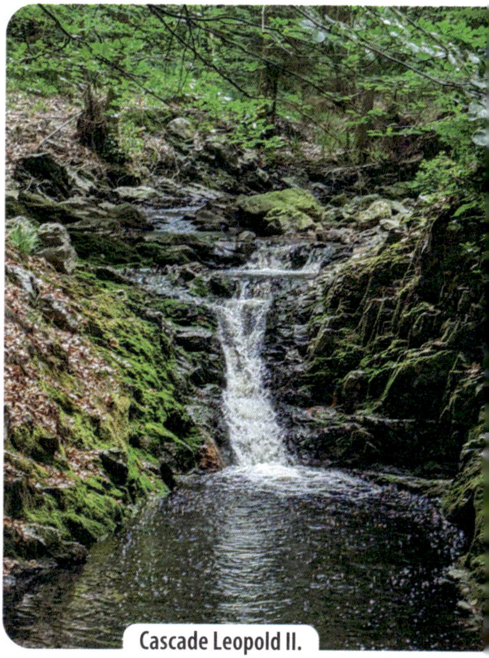

Cascade Leopold II.

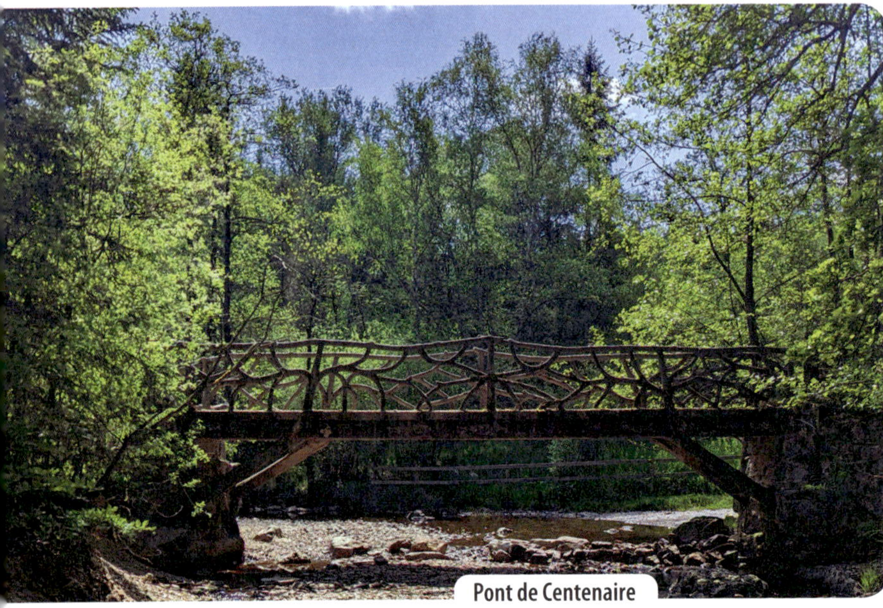

Pont de Centenaire

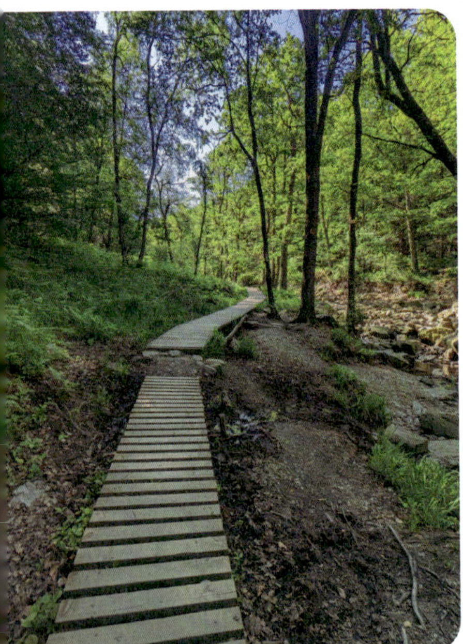

halben Kilometer später erreichen wir eine weitere Gabelung – auch hier halten wir uns links und entdecken schon bald die Hütte des **8 Belvédère de la Hoëgne.** Dieser charmante Aussichtspunkt mit seinem felsigen Vorsprung bietet einen malerischen Blick talaufwärts über den dichten Wald des Hoëgne-Tals – ein Anblick, den man sich nicht entgehen lassen sollte.

Vom Belvédère gehen wir geradeaus weiter und gelangen nach einem 1,5 Kilometer langen, gemütlichen Waldspaziergang zu einer Kreuzung, an der uns die Markierung links über einen steilen Pfad hinunter zur **Cascade Leopold II.** leitet. Von dort aus machen wir uns auf bekanntem Weg auf den Rückweg zum **Chalet du Pont de Belleheid.**

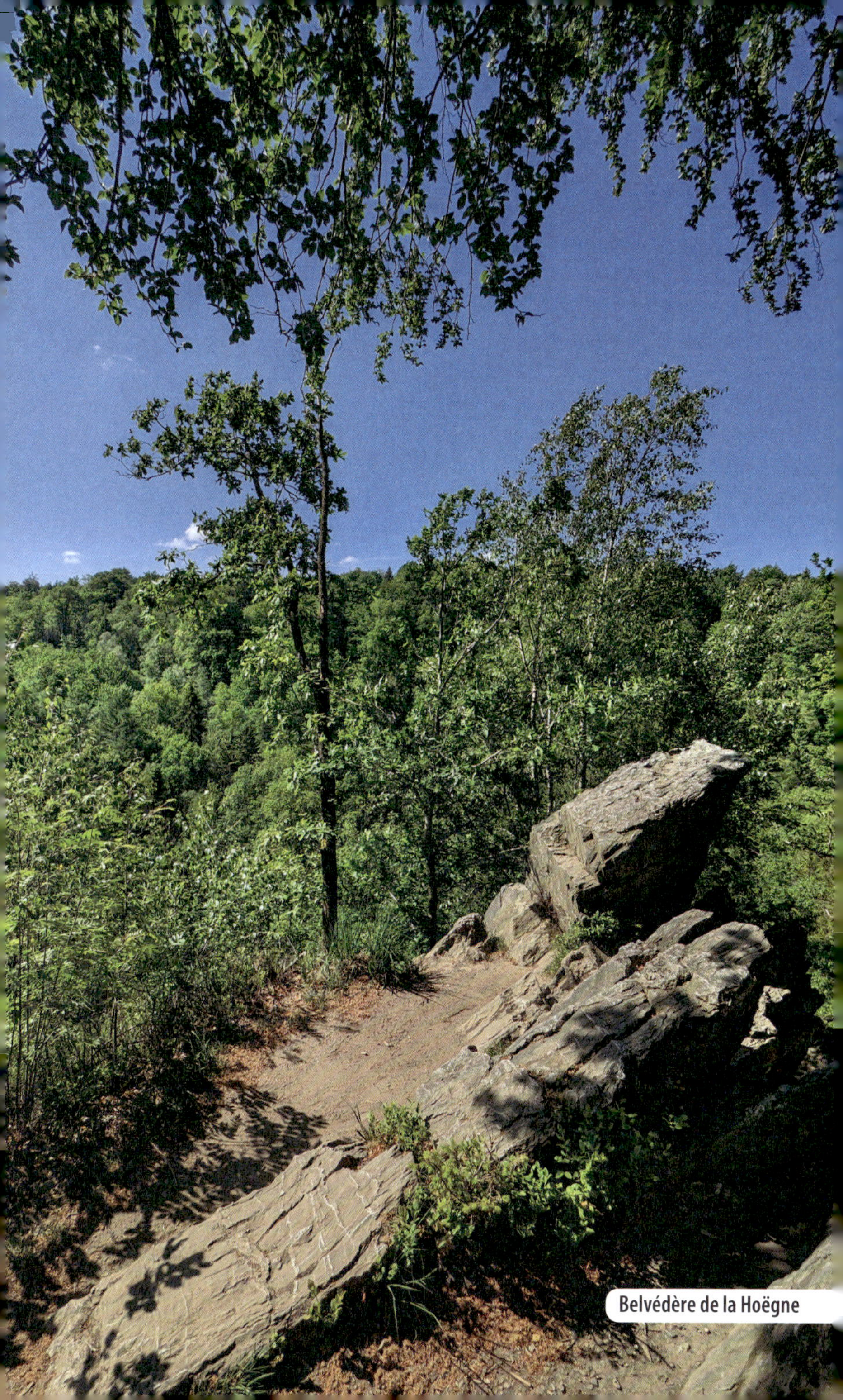

Belvédère de la Hoëgne

ERFRISCHUNG 17

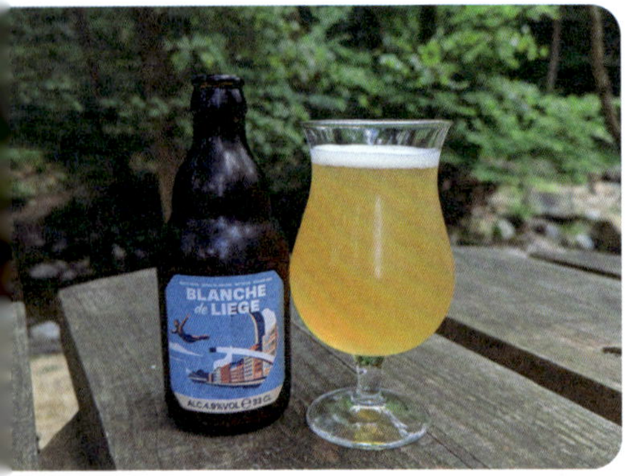

Ein Besuch im Chalet ist stets ein Vergnügen. Im Sommer genießt man die Szenerie unter dem Schatten großer Bäume, während Kinder im Bach spielen und sich auf dem fantastischen Spielplatz mit Hütten und Klettermöglichkeiten austoben. Das Essen, der Service und die Getränke sind durchweg hervorragend. In der kalten Jahreszeit locken Köstlichkeiten wie Käsefondue, Fondue und Raclette in typisch belgischer Ausprägung – ein wahrer Genuss nach einer erfrischenden Wanderung.

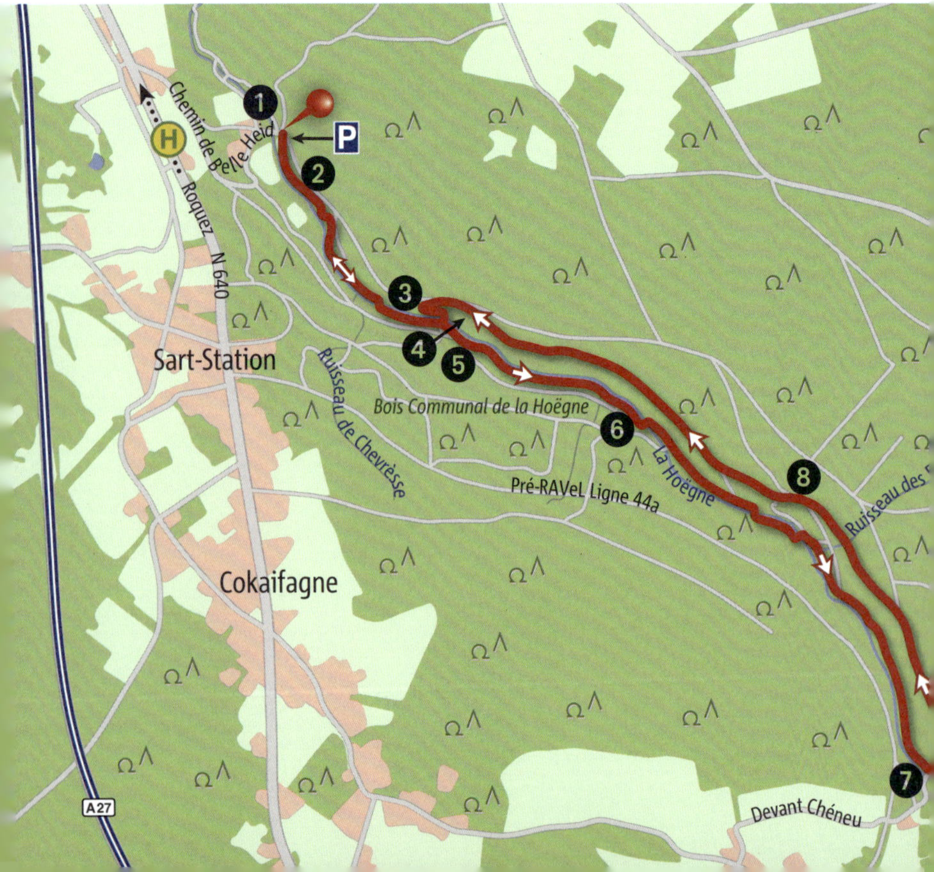

ALLES AUF EINEN BLICK

Entspannung 5/5
Abenteuer 4/5
Vielfalt 4/5

WIE & WANN

Waldwege, die teils matschig sein können, nach Regen sind Wanderschuhe daher empfehlenswert. Am besten von Frühling bis Herbst geeignet, aber auch im Winter bei Schnee reizvoll.

HIN & WEG

Auto: Parkmöglichkeiten am Chalet du Pont de Belleheid, Chemin de Belle Heid 15, 4845 Jalhay; Ausweichparkplätze an der Straße
ÖPNV: Bushaltestelle Sart-lez-Spa Roquez, von dort in den Chemin de Belle Heid und nach ca. 250 Metern links in einen Forstweg zum Chalet du Pont de Belleheid, insgesamt ca. 550 Meter

ESSEN & ENTSPANNEN

1. **Le Chalet du Pont de Belleheid,** Chemin de Belle Heid 15, 4845 Jalhay, Tel. +32 (87) 47 44 80, www.pont-de-belleheid.be

ENTDECKEN & ERLEBEN

2. **Promenade de la Hoëgne**
3. **Cascade Marie-Henriette**
4. **Cascade Leopold II.**
5. **Rastplatz Lénonard Legras**
6. **Blaubeerbüsche**
7. **Pont de Centenaire**
8. **Belvédère de la Hoëgne**

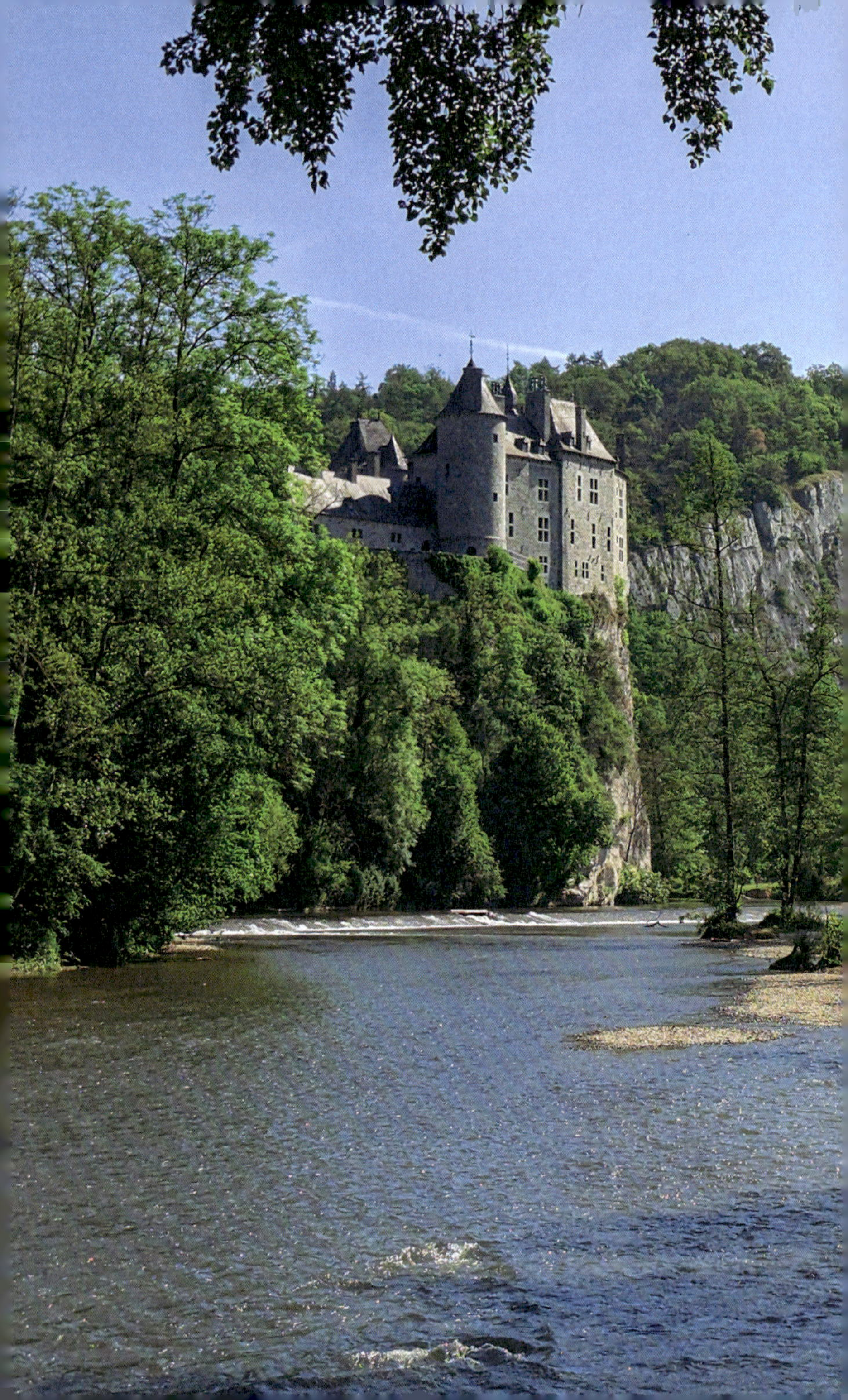

Burg & Wasser

Das Château Walzin an der Lesse

Unterhalb des majestätischen ❶ **Château Walzin** liegt unweit des Parkplatzes versteckt eine malerische Mühle. Genau dort, umgeben von der unberührten Natur, beginnt unsere unvergessliche Tour. Am Fuß des Château, wo der Pfad ins Wasser mündet, breitet sich im Sommer eine **Kiesbank** aus. Schon jetzt können wir uns darauf freuen, nach unserer Wanderung hier liegend das Rauschen des Wassers zu genießen und uns am Leben zu erfreuen. Doch zunächst folgen wir dem benachbarten Weg flussabwärts, der uns nach nur wenigen Metern auf eine Fußgängerbrücke über die Lesse führt. Der Fluss rauscht nun kräftig unter uns. Hinter der Brücke wenden wir uns nach links, nun flussaufwärts. Neben der Mühle auf der gegenüberliegenden Uferseite erstreckt sich ein Damm, über den das Wasser spielerisch fließt. Selbst im Winter tummeln sich hier Enten und Gänse, während im Sommer Kajakfahrer das Gewässer beleben. Das Abenteuer, mit einem Boot über eine kleine Staumauer zu fahren, mag zunächst verwegen erscheinen, entpuppt sich jedoch als ein unvergleichliches Vergnügen.

*Das neugotische **Château Walzin** bei Dinant erhebt sich majestätisch 50 Meter über der Lesse. Ein verborgenes Juwel, unzugänglich und umhüllt von Mystik, das reiche Geschichten birgt. Victor Hugos berühmtes Gemälde von 1863 fängt diese Stimmung ein.*

Die Felswand unterhalb des Schlosses, die eine behagliche Wärme ausstrahlt, leitet uns weiter. Und dann, wie aus dem Nichts, erscheint vor uns das imposante Château Walzin. „Imposant" ist wohl der treffendste Ausdruck für dieses grandiose Bauwerk, das majestätisch auf einem Felsen über der Lesse thront. Wenngleich es nicht die romantische Aura von Neuschwanstein besitzt, weckt es dennoch eine starke Sehnsucht, es zu erkunden. Leider bleibt

Kilometer: 12,5 (16,5)

Höhenmeter: 200 (280)

Stunden: 3,5 (5)

RUNDWEG

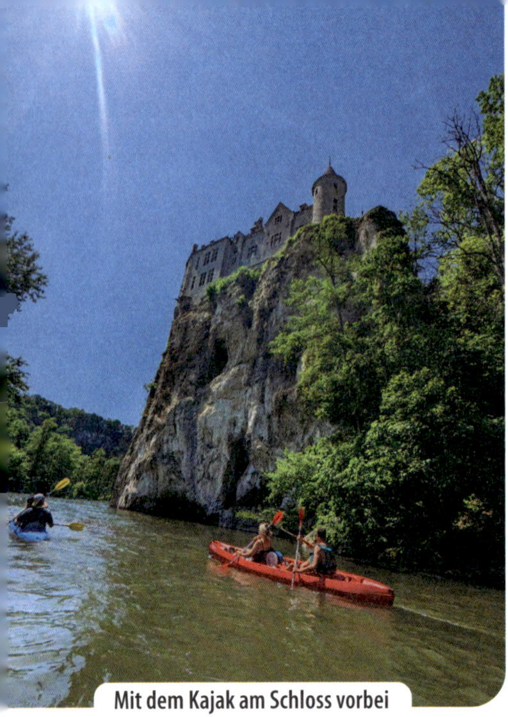

Mit dem Kajak am Schloss vorbei

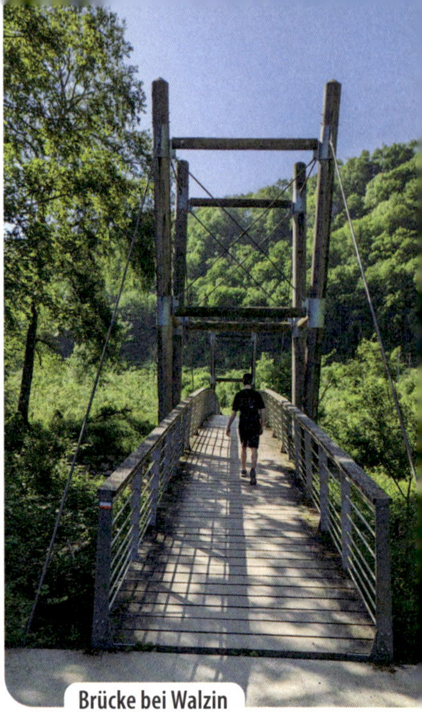

Brücke bei Walzin

dieses Verlangen unerfüllt, da das Schloss in Privatbesitz ist. Wir kommen auf dem Rückweg nochmals hierher, um die unterschiedlichen Lichtverhältnisse am Morgen und am Nachmittag zu erleben, die besonders im Frühjahr, Herbst und Winter ganz verschiedene Eindrücke ermöglichen. Nach 500 Metern biegen wir nach links ab und folgen einem Wegweiser mit einem **roten Doppelpunkt und Pfeil.** Schnell erreichen wir eine Aussichtsposition, von der aus wir das Schloss in seiner vollen Pracht bewundern können. Allein die Vorstellung, ein Château an dieser Stelle zu errichten, war eine Vision von wahrhaft grandioser Natur.

Zufrieden schlendern wir weiter, bis der Weg etwas schlechter wird und wir eine **Brücke** erreichen. Im Tal ist es wunderbar ruhig. Lediglich eine Bahnstrecke verläuft hier. Ab und an hören wir das leise Rattern eines Personen- oder Güterzugs. Wir gehen zunächst unter der Brücke durch und dann in einem Rechtsbogen auf sie hinauf. Hinter der Brücke machen wir erneut einen Rechtsbogen und unterqueren sie wieder. Das hat den nicht zu vernachlässigenden Vorteil, dass wir hier schon warm werden für den einzigen bemerkenswerten Anstieg unserer Wanderung. Kurz hinter der Brücke sehen wir rechts ein überaus niedliches und einladendes Gebäude. Doch halten wir uns nicht weiter auf, denn jetzt steigen wir aufwärts. Es sind etwa 220 Höhenmeter, die auf ungefähr 1,5 Kilometer aufsteigen, dann haben wir es geschafft.

Für die Seele
Ob im Wald, mit grandiosen Blicken oder am erfrischenden Fluss: Entspannung pur mit wallonischem Essen.

Nach etwa der Hälfte des Anstiegs erreichen wir den ❷ **Rocher de la Friquette.** Es empfiehlt sich unbedingt, den Abzweig in diese Sackgasse zu wählen. Am Ende des kurzen, aber felsigen Weges eröffnet sich ein phänomenaler Blick über das Tal. Am Fels angebrachte Bohrhaken des belgischen Alpenvereins zeigen uns, dass hier Klettersportler unterwegs sein können. Auch wenn der Ausblick fantastisch ist, so ist es uns vielleicht zu ungemütlich für eine Pause. Den steilsten Teil des Weges haben wir bis hierher schon absolviert und nur 400 Meter weiter gibt es eine Bank. Der Blick ist nicht ganz so spektakulär – aber die Bank

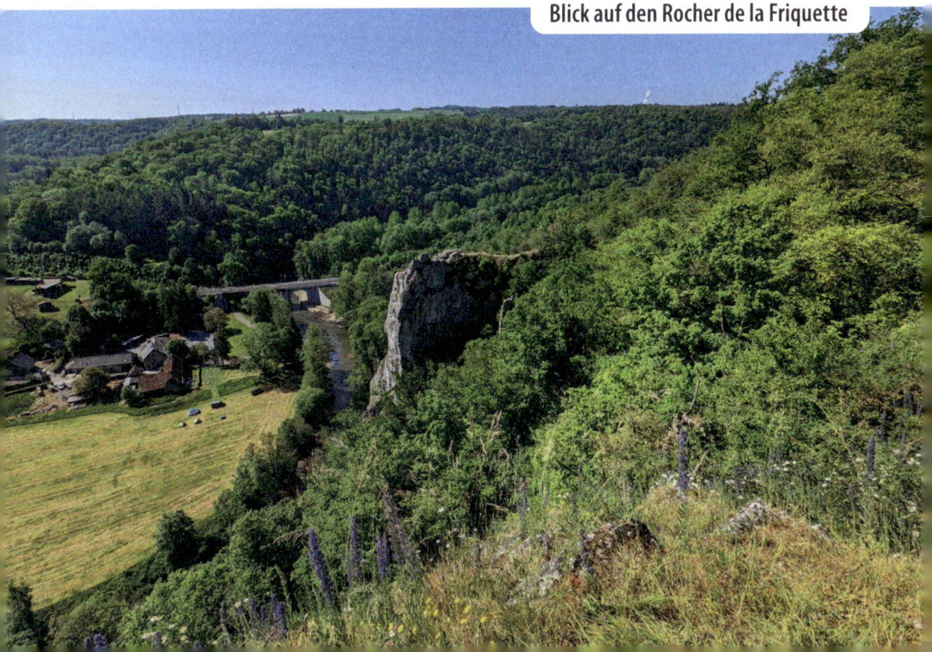

Blick auf den Rocher de la Friquette

ist für eine wohlverdiente Pause der weitaus angenehmere Platz. Sollte die Bank belegt sein, was an Wochenende durchaus häufiger passieren kann, dann nehmen wir einfach die Stufe davor.

Nun geht es nur noch gemächlich aufwärts. Der Wald liegt hinter uns und unser Blick schweift über die Ardennen. Das Mittelgebirge erscheint uns relativ flach. Einige Gebäude – mitunter recht große Höfe – sind zu sehen. Die Gegend östlich der Maas ist landwirtschaftlich geprägt. So erreichen wir ❸ **Furfooz,** ein überaus niedliches Dörflein mit etwa 150 Einwohnern. Die Häuser, gleich ob landwirtschaftlichen Ursprungs oder neuere Wohngebäude sind zumeist schön hergerichtet und ein Blick in die Fenster ist kaum vermeidbar. So liegt der Gedanke, zum Beispiel in der Ferme de Saint-Hubert neben der **Kirche Saint-Pierre** übernachten zu wollen, nicht fern. An der Kirche biegen wir rechts ab und erreichen nach 200 Metern eine Gabelung, an der wir uns nach links wenden und zwei Häuser weiter nochmals links auf einen Pfad bergauf einschwenken. Es sind nur 200 oder 300 Meter, die es hier steil bergauf geht. Danach dürfen wir bergab gehen und uns am

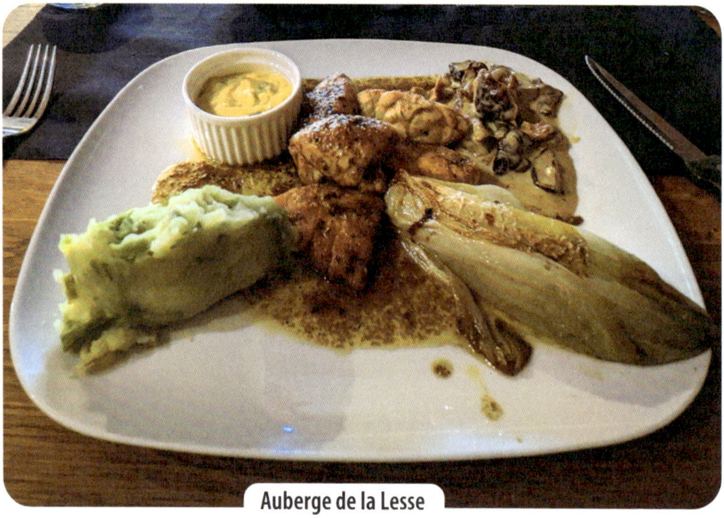

Auberge de la Lesse

Blick über die Landschaft erfreuen. Im Sommer kann es hier zwischen den Feldern und Wiesen schon heiß sein. So freuen wir uns auf den nahen Wald und wandern etwa 1 Kilometer bergab, bis wir am ④ **Ri de Forges,** einem kleinen Bach, eine Brücke erreichen. Wir überqueren die Straße N 910 und folgen dem Weg nach Gendron für 200 Meter. Das ist gemütlicher als direkt auf der Hauptstraße nach rechts bis zur ⑤ **Auberge de la Lesse** zu wandern. Am folgenden Wegweiser gehen wir rechts und folgen dem Pfad wenige Meter bergab bis zur Auberge. Dort angekommen, sollten wir einkehren, wenn wir nach der Hälfte unserer Tour Lust auf ein ausführliches Essen verspüren. Es gibt beste Spezialitäten der wallonischen Küche – gleich ob Forelle oder Riz de Vau. Man ist hier gut aufgehoben, sollte aber für den Besuch genug Zeit einplanen. Nebenan befindet sich auch der Bahnhof, vom dem die Tour startet, wenn wir mit Bahn oder Bus anreisen.

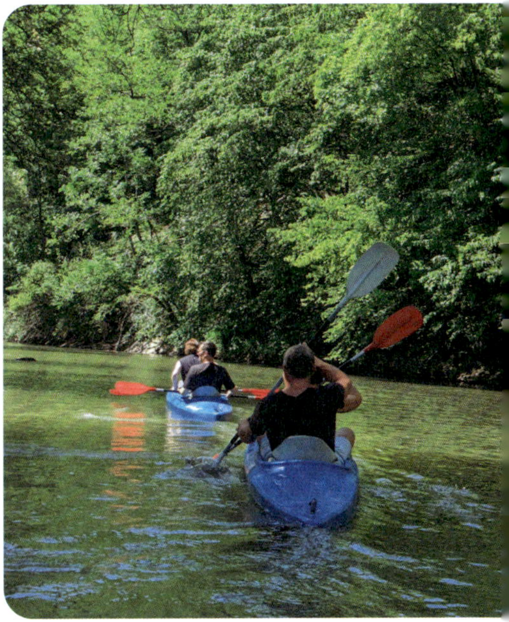

Von der Auberge gehen wir unter der Bahnbrücke durch und sehen im Sommer rechts einen ⑥ **Kajakverleih,** an dem man auch ohne Vorbestellung mit geringer Wartezeit einen Kajak ergattern kann. Von hier bis Dinant zu paddeln, ist eine beliebte Freizeitbeschäftigung – vor allem ist es im engen Flusstal schön ruhig. Wir gehen weiter und biegen direkt vor der Lesse rechts ab und folgen dem Weg am Fluss. Wir halten uns, wenn Abzweigungen vor uns liegen, links. So gelangen wir zu einem Pfad, der direkt am Fluss entlangführt. Es ist ein wundervoller Weg, auf dem das Treiben von Vögeln und Kanuten auf der Lesse unsere Sinne ebenso verwöhnt wie die vielen Pflanzen am

*In der Saison kann man vom Bahnhof Gendron-Celles bis Dinant mit dem **Kajak** fahren. Die großartige Tour von etwa 2,5 Stunden lockt mit pittoresken Plätzen und der Aussicht auf das Château Walzin. Von Dinant sind es 3 Kilometer bis zum Ausgangspunkt.*

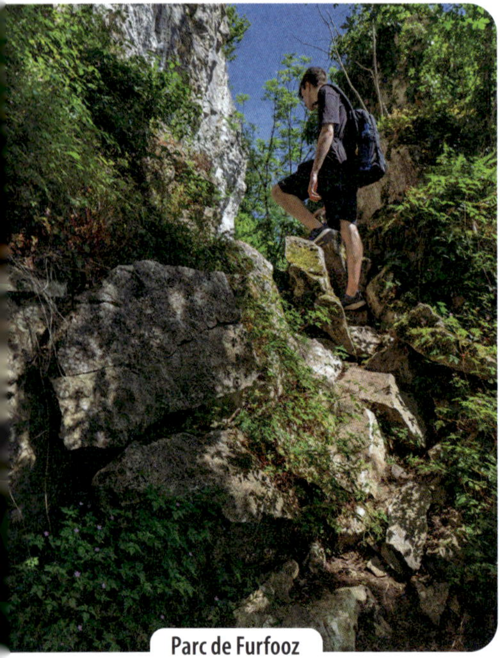

Parc de Furfooz

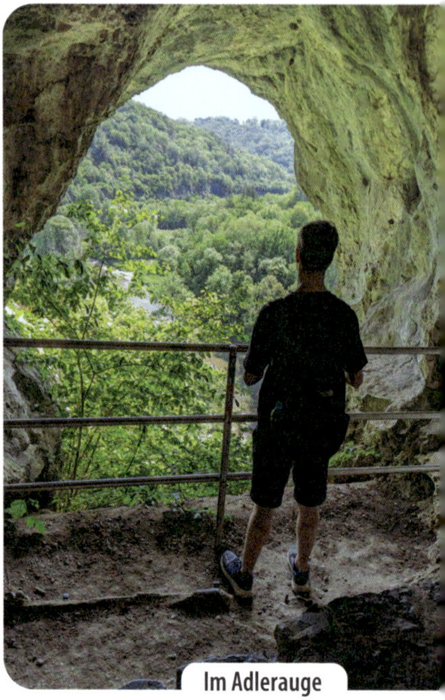

Im Adlerauge

Wegesrand. Selbst kurz nach Ende des Winters wächst hier neben dem normalen Farn auch noch Zungenfarn. Nach etwas über 1 Kilometer erreichen wir 7 **La Flobette,** das Imbiss-Restaurant des angrenzenden archäologischen Parks. Es liegt direkt am Wasser und ist durch und durch im Einklang mit der Natur. Möchte man hier zur Saison essen, ist eine Reservierung ratsam. Wenn wir noch etwas Zeit mitbringen, ist es überaus lohnend, die Runde des 8 **Parc de Furfooz** zu gehen, eines Naturreservats und archäologischen Parks, der grandiose Ausblicke bietet. Dazu müssen wir immer nur der Fisch-Markierung folgen. Unsere Wanderung verlängert sich dadurch um etwa 4 Kilometer und 1,5 Stunden. Unterwegs kommen wir an einem Eingang vorbei und müssen einen kleinen Obolus entrichten.

*Im **Parc de Furfooz** bewundern wir eine kleine römische Therme und einige Grotten mit dem beeindruckenden Adlerauge. Dazu kommt eine vielfältige Pflanzenwelt, die durch ein überaus heterogenes Mikroklima jeweils passende Bedingungen vorfindet.*

Vom **La Flobette** schlendern wir entspannt weiter und erreichen nach etwa 800 Metern entlang einer Flussschleife einen Abzweig nach links. Diesen nehmen wir, um weiter am Fluss entlangzugehen. Wir ignorieren dabei die Markierung nach Walzin, die uns geradeaus am Hang entlangführen würde. Am Wasser ist es jedoch erfrischender – besonders im Sommer. Das finden offenbar auch die vielen Kinder und Jugendlichen, die hier unterwegs sind. Es macht einfach Spaß, sich immer wieder an das Wasser heranzutasten. Ein leichtes Gefühl der Anstrengung verspüren wir auf dem Weg zurück nach Walzin allenfalls, wenn wir nach etwa 600 Metern auf eine Bahnbrücke hochsteigen, um die Lesse zu überqueren und auf der anderen Seite weiter zu spazieren. Dort unterqueren wir die Bahnstrecke nach rechts. So erreichen wir den Weiler **Chaleux,** den wir schon auf unserem Hinweg von oben sehen konnten. Hinter den Häusern gibt es eine **9 Kiesbank gegenüber dem Aiguille de Chaleux,** die zum Verweilen einlädt. Hier legen im Sommer auch viele Kajaks an.

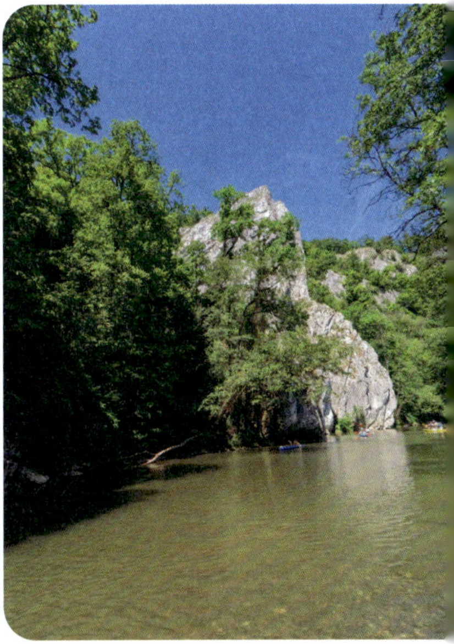

Wir sind direkt an der nächsten **Bahnbrücke,** überqueren die Lesse und spazieren 1 Kilometer zwischen Bahn und Fluss weiter, bis wir die Bahnbrücke erreichen, die wir schon zu Beginn unserer Wanderung überquerten. Nun beschreiten wir diese in Gegenrichtung und gehen den Kilometer, den wir anfangs gegangen sind, zurück zum Château Walzin. Wer morgens losgegangen ist und sich unterwegs Zeit genommen hat, kommt nun in den Genuss eines anderen Lichteinfalls, der die Stimmung rund um das Château ganz neu auf uns wirken lässt. Möglicherweise bedauern wir ein weiteres Mal, dass wir dieses grandiose Bauwerk nicht besichtigen dürfen. Auch die **Kiesbank** in der Nähe des Parkplatzes, die wir schon am Anfang gesehen haben, verführt uns im Sommer dazu, uns vor dem Weg nach Hause auszuruhen und die Füße ins Wasser zu stecken. Über die Staustufe für die Mühle von Château Walzin kommen unzählige Kajaks gefahren, denen zuzuschauen einfach Spaß macht. Säßen wir an dieser Stelle selbst im Kajak, würden wir bis Dinant durchfahren. An der Anlegestelle gibt es einen Imbiss. Der Rückweg zum Château ist etwa 3 Kilometer lang. Wir überqueren dazu die nahe gelegene Brücke. Direkt auf der gegenüberliegenden Seite führt ein Wanderpfad mit Treppe bergauf. Diesem Weg folgen wir 300 Meter bis zur **Charreau de Dréhance,** in die wir rechts einbiegen. Nach etwa 400 Metern knickt die Straße nach links ab. Wir gehen jedoch geradeaus weiter und folgen dem Weg durch den Wald noch für etwa 2 Kilometer. Zwischenzeitlich kommen wir an einem Hotel vorbei. Es ist ein angenehmer Spaziergang zum Abschluss eines ereignisreichen Tages.

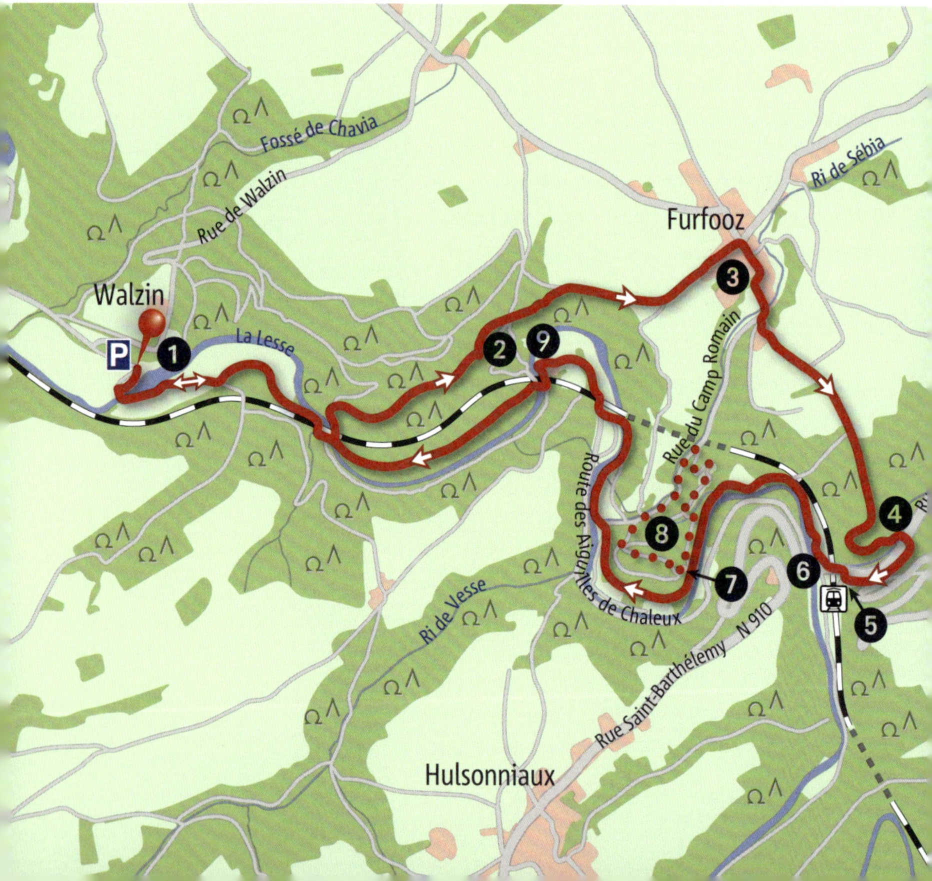

ALLES AUF EINEN BLICK

Entspannung
Abenteuer
Vielfalt

WIE & WANN

Meist feste bis weiche Waldwege und Pfade, in den Orten Asphalt. Wenn es länger regnet, kann es in einigen Passagen matschig und glitschig werden, sodass hohes Schuhwerk ratsam ist. Beim Bad im Fluss sind Badeschuhe zu empfehlen. Grundsätzlich ist die Tour ganzjährig bei gutem Wetter möglich.

HIN & WEG

Auto: Parkmöglichkeiten in Walzin, Rue du Barrage, 5500 Dinant
ÖPNV: Bahnhof Gendron-Celles, die Tour beginnt und endet dann hier

ESSEN & ENTSPANNEN

5 **Auberge de la Lesse,** Rue Gare de Gendron 1, 5561 Gendron, Tel. +32 (82) 66 73 02, www.aubergedelalesse.be
7 **La Flobette,** Rue du Camp Romain 82, 5500 Dinant, Tel. +32 (4 77) 69 08 74, www.laflobette.be

ENTDECKEN & ERLEBEN

1 **Château Walzin**
2 **Rocher de la Friquette**
3 **Furfooz**
4 **Ri de Forges**
6 **Kajakverleih am Bahnhof Gendron,** www.dinant-evasion.be
8 **Parc de Furfooz**
9 **Kiesbank gegenüber dem Aiguille de Chaleux**

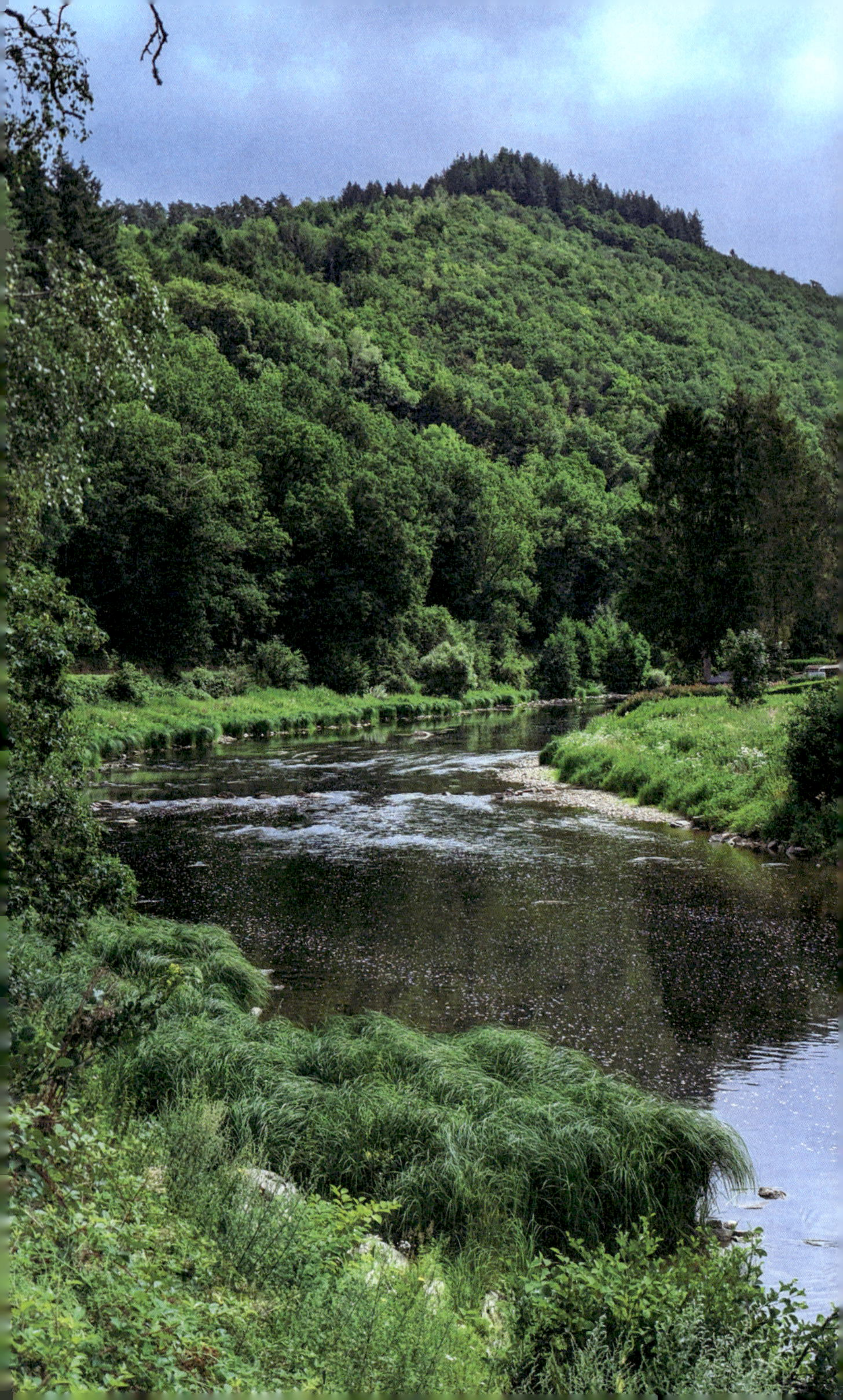

Sommerbrücke

Erfrischung in Vresse-sur-Semois

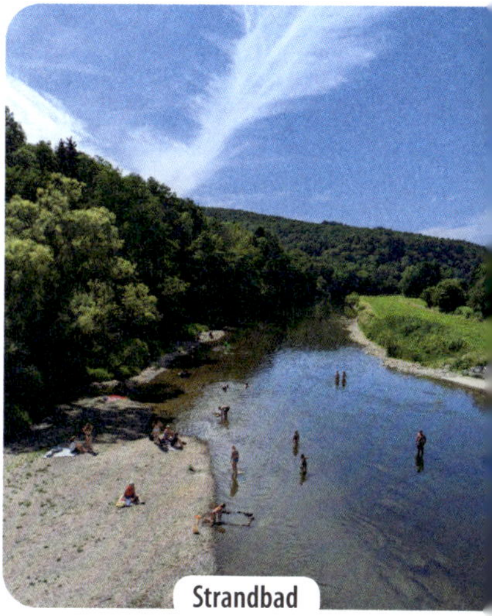

Strandbad

Wir beginnen unsere entspannende Erfrischungstour am Parkplatz neben der Polizeistation im malerischen Künstler- und Touristenort Vresse-sur-Semois. Unser Weg führt uns zunächst die **Rue Albert Raty** entlang in Richtung des Ortszentrums. Nach etwa 100 Metern folgen wir der Straße nach links und nehmen dann, kurz vor der Kirche Saint-Lambert, den Stichweg nach rechts zur **Rue de Ruisseau,** an der wir uns nach rechts wenden. Schon bald gelangen wir in eine parkähnliche Anlage und erblicken die Semois. Wir befinden uns auf der mit einem **roten Rechteck** gekennzeichneten **Promenade du Pont de Claies,** einem idyllischen, 4 Kilometer langen und völlig ebenen Spazierweg, der uns zur gleichnamigen Brücke führt. Dies ist auch der Standort des örtlichen **1 Strandbads –** der Zone de Baignade des Vresse-sur-Semois. Abhängig von Wetter und Tageszeit ist dies ein beliebter Treffpunkt für eine erfrischende Auszeit. Besuchen wir diesen Ort während der langen belgischen Sommerferien, könnten wir sogar Pfadfinder beobachten, die eine Holzbrücke über einen Bach bauen, oder ihnen unterwegs begegnen.

Unser Weg führt uns über eine kleine historische Steinbrücke und dann entlang des Flusses. Unterwegs stoßen wir auf Hinweistafeln, die uns über die geologischen Besonderheiten des Tals aufklären. Nach ungefähr 1 Kilometer teilt sich der Weg, und wir entscheiden

Kilometer: 14,5

Höhenmeter: 250

Stunden: 5

RUNDWEG

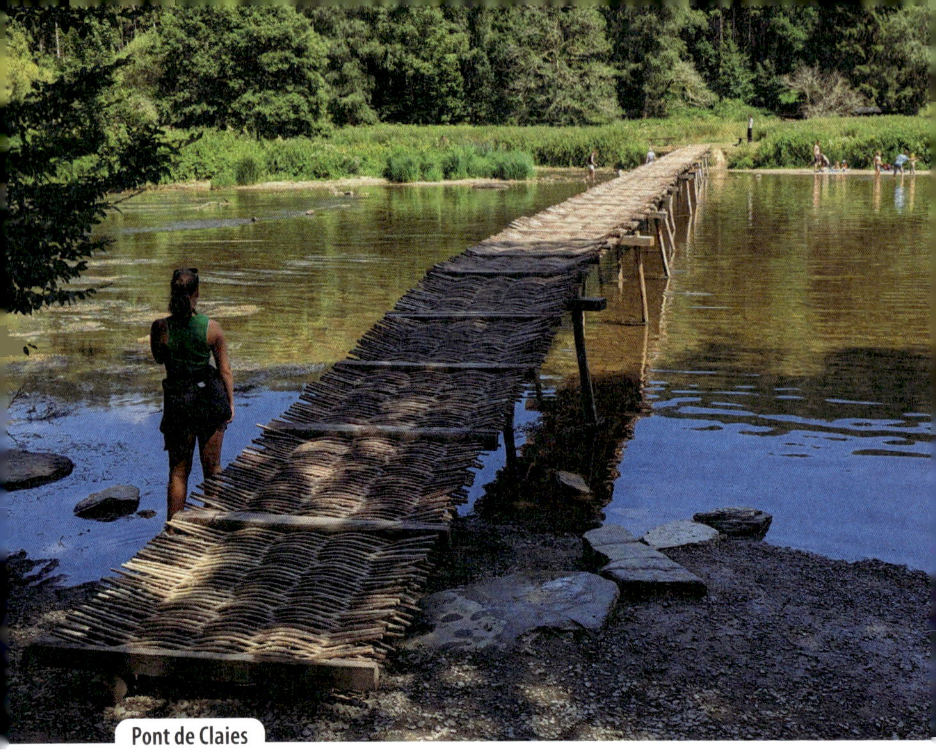

Pont de Claies

uns für den rechten Pfad. Nach einem weiteren knappen Kilometer erreichen wir ein Schild, das auf die **2 Pont de Claies** hinweist. Neugierig folgen wir der Abzweigung nach rechts und bekommen einen ersten Eindruck von diesem beeindruckenden, jährlich neu errichteten Bauwerk. Auch hier finden sich ideale Plätze zur Abkühlung, besonders auf der schattigen Südseite des Flusses. Das Plätschern des Wassers, das Knarren des Holzes und das Flüstern der Blätter schaffen eine beruhigende Melodie in der Abgeschiedenheit des Ardennenwalds. Ein wahrhaft perfekter Ort, um in Ruhe die Zeit zu genießen.

Auf unserem Rückweg werden wir erneut an der Pont de Claies vorbeikommen – ein idealer Ort für eine spätere, ausgedehnte Rast. Entlang des Flusses schlendernd, eröffnen sich uns hin und wieder Wege direkt zum Wasser. Die Gegend hier ist menschenleer, abgesehen von einem **Campingplatz,** den wir nach gut 1 Kilometer passieren. Hier lohnt es sich, des Öfteren den Hang hinaufzublicken zu den **3 Weiden,** auf de-

*Die **Pont de Claies** verbindet Ufer und Menschen. Der aus Zweigen gebaute Steg wird jährlich neu errichtet und symbolisiert Vergänglichkeit und Erneuerung ebenso wie Einfachheit und Harmonie mit der Natur. Ein Ort der Ruhe und zeitlosen Schönheit.*

nen mit etwas Glück gemütlich wirkende **Hochlandrinder** grasen. Unser Pfad entlang der Semois führt uns für etwa 1,5 Kilometer weiter. Bald wandeln wir auf asphaltiertem Weg. Auf der gegenüberliegenden Seite entdecken wir einen weiteren Campingplatz. Dies ist ein besonders **4 malerischer Teil der Semois,** an dem oft majestätische Schwäne im sanft fließenden Wasser vorbeigleiten.

Hinter diesem Campingplatz biegen wir in einer Spitzkehre nach links aufwärts, queren bald die Rue de Libochant und folgen der Rue de Naglèmont. Der höchste Punkt unserer Wanderung ist über eine **blau-weiß-blaue Markierung** zu erreichen. Wir schlängeln uns zwischen Häusern und Bäumen weiter den Hügel hinauf, durch die malerische Kulisse der umliegenden Felder und Wiesen. Ein Blick zurück belohnt uns mit einer grandiosen Aussicht auf die herrliche Landschaft.

Für die Seele

Wir tauchen ein in die entspannende Landschaft der Semois und genießen die Aussicht von einem Hügel.

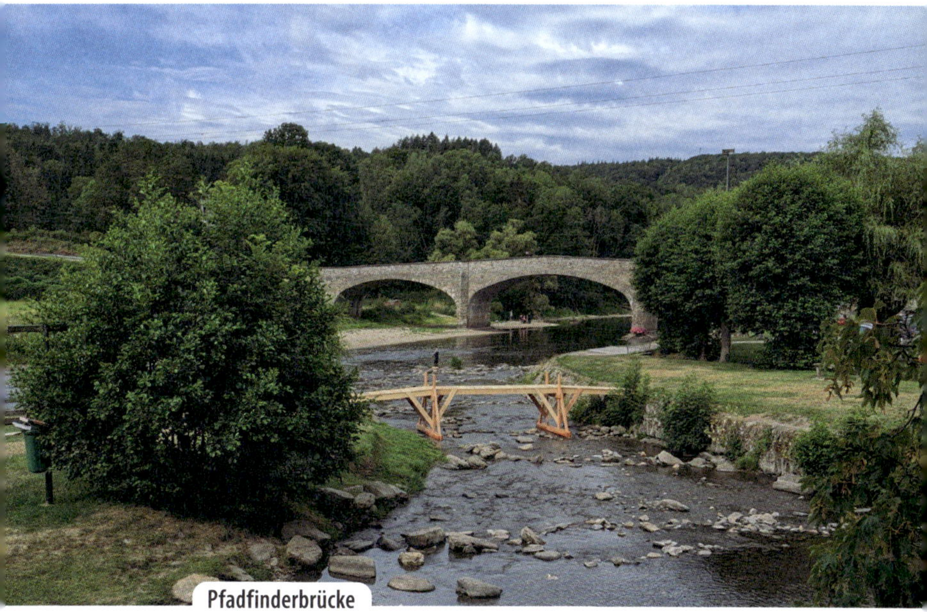

Pfadfinderbrücke

Hier haben Biolandwirte harmonisch Beete in die Natur eingebettet – ein deutlicher Kontrast zur Intensivlandwirtschaft. Nach 1 Kilometer Aufstieg erreichen wir den Wald und 500 Meter später weist uns die blau-weiß-blaue Markierung nach rechts. Nur noch etwa 300 Meter trennen uns vom **5 Aussichtspunkt Naglémont,** der einen spektakulären Blick über den Lauf der Semois bietet: Das Auge schweift über ausgedehnte Wälder, die sich von Rochehaut und Corbion bis Laforêt und Sugny erstrecken. Eine Ruhebank lädt hier zur Halbzeit unserer Tour zum Entspannen ein.

Nun beginnt der Weg sich sanft bergab zu neigen. Nach 200 Metern weist uns die Markierung rechts auf einen Pfad, der sich recht steil nach unten schlängelt. Wir wandern 800 Meter abwärts bis zur blumenreichen **Passerelle in Mouzaive.** Hier ist der Fluss seicht und das klare Wasser verspricht Erfrischung. Falls

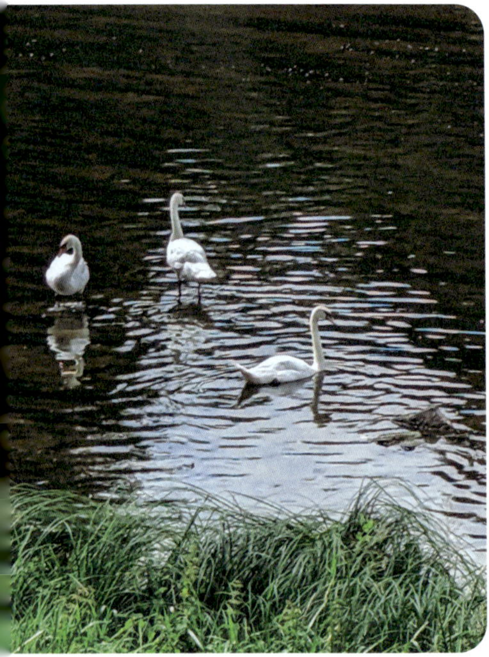

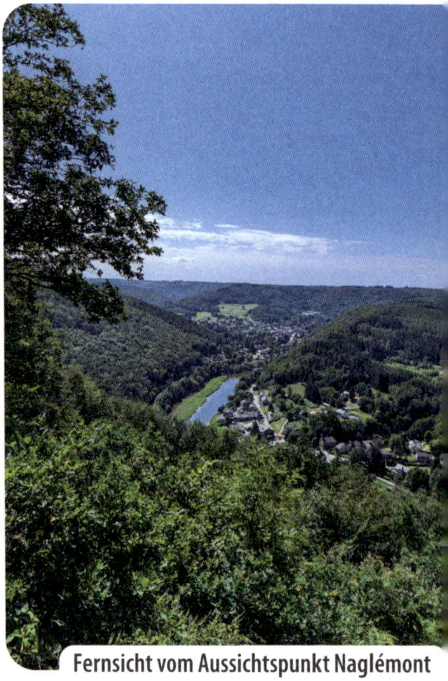

Fernsicht vom Aussichtspunkt Naglémont

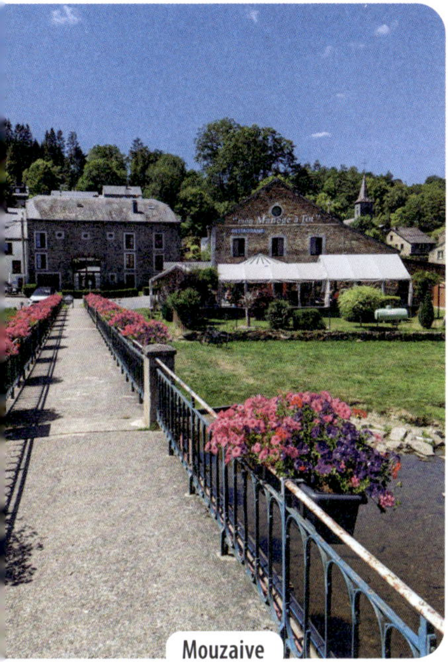

Mouzaive

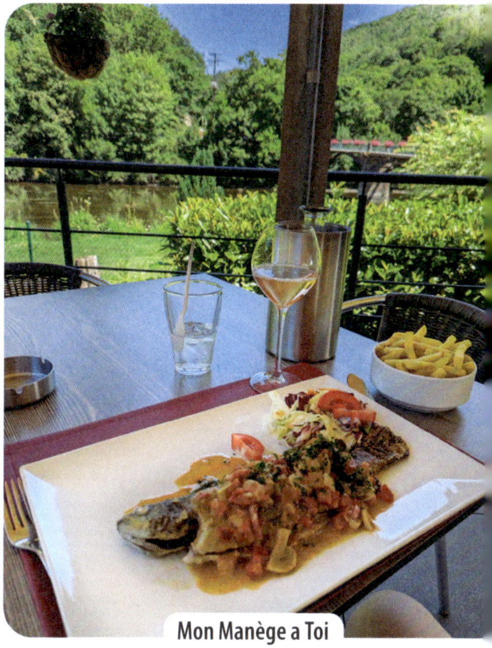

Mon Manège a Toi

Hunger aufkommt, befindet sich direkt an der Passerelle das einladende **6 Mon Manège a Toi.** Ein Mittagsmahl hier zu genießen, lohnt sich besonders. Unter dem Schatten der Markise, mit Blick auf die Brücke, kann man bei ausgezeichnetem Service und köstlichen Speisen verweilen, bevor wir den Rückweg nach Vresse-sur-Semois antreten.

In Mouzaive biegen wir vor der Kapelle Notre-Dame rechts ab und folgen leicht aufwärts der Rue d'Alle mit dem **roten Rechteck** durch den Ort. Uns fallen die großen, überdachten Holzkonstruktionen auf, die als **7 Trockenstände für Tabak** dienten. Diese sind stille Zeugen der einstigen landwirtschaftlichen Tradition im Tal. Vorbei am **Campingplatz Le Héron** nähern wir uns bald der ausgeschilderten Pont de Claies. Auf dem 4,5 Kilometer langen Weg flussabwärts von Mouzaive bis zur Holzbrücke **Pont de Claies** genießen wir die Landschaft. Sie wurde einst auch für den Tabaktransport genutzt und ist zusammen mit den Trockenständen ein wunderbares Zeugnis der lokalen Geschichte. Wir nehmen uns Zeit, waten durch das seichte Wasser und lassen die Schönheit des Ortes auf uns wirken. Für den Rückweg nach Vresse-sur-Semois benötigen wir weitere 2 Kilometer. Im Ort lockt das Strandbad und für eine Einkehr bietet sich das charmante **8 Le Barbiche** an, an dem wir bereits auf dem Hinweg vorbeikamen. Kunstinteressierte sollten sich nicht die **9 Fondation Chaidron-Guisset** entgehen lassen, in der man sich über die lokalen Künstler von Vresse-sur-Semois informieren und einige ihrer Werke in Augenschein nehmen kann.

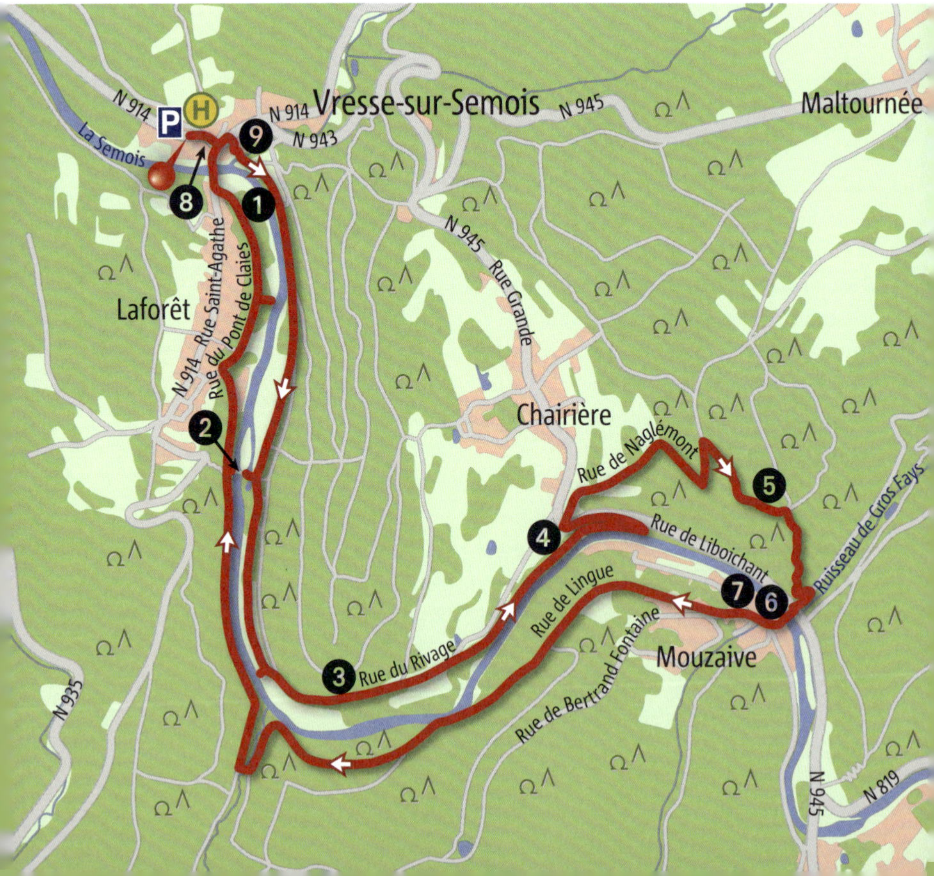

ALLES AUF EINEN BLICK

Entspannung 4/5
Abenteuer 3/5
Vielfalt 3/5

WIE & WANN

Einfach zu gehende Wege, bis auf den etwas steileren, aber kurzen Abstieg nach Mouzaive, ein wenig Asphalt in den Orten. Ideal zwischen Juni und Oktober, wenn die Pont de Claies aufgebaut ist.

HIN & WEG

Auto: Parkplatz gegenüber der Polizeistation, Rue Albert Raty 38, 5550 Vresse-sur-Semois
ÖPNV: Bushaltestelle Vresse Police

ESSEN & ENTSPANNEN

6 **Mon Manège a Toi,** Rue de la Passerelle, Mouzaive 3, 5550 Vresse-sur-Semois, Tel. +32 (61) 50 21 49
8 **Le Barbiche,** Rue Albert Raty 11, 5550 Vresse-sur-Semois, Tel. +32 (4 72) 17 26 10

ENTDECKEN & ERLEBEN

1 **Strandbad**
2 **Pont de Claies**
3 **Weiden mit Hochlandrindern**
4 **Malerischer Teil der Semois**
5 **Aussichtspunkt Naglémont**
7 **Trockenstände für Tabak**
9 **Fondation Chaidron-Guisset,** Rue Albert Raty 112/A, 5550 Vresse-sur-Semois, Tel. +32 (61) 58 92 99, www.fondation-chaidron.com

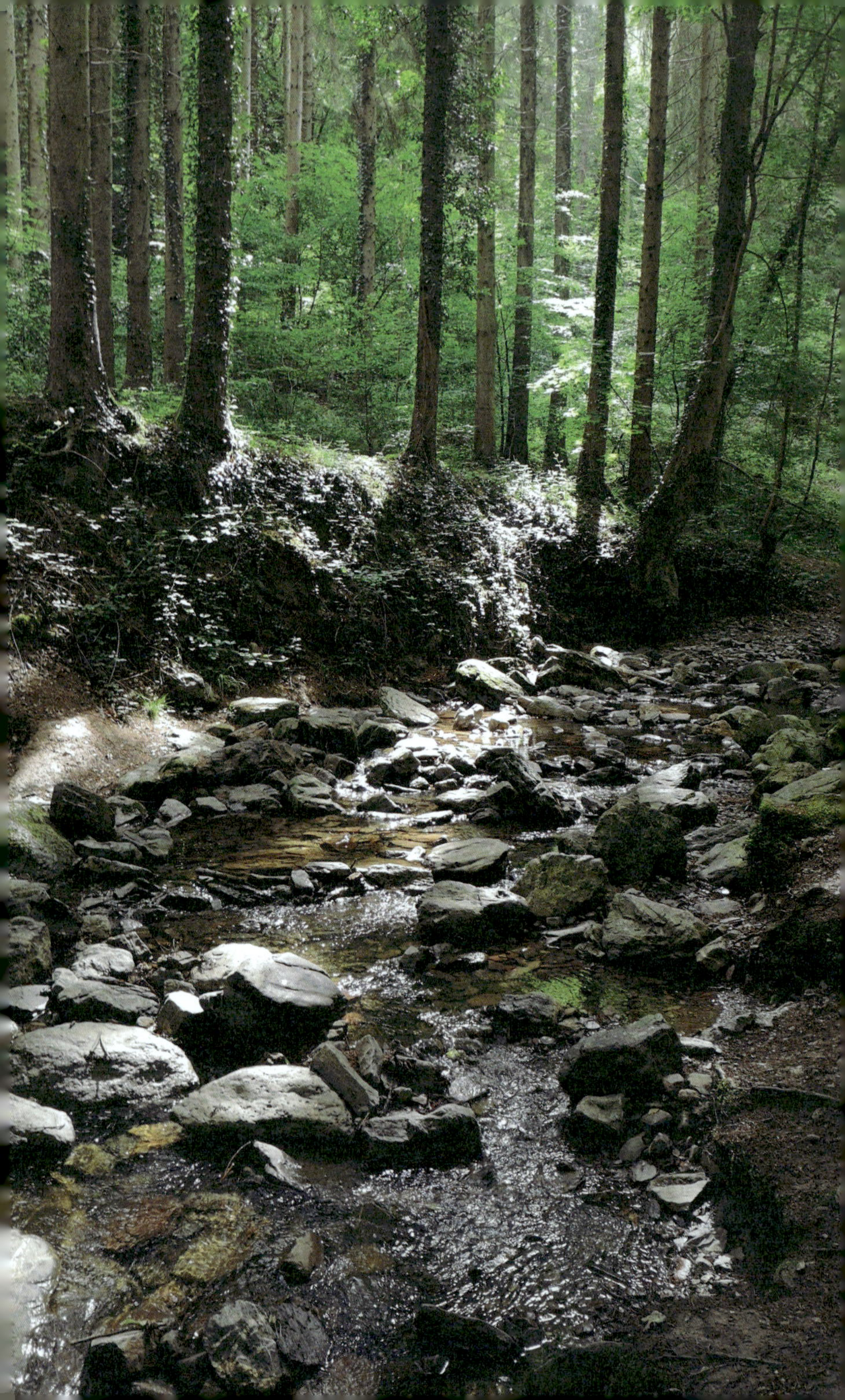

Am Wildbach

Über 20 Brücken am Ninglinspo

Die Wasserfälle des ❶ **Wildbachs Ninglinspo** bieten einen faszinierenden Anblick. Dieser bezaubernde, kleine Bach stürzt sich wildromantisch über Quarzitblöcke hinab. Er schlängelt sich durch ein steiles, enges Tal und schafft einen reizvollen Wanderweg, der von natürlicher Schönheit und Ruhe geprägt ist. Unsere Wanderung beginnt am Wanderparkplatz, von wo aus wir ein Stück entlang der am Bach verlaufenden Seitenstraße bachaufwärts gehen, bevor der Weg in einen Waldpfad übergeht. Wir folgen dabei der Markierung mit **blauen Rechtecken.** Wir überqueren die ❷ **erste von insgesamt 20 Brücken,** die uns bis zum höchsten Punkt unserer Tour begleiten werden. Bei niedrigem Wasserstand kann man hier, wie an einigen anderen Brücken, auch durch die Furt gehen. Bereits hier ist die Szenerie wunderbar: Das Wasser rauscht und die Vögel zwitschern. Der erste kleine Wasserfall, die ❸ **Cascade de la Chaudière,** ist nicht weit entfernt und kündigt sich durch vernehmliches Tosen an. Über mehrere Meter ergießt sich hier der gleichnamige Seitenbach in den Ninglinspo.

*Der **Ninglinspo** ist Belgiens einziges als Wildbach klassifiziertes Gewässer und mit 8 Prozent Gefälle das am schnellsten fließende. Über 250 Höhenmeter stürzt sich das Wasser lebhaft über die steil abfallenden Felsen durch eine enge Schlucht.*

Überall entlang des Weges laden große Felsblöcke zum Niederlassen ein. Im Sommer ist es ein besonderes Vergnügen, die Füße ins kühle Wasser zu stecken oder ein Picknick zu genießen. Während wir dem Lauf des Baches folgen, stoßen wir hin und wieder auf Hinweisschilder, die auf den Schutz der lokalen Natur aufmerksam machen. Eventuelle Absperrungen sollten wir unbedingt beachten.

Kilometer: 7,5
Höhenmeter: 250
Stunden: 2,5
RUNDWEG

Jeder Schritt entlang des sich schlängelnden Pfades, mit Blick auf das tänzelnde Was-

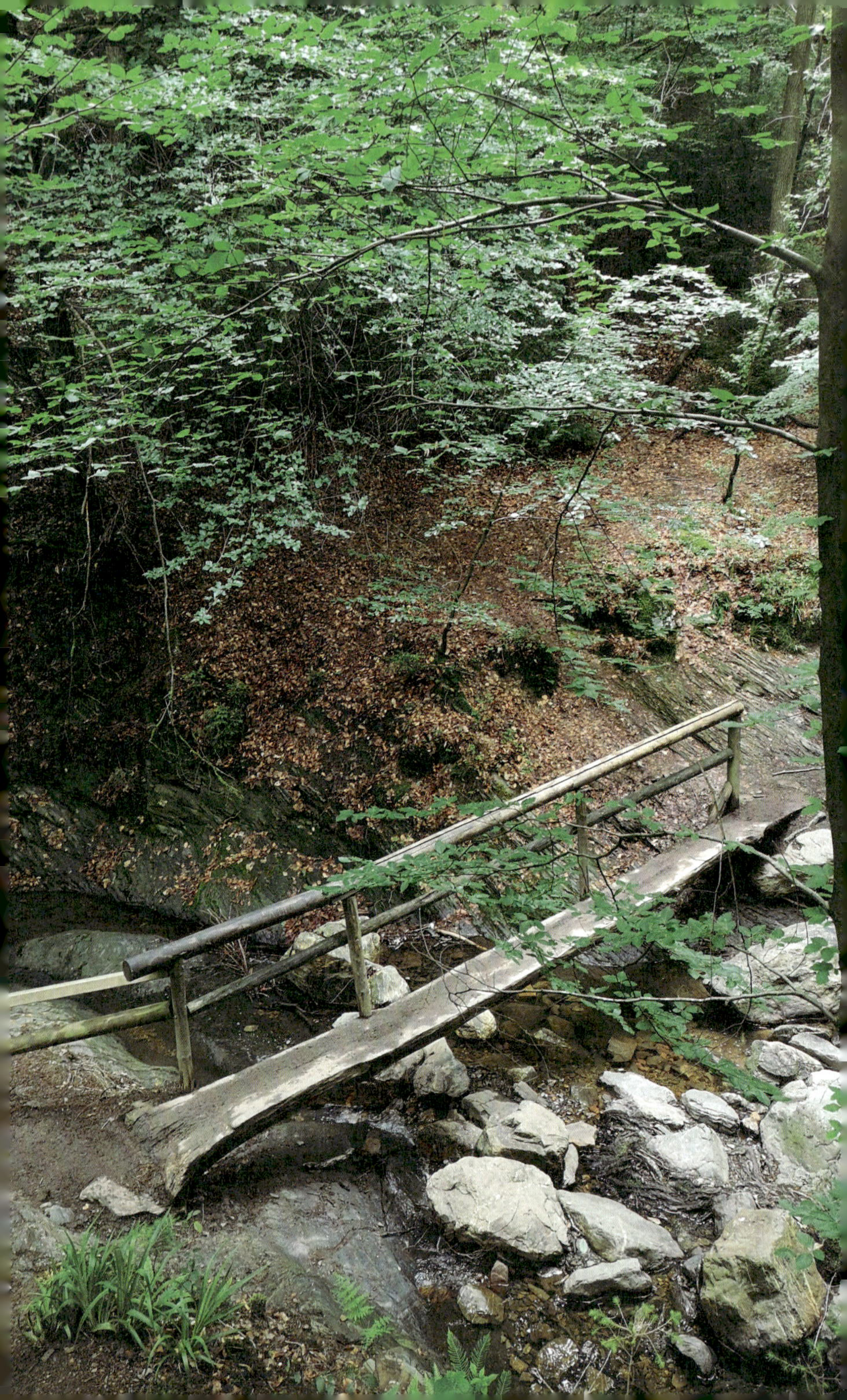

ser des Ninglinspo, gleicht einer Reise durch ein zum Leben erwecktes Gemälde. Besonders am frühen Morgen lässt eine niedrigstehende Sonne das Wasser in einem funkelnden Spektakel erstrahlen. Bald erreichen wir weitere Juwelen des Gebirgsbachs: die glatt ausgewaschenen, kesselförmigen ❹ **Badestellen –** die *bains,* die illustre Namen wie **Naïades, Hermes, Loutre, Cerf, Diane** und natürlich **Venus** tragen. Nicht alle sind leicht zugänglich, doch oft genug lockt uns die Versuchung, die Füße ins kühle Nass zu tauchen. So wandern wir von Brücke zu Brücke, von *bain* zu *bain,* etwa 4 Kilometer am Flusslauf bergauf. Das glitzernde Lichterspiel auf der Wasseroberfläche, eingerahmt von smaragdgrünen Moosen und dem tiefen Braun der Erde, macht die Bäder zu einem Fest für die Sinne.

Für die Seele

Pittoresk stürzt sich ein Bach über unzählige Kaskaden und verführt uns mit illustren Badestellen.

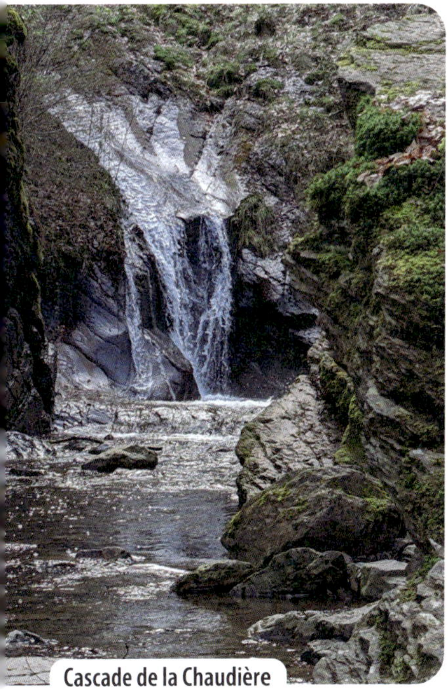

Cascade de la Chaudière

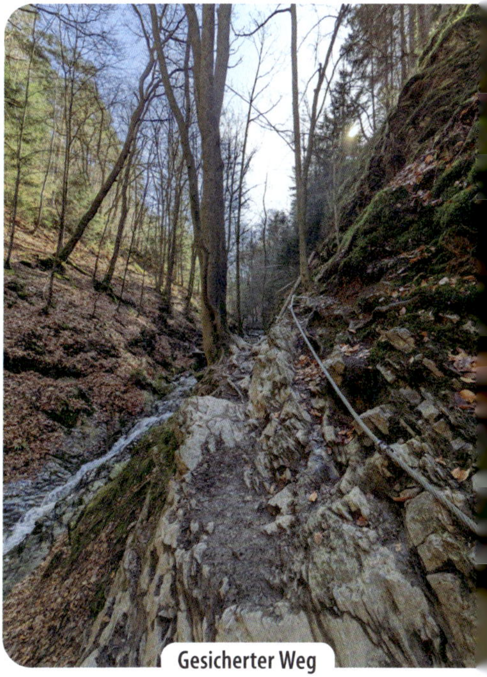

Gesicherter Weg

Wir folgen der blauen Markierung und erreichen bald eine Hinweistafel mit einer Bank – die Hälfte der Tour liegt bereits hinter uns. Der **Rau de Blanches Pierres,** ein Seitenbach des Ninglinspo, plätschert hier sanft über glatte Steine, und wir spüren, wie die Sorgen des Alltags von uns abfallen und wir im Moment aufgehen. Wir können umkehren und weiterhin das Rauschen, Plätschern und Gurgeln des Wassers genießen oder noch 200 Meter weitergehen, dann rechts abbiegen und der blauen Markierung folgen. Ein entspanntes Schlendern erwartet uns, fast wie ein Spaziergang auf weichem Waldboden. Hin und wieder überqueren wir kleine Bäche und kommen an einem faszinierenden **5 Feld aus kleinen Steinpyramiden** vorbei. Etwa 2 Kilometer nachdem wir den Ninglinspo verlassen haben, biegt unser Waldweg in einer Kurve spitzwinkelig nach links ab. Bevor wir aber allzu schnell weiter der Haarnadelkurve folgen, sollten wir unbedingt noch einen kleinen Abstecher zu einem

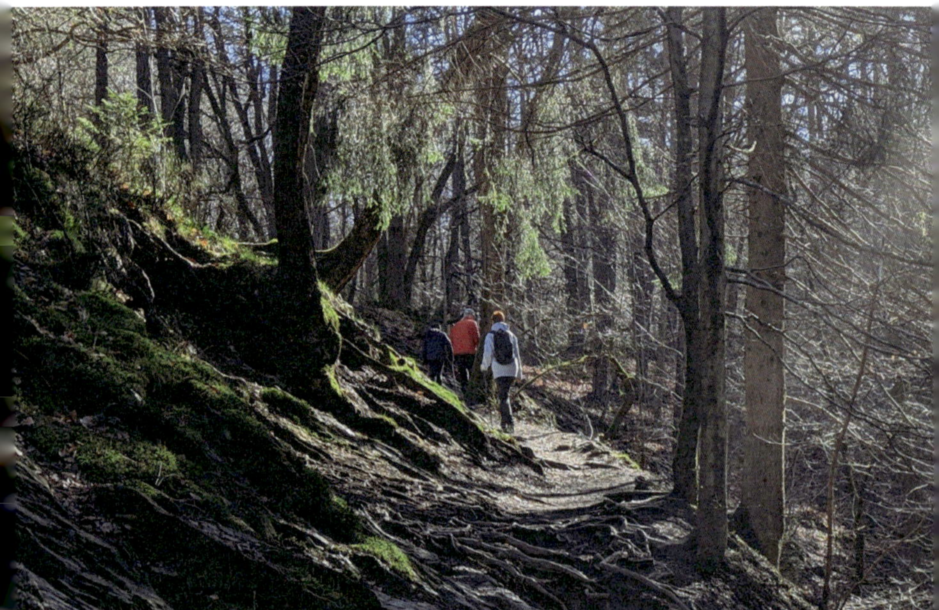

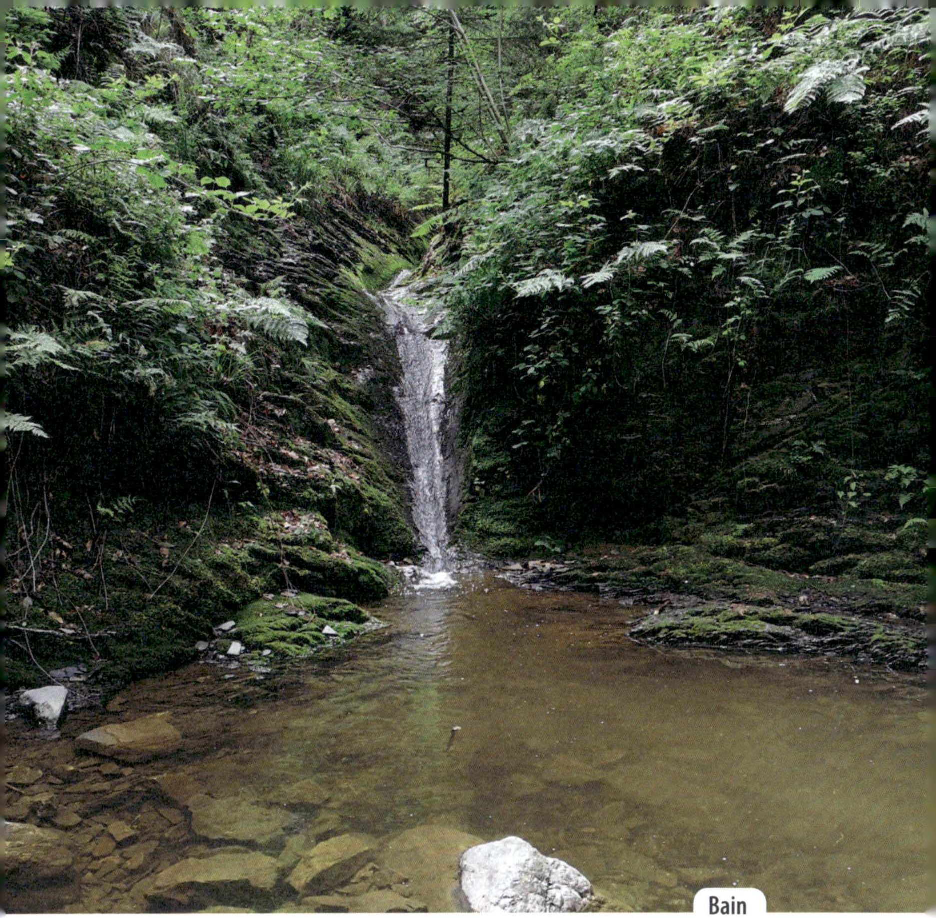

Bain

Aussichtspunkt unternehmen, der einen atemberaubenden Blick über das Tal bietet. Den überdachten **6 Point de Vue Drouet** erreichen wir nach nur wenigen Metern, wenn wir den ersten abzweigenden Pfad in der Kurve nehmen. Zurück auf dem Hauptweg, gelangen wir nach 300 Metern an eine scharfe Rechtskurve. Wir folgen erneut der blauen Markierung und hören schon bald die ersten Geräusche aus dem Tal.

Nachdem wir die Straße erreicht und gute 100 Meter nach rechts gegangen sind, finden wir uns am Parkplatz wieder. Nun stellt sich oft ein wohlverdientes Hungergefühl ein. Eine hervorragende Option ist es,

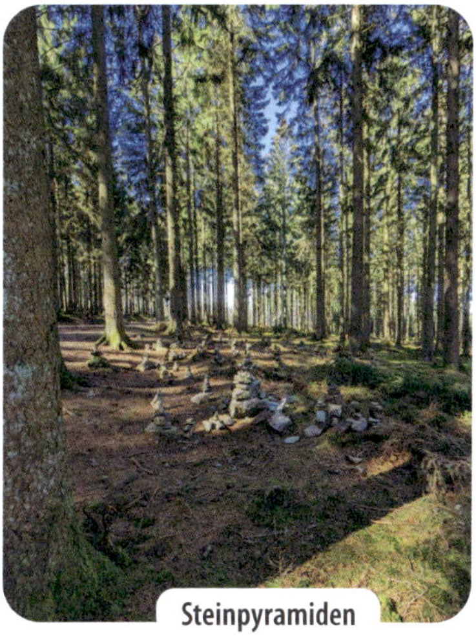

Steinpyramiden

Wer die Tour am frühen Morgen oder abends geht, hat noch genügend Zeit, davor oder im Anschluss die ***Grotten von Remouchamps*** *anzusehen.*

ins nahe gelegene Remouchamps zu fahren, wo man gleich auf dem Weg an einer charmanten gelben Frittenbude, **La Friture Jaune,** vorbeikommt. In **Remouchamps** selbst warten zahlreiche gastronomische Angebote auf uns, von schnellen Snacks bis hin zu traditionellen Restaurants. Ein wahres Highlight ist das **La Chevrière** (auf Deutsch: „Die Ziegenhirtin"). Ihre „Toasts Géants" sind ein kulinarisches Erlebnis: erstaunlich groß, unwiderstehlich lecker und definitiv einen Besuch wert. Dazu lockt eine vielfältige Auswahl belgischer Biere und Musik aus vergangenen Jahrzehnten, was das Ganze zu einem gemütlichen Erlebnis macht. Ein wenig Geduld beim Warten auf das Essen wird durch das schmackhafte Ergebnis belohnt.

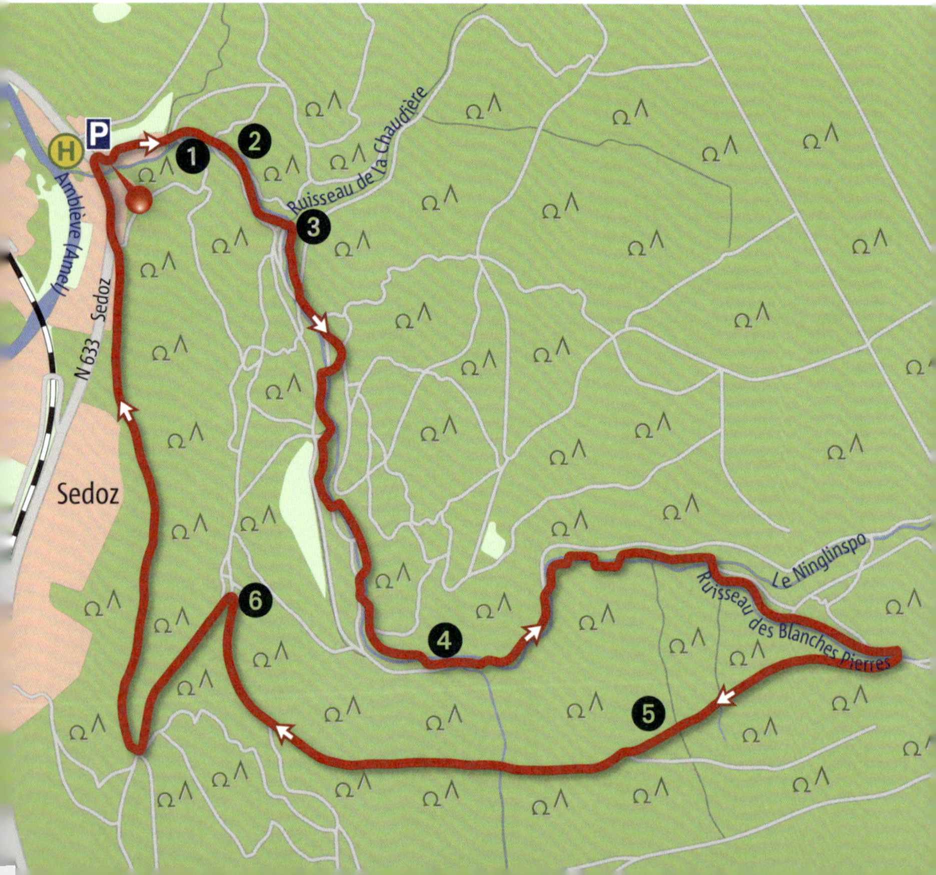

ALLES AUF EINEN BLICK

Entspannung

Abenteuer

Vielfalt

WIE & WANN

Meist gut gepflegte Waldwege und -pfade. Von Ostern bis Ende Oktober ist es am schönsten. Die Tour ist sehr beliebt, sodass wir an Wochenenden und Feiertagen zu den Randzeiten gehen sollten. In den Morgenstunden oder abends ist sie besonders schön.

HIN & WEG

Auto: Wanderparkplatz Balade du Ninglinspo, N 633, 4920 Aywaille
ÖPNV: Bushaltestelle Ninglinspo

ESSEN & ENTSPANNEN

Keine Einkehr an der Strecke, bitte an Rucksackverpflegung denken.

Abseits der Route empfehlenswert:
La Chevrière, Rue de Louveigné 27, 4920 Aywaille/Remouchamps, Tel. +32 (4 74) 03 91 05
La Friture Jaune, Rue de Trois-Ponts 10, 4920 Aywaille

ENTDECKEN & ERLEBEN

1. **Wildbach Ninglinspo**
2. **Erste der 20 Brücken**
3. **Cascade de la Chaudière**
4. **Badestellen**
5. **Feld aus kleinen Steinpyramiden**
6. **Point de Vue Drouet**

Die GPS-Daten zu jeder Tour gibt es auf
www.droste-verlag.de

Konzeption/Satz: Droste Verlag, Düsseldorf
Einbandgestaltung: Britta Rungwerth, Düsseldorf, unter Verwendung von Bildern von © Fotolia.com: Andrey Kuzmin, undrey, dabost, niroworld; © www.stock.adobe.com: Vincent
Fotos: Andreas Werner
Textlektorat: Carsten Storm, Dresden
Karten: Thorsten David, Bochum
Druck und Bindung: LUC GmbH, Greven

Alle Angaben in diesem Buch wurden sorgfältig recherchiert und geprüft. Für die Richtigkeit der Angaben, für etwaige Unfälle und Schäden jeglicher Art kann keine Haftung übernommen werden; die Nutzung erfolgt auf eigenes Risiko. Abweichungen, die nach Redaktionsschluss erfolgten, konnten im Buch nicht mehr berücksichtigt werden. Hinweise und Änderungen nehmen wir gern entgegen.

MIX
Papier | Fördert gute Waldnutzung
FSC® C011279
FSC www.fsc.org

ISBN 978-3-7700-2510-7
www.droste-verlag.de